Mauro Kwitko

PSICOTERAPIA REENCARNACIONISTA

A Terapia da REFORMA ÍNTIMA

7ª edição / Porto Alegre-RS / 2021

Capa e Projeto Gráfico: Marco Cena
Revisão: Sandro Andretta
Editoração eletrônica: Bruna Dali e Maitê Cena
Assessoramento de edição: André Luis Alt

K98p   Kwitko, Mauro.
        Psicoterapia reencarnacionista : terapia da reforma íntima / Mauro Kwitko. – 7.ed. Porto Alegre : BesouroBox, 2021.
        296 p. ; 23 cm.

        ISBN: 978-85-99275-30-6

        1. Terapia de vidas passadas. 2. Regressão terapêutica. 3. Psicanálise - Regressão. 4. Espiritismo. I. Título.

CDU 129

Catalogação na publicação: Renata de Souza Borges CRB-10/1922

Copyright © Mauro Kwitko, 2021.

Todos os direitos desta edição reservados à
Edições BesouroBox Ltda.
Rua Brito Peixoto, 224 - CEP: 91030-400
Passo D'Areia - Porto Alegre - RS
Fone: (51) 3337.5620
www.besourolux.com.br

Impresso no Brasil
Setembro de 2021.

SUMÁRIO

Prefácio 7

Por que a psicologia e a psiquiatria
não lidam com a reencarnação? 19

Os pilares da Psicoterapia Reencarnacionista 31
    1. A "versão persona" x "versão-espírito" 31
    2. A Personalidade Congênita 36
    3. A finalidade e o aproveitamento da encarnação .. 48
    4. A ilusão dos rótulos das "cascas" 53

A Regressão Terapêutica 57

As armadilhas 73

Os gatilhos 85

A releitura da infância sob a
ótica Reencarnacionista 93

A 1ª consulta 97

As reconsultas 105

A evolução do nosso ego 113

Como libertar-se 121

O perdão 133

A reforma íntima 141

A vida 145

A morte 155

As crianças 165

Os adolescentes 171

Os adultos 181

Os pais 185

Os velhos 195

A saúde 201

A doença 209

Os níveis de cura 217

A doença mental – uma visão Reencarnacionista 225

O livre-arbítrio 241

Coisas da Terra 245

Casos Clínicos 255

Comentário Final 287

PREFÁCIO

A Psicoterapia Reencarnacionista é uma criação de um grupo de Seres Espirituais do Plano Astral, e vem sendo transmitida para mim desde 1996. Ela é a mesma Terapia utilizada no período intervidas e, como a nossa Ciência ainda não tem condições de termos aqui o Telão, a recordação de vidas passadas é feita através da Regressão Terapêutica, Ética, comandada pelos Mentores Espirituais das pessoas, seguindo a orientação de Allan Kardec em *O Livro dos Espíritos*, na questão 399. Ela veio com a finalidade de trazer à Psicologia e à Psiquiatria uma infinita possibilidade de expansão, pois a Reencarnação é agregada aos conceitos psicológicos e psiquiátricos, criando uma nova maneira de enxergar e lidar com os conflitos humanos. Com a Reencarnação, a infância não é mais considerada o início da vida, e sim a continuação da nossa encarnação anterior; a nossa família não é um conjunto aleatório de pessoas que se uniram ao acaso por laços afetivos, e sim um agrupamento de Espíritos unidos por laços cármicos; as situações que vamos encontrando no decorrer da vida não são casuais, e sim reflexos, retornos, consequências, decorrências dos nossos atos passados, e necessidades para o nosso projeto evolutivo consciencial.

O livro *Obreiros da Vida Eterna*, de André Luiz, editado em 1946, psicografado por Chico Xavier, em uma palestra do Dr. Barcelos, psiquiatra desencarnado, no Nosso Lar, páginas 32-34, antecipa a vinda da Psicoterapia Reencarnacionista, que viria 50 anos depois para a Terra, ao afirmar:

"Precisamos divulgar no mundo o conceito moralizador da Personalidade Congênita, em processo de melhoria gradativa, espalhando enunciados novos que atravessem a zona de raciocínios falíveis do homem. Faltam às teorias de Sigmund Freud e seus continuadores a noção dos princípios reencarnacionistas."

Já a Regressão Terapêutica está referendada no *Livro dos Espíritos*, na questão 399, a respeito do Esquecimento do passado, onde diz:

"Mergulhando na vida corpórea, perde o Espírito, momentaneamente, a lembrança de suas existências anteriores, como se um véu as cobrisse. Todavia, conserva algumas vezes vaga consciência, e lhe podem ser reveladas. Esta revelação, porém, só os Espíritos superiores espontaneamente lhe fazem, com um fim útil, nunca para satisfazer a vã curiosidade."

Enquanto *Obreiros da Vida Eterna* anunciava, há 50 anos, na palestra do Dr. Barcelos, a chegada da Psicoterapia Reencarnacionista, o *Livro dos Espíritos* anunciava, há 150 anos, a chegada da Regressão Terapêutica, pioneira na Ética de apenas ser revelado o passado das pessoas a critério dos Mentores Espirituais, sem que o terapeuta induza o processo, com uma finalidade útil e nunca sendo incentivado o reconhecimento de pessoas no passado.

Somos uma micropartícula divina, que chamamos de Espírito, imersa em um Todo, que chamamos de Deus, e que, mantendo-se ligada ao Núcleo central do Universo, veio para este planeta para estudar a ilusão da individualidade, o equívoco da sensação da separatividade, que criou o nosso ego, que vem nos comandando até hoje. A missão dessa micropartícula é, com o passar dos séculos, retornar para o Todo, onde na verdade está e sempre esteve, mesmo quando se esqueceu disso, mas, para tanto, necessita libertar-se de todas as inferioridades que o nosso ego acumulou ao longo de centenas de milhares de anos aqui neste planeta, libertar-se do seu comando e, assim, recuperar a lembrança de ser esse Todo. Essa micropartícula (Espírito) não necessita evoluir, ela é uma gota de luz, é a Luz micromanifestada, é pura e perfeita, foi "criada" à imagem e semelhança de Deus, simples e ignorante, simples porque a Pureza é simples, e ignorante das coisas da Terra. Não existe "evolução espiritual", mas sim "evolução do ego", o nosso Espírito é puro, apenas precisa retomar o comando que transferiu para o ego. Quem deve evoluir é o ego, do estágio infantil ao ancião, passando pelos estágios adolescente e adulto. Em que nível o ego de cada um de nós se encontra? Na verdade, em todos, mas em cada um um certo nível predomina.

Essa nova Psicologia inicia os Tratamentos com as pessoas visando a evoluir o seu ego e, concomitantemente, colaborar na libertação do seu comando, passando-o para o seu Eu divino. Ele apresenta dois níveis: o nível básico e o avançado. Um trata das inferioridades do nosso ego, o outro trata da reintegração dele ao nosso Eu divino. A maioria das pessoas ainda está em um nível infantil-adolescente em seu ego e a Psicoterapia Reencarnacionista utilizada tem de ser a básica, pois uma criança e um adolescente não entendem o desapego de um ancião, um adulto entende mas, geralmente, é muito rígido e dogmático para ter a humildade necessária para imitá-lo. Para essa minoria de pessoas que já está em um nível mais adulto de seu ego, com pitadas de ego ancião, a avançada pode ser indicada após a básica. Se alguém manter-se em Tratamento durante vários anos, que seria o ideal, pode-se iniciar com o nível básico e ir continuando pelo avançado, mas a maioria das pessoas nos busca para curar Fobias, Pânico,

Depressões resistentes, Dores Físicas crônicas etc., pois confundem Psicoterapia Reencarnacionista com Terapia de Regressão, e, após alguns meses, após 3 ou 4 sessões de Regressão, com essa cura, abandonam, satisfeitas, o "Tratamento", quando esse apenas ia começar.

A Psicoterapia Reencarnacionista apresenta um aspecto ocidental, o de tratar o ego das pessoas, e um aspecto oriental, o de ajudar na sua reintegração ao nosso Eu divino. Por isso, um Tratamento deve ser longo, com conversas a cada 7, 10 ou 15 dias, e 4 ou 5 Regressões durante esse tempo. A Psicoterapia Reencarnacionista não é sinônimo de Terapia de Regressão a Vidas Passadas, é a sua evolução, assim como também é a evolução da Psicologia e da Psiquiatria. Ela veio trazer o futuro para a arte psicoterapêutica, por isso ainda não é entendida, é ignorada e criticada, sem o conhecimento de sua grandeza.

Não lidamos com a Formação da Personalidade, que é um conceito baseado na hipótese de que não existíamos antes, o que contraria a maioria das Religiões e da população mundial. Lidamos com a noção da Personalidade Congênita, que diz que existíamos, sim, e, psicoterapicamente, aí se encontra a proposta de Reforma Íntima (do nosso ego), a finalidade de nossas centenas de reencarnações. Somos um Espírito encarnado, que aqui demonstra uma personalidade (a da encarnação anterior) em busca de mais evolução, numa história milenar, na qual esta vida é apenas mais um segundo.

A Psicologia atual, herdeira psicoterápica da concepção não reencarnacionista das Igrejas prevalentes no Ocidente, originada no 2º Concílio de Constantinopla, em 553 d.C., enxerga a nossa existência apenas desde a infância e, com isso, limita seu campo de ação a uma fração mínima da nossa vida real. Considera, então, que nossas características de personalidade originam-se lá no "início da vida", bem como nossos sentimentos negativos, nossos pensamentos prejudiciais, pela conjunção de fatores genéticos, hereditários e ambientais. Tudo se originou lá, obrigatoriamente, pois nada havia antes, nós simplesmente não existíamos, e, de repente, surgimos. Mas, na verdade, antes desta vida, nós temos uma vida de centenas de milhares de anos, não surgimos, não formamos uma personalidade, já nascemos com ela formada, então somos como somos porque nascemos assim.

Para as pessoas que acreditam e lidam com a Reencarnação, e esse número cresce cada vez mais aqui no Ocidente, a Psicologia não reencarnacionista não é a mais adequada (embora ajude), pois não atende à profundidade exigida, e surge então, agora, uma nova Psicologia, a Psicoterapia Reencarnacionista, a terapia da reforma íntima de nosso ego e da libertação do seu comando sobre os nossos pensamentos. Mas como a Reencarnação existe, como bem sabem 2/3 da população mundial, em nossa vida encarnada anterior já tínhamos uma personalidade e nós somos, então, a continuação daquele que fomos na vida anterior à atual, e isso derruba o conceito de Formação de Personalidade e cria outro conceito, antiquíssimo e revolucionário, evolucionista e clarificador, o de Personalidade Congênita, um dos 4 Pilares básicos da Psicoterapia Reencarnacionista. Cada um de nós, conhecendo a personalidade do seu ego, entendendo que é a continuação de si mesmo da vida passada, e percebendo as inferioridades nela contidas, já pode saber para o que reencarnou, o que deve reformar nesse seu aspecto terreno para seguir no seu caminho de retorno à lembrança de ser a Perfeição. Os pais podem, da mesma maneira, ir entendendo para o que cada um de seus filhos reencarnou.

E os nossos familiares, nosso pai, nossa mãe, nossos irmãos e demais parentes, por que estamos perto novamente? E as pessoas que vão surgindo na nossa vida? A Psicologia não lida com isso, pois baseia-se no acaso, mas dentro dos princípios reencarnacionistas sabemos que somos Espíritos ligados por cordões energéticos, de afinidade e de divergência, e tudo isso é regido pelas Leis Divinas. Esses cordões e essas Leis é que regem a nossa aproximação e isso explica as simpatias e as antipatias entre familiares, até mesmo ódios e aversões, e as circunstâncias da nossa vida, desde a estruturação da nossa infância e o que vamos atraindo durante a vida. E por que nos aproximamos novamente? No caso da afinidade, para continuarmos juntos em um projeto de amizade, de trabalho em conjunto; no caso da divergência, para fazermos as pazes, nos harmonizarmos, e um dia nos amarmos. Isso é um dos principais assuntos nas consultas de Psicoterapia Reencarnacionista, nas conversas de, no mínimo, 1 hora de duração, semanais ou quinzenais, quando tratamos conflitos entre pais e filhos, entre irmãos, entre casais, ex-casais etc. E nas 4 ou 5 Regressões que realizamos durante o Tratamento com a Psicoterapia Reencarnacionista, os Mentores Espirituais das pessoas vão lhes mostrando como eram no seu passado, para comparar-se com como são hoje. Lá em cima, no Astral, existe o Telão (dirigido pelos Mentores), aqui embaixo temos agora a Regressão Terapêutica (idem). As Regressões dirigidas pelos próprios terapeutas não são seguras, e com muita frequência não são cosmoéticas, pois não temos a capacidade dos Seres superiores para sabermos o que pode ser mostrado no passado, o que é permitido acessar, o que deve ser evitado, e, pior, muitos incentivam o reconhecimento, o que é totalmente contraindicado pelo Mundo Espiritual. Um cuidado que as pessoas devem ter ao decidirem recordar vidas passadas é informarem-se com cuidado acerca de como trabalha aquele profissional, quem comanda a Regressão, quem dirige esse processo tão delicado e sujeito a riscos (o risco psicológico, o risco terapêutico e, principalmente, o risco cármico). Incluímos aí o risco de a pessoa "ficar lá", o que significa ficar sintonizado em uma vida passada, em uma situação traumática do passado, e também o risco de a Regressão atrair Obsessores do passado. Todos esses riscos são extremamente estudados e evitados na nossa Escola

Etimologicamente, Psicologia quer dizer: *Psycho* = Alma e *Logia* = Estudo, ou seja, Psicologia deve ser o estudo da Alma, mas a Psicologia oficial não faz isso, estuda apenas o ego, então utiliza um nome inapropriado. A Psicoterapia Reencarnacionista é o estudo da Alma (Espírito encarnado), e é para aí endereçada. A Psicologia oficial, herdeira da concepção religiosa não reencarnacionista, é o estudo de um dia na vida da Alma e sequer fala em Alma. Não existe uma Psicologia, existem dezenas de Psicologias, apenas uma delas autointitulou-se a oficial, "A Psicologia".

Mas agora surge uma nova Psicologia, tão antiga quanto futurista, baseada na nossa vida eterna, na nossa busca de evolução consciencial, de retorno à lembrança de nossa pureza original: a Psicoterapia Reencarnacionista. Para ela, não somos pessoas, somos Espíritos encarnados, não somos homens e mulheres, somos Espíritos em corpos masculinos e femininos, não somos brancos ou negros, somos Espíritos em "cascas" de cor diferente, não somos brasileiros, argentinos, norte-americanos, iraquianos, somos Espíritos que encarnaram, desta vez, nesses países. Percebe-se, então, que a Reencarnação, além da capacidade de expandir a Psicologia e a Psiquiatria para o infinito, tem o potencial de eliminar o racismo, a miséria, os preconceitos e a violência da face da Terra, que é o aspecto social da Reencarnação, o que, um dia, trará paz e justiça para a humanidade, quando a maioria da população terrena alcançar o estágio adulto-ancião de seu ego.

No dia em que os brancos lembrarem que não são brancos, estão brancos, os negros lembrarem que não são negros, estão negros, os norte-americanos lembrarem que não são norte-americanos, estão norte-americanos, os iraquianos lembrarem que não são iraquianos, estão iraquianos, os judeus lembrarem que não são judeus, estão judeus, os árabes lembrarem que não são árabes, estão árabes, enfim, as pessoas lembrarem que não são o que suas "cascas" são, mas sim Espíritos encarnados, todos filhos de Deus, todos iguais, todos irmãos, todos Deus, acabará a desigualdade social e racial, acabarão as guerras, e todos viveremos em paz, em união, em fraternidade, em colaboração mútua, como acontece lá no Plano Astral, onde não temos "casca". Vejam como a recordação da Reencarnação pode modificar completamente a vida na Terra, e como a não recordação nos separa, nos diferencia, nos afasta, nos conflita.

Com a visão clarificada de que estamos em um local de passagem, com a finalidade de evoluirmos consciencialmente, as questões da vida terrena podem ser classificadas, didaticamente, em dois grupos: importantes e sem importância, com graduações entre elas. Devemos ter a capacidade de perceber o que pode nos auxiliar em nossa

Missão Pessoal (reforma íntima do nosso ego) e o que pode nos distrair dela. Mas, para isso, é de fundamental importância que cada um de nós saiba para o que reencarnou desta vez. E isso não é difícil de saber, basta enxergarmos as nossas inferioridades e dificuldades, os nossos conflitos com outras pessoas, as nossas tendências negativas, enfim, tudo o que nos traz desconforto e nos tira a paz, e de quem convive conosco.

Algumas pessoas reencarnaram para lidar com questões morais, como tendências a roubar, enganar, mentir, trapacear, atributos de um ego adolescente, autônomo, míope, dissociado do seu Mestre Interior; outros reencarnaram para lidar com características pessoais infantis, que afetam mais a si mesmos, como a timidez, a mágoa, o medo, a introversão; algumas pessoas aqui estão para libertarem-se da tendência de sentir raiva, agressividade, que faz mal a si e a outros. Cada um de nós está aqui, no Astral Inferior, para encontrar as suas inferioridades, que foram criadas desde que essa micropartícula divina aqui chegou, acreditando que era separada do Todo, e que, frequentemente, traz consigo há centenas ou milhares de anos, tendo passado por muitas encarnações em que sua atuação no sentido de evolução, de libertação, tem sido aquém do que poderia ter sido. Uma das finalidades da Psicoterapia Reencarnacionista é ajudar as pessoas a melhor aproveitarem as suas encarnações, no sentido do retorno à Purificação, sua volta consciencial para o Todo, o "retorno do filho pródigo". A Reencarnação mostra o caminho, pois dá um sentido para a vida.

Um dos Hinos Espirituais que recebi – *O Trabalho* – diz assim:

O homem pergunta: Qual é meu trabalho?
Deus lhe responde: É a Purificação
O homem pergunta: De onde é que eu vim?
Deus lhe responde: Vieste de Mim

O homem pergunta: Onde é que eu estou?

Deus lhe responde: Onde Eu te coloquei

O homem pergunta: Para onde é que eu vou?

Deus lhe responde: De volta para Mim

O homem pergunta: Por que me fizeste?

Deus lhe responde: Foi por Amor

O homem pergunta: Para que me fizeste?

Deus lhe responde: Para ser Professor

O homem pergunta: Senhor, me explica!

Deus lhe responde: Começa por ti

O homem pergunta: Por onde eu começo?

Deus lhe responde: Pelo ABC

O homem pergunta: O que é o ABC?

Deus lhe responde: É a Simplicidade

O homem pergunta: Onde eu Lhe encontro?

Deus lhe responde: Na Humildade.

O Todo, Deus Ele/Ela, nos criou por amor, nos enviou para este planeta para aprendermos o que é a ilusão da separatividade, para nos tornarmos, um dia, professores, após encetarmos um estudo profundo de autoconhecimento através da Concentração e da Meditação, até encontrarmos a simplicidade e a humildade. Tudo muito simples, não fosse a ignorância a nosso respeito e as armadilhas da vida terrena.

A moderna Psiquiatria, dominada pelos laboratórios de medicamentos multinacionais, enfeitiçada pelo cientificismo e pelos exames cerebrais multicoloridos, acredita que moderno é negar a realidade espiritual, está em busca dos nossos pensamentos no cérebro, que aí não estão, atribui a doença mental ao cérebro, não sabendo que ele é apenas o codificador, o intermediário entre o corpo físico e a Mente. As doenças do pensamento são, em sua maioria, originárias das encarnações passadas, de ações praticadas e ações sofridas, num desequilíbrio entre o ego e o Espírito, o que faz com que os doentes tenham enormes dificuldades de sintonizar com os níveis superiores espirituais e permaneçam sintonizados nos níveis inferiores, escuros, onde vivem nossos irmãos que não enxergam a Luz, e quando a enxergam consideram-na desagradável por revelar-lhes a Verdade.

Os doentes mentais, com traumas terríveis em seu Inconsciente, de encarnações passadas, e sofrendo com a presença de seres espirituais de pouca consciência, vivem em um inferno interior, com ideias e atitudes incompreensíveis para a nossa Psiquiatria oficial, incapaz de entender essas questões. Daí a rapidez dos rótulos psiquiátricos e da intervenção medicamentosa com os psicotrópicos. Os rótulos rotulam, e dão ao paciente e a seus familiares a convicção de que ele é um doente do cérebro, quando, em mais de 90% das vezes, é um doente do Espírito. A causa da doença mental, atribuída ao cérebro, está geralmente escondida nos recônditos do Inconsciente e ao seu lado, no mundo invisível (Espíritos obsessores).

É urgente a expansão da Psicologia e da Psiquiatria rumo à Reencarnação, ao interior do Inconsciente e à compreensão da vida espiritual, admitindo a presença e a necessidade de lidar também com os Espíritos obsessores, encaminhando seus pacientes aos Centros Espirituais gratuitos especializados. Os psicotrópicos têm uma atuação benéfica nas urgências e nas emergências, muitas vezes imprescindível, mas devem ser utilizados por um tempo limitado, nunca por um tempo longo ou, pior, como a própria terapia. A médio e longo tempo trazem as consequências terríveis dos seus efeitos colaterais, muitas vezes piores do que os sintomas iniciais, cronificando e perpetuando a doença mental que, muitas vezes, nem é doença. A medicação psicotrópica não pode ser o tratamento, mas um auxiliar por algum tempo, quando necessário, enquanto se busca a origem, a explicação, a causa dos sintomas. A Psiquiatria procura isso no cérebro, é o mesmo erro de toda a Medicina oficial, orgânica, que só enxerga e trata o corpo físico, e aí corre o risco de cronificar os sintomas, pois estes nascem dos pensamentos, dos sentimentos, das vidas passadas e da ação dos Espíritos obsessores. A Psicologia não reencarnacionista, herdeira do 2º Concílio de Constantinopla, procura a causa na infância e na vida dos pacientes, quando, na imensa maioria dos casos, a causa está muito longe disso, está nas suas encarnações passadas. Para isso a Psicoterapia Reencarnacionista chegou na Terra.

Essa nova Psicologia recomenda a investigação profunda do Inconsciente (seguindo a orientação do Dr. Freud) e o tratamento espiritual nos casos das doenças mentais (seguindo a orientação do Dr. Bezerra de Menezes). Recomendamos uma consulta em Centro Espírita ou Espiritualista gratuito a todas as pessoas que vêm à consulta informando ver seres e/ou ouvir vozes. Não referendamos imediatamente os diagnósticos psiquiátricos, principalmente os de esquizofrenia, paranoia, transtorno obsessivo-compulsivo, transtorno bipolar etc., por ver nessas pessoas a possibilidade de veracidade no que pensam, veem e ouvem. Faz parte da prática de consultório do psicoterapeuta reencarnacionista encaminhar as pessoas a locais de atendimento espiritual quando suspeitar da presença de Espíritos obsessores lhes perturbando. A Regressão Terapêutica, nessas regressões que realizamos durante o Tratamento, nas pessoas com Fobias, Transtorno do Pânico, Depressões refratárias, ideias paranoides, crenças estranhas e inexplicáveis, TOC etc., melhora ou cura rápida e definitivamente esses sintomas, além de explicar de onde eles vêm, mas esse é um aspecto caridoso da Regressão, não é Psicoterapia Reencarnacionista.

Existem muitas Medicinas: a oficial, apenas do corpo físico, cujos representantes a intitulam "A Medicina", e muitas outras: a Medicina da Acupuntura, a Medicina da Homeopatia, a Medicina dos Florais, a Medicina do Reiki, a Medicina da Bioenergética, a Medicina da Fitoterapia, a Medicina do Shiatsu, a Medicina do Do-In, a Medicina do Aconselhamento Espiritual, a Medicina da Astrologia, a Medicina da Numerologia, as Medicinas xamânicas, indígenas etc.

Uma Nova Era vislumbra-se para a humanidade, a consciência das pessoas gradativamente abre-se para a realidade espiritual, e é necessário, então, que as grandes Instituições de cura mental e emocional, como a Psicologia e a Psiquiatria, libertem-se da concepção religiosa de que Reencarnação não existe, que lhes prende a esta vida apenas, que limita a sua visão e o seu campo de atuação. A Psicoterapia Reencarnacionista vem alinhar-se à expansão dos conceitos psicológicos e psiquiátricos, buscando entender melhor as mazelas humanas, o sofrimento de milhões de doentes mentais, confinados em seu interior, amordaçados por medicamentos psicotrópicos que não têm a capacidade de realmente curá-los, por não poderem penetrar em seu Inconsciente, onde reside a sua dor, e tendo a capacidade de diminuir a percepção dos seres invisíveis que acossam esses doentes, mas não de afastá-los.

A evolução da humanidade, no sentido da cura de sua doença primordial, que é o esquecimento de sua natureza espiritual, deve ser acompanhada pela evolução das Instituições que lidam com a sua saúde. A visão do homem como um ser físico, emocional, mental e espiritual deve ser utilizada na prática dessas Instituições e não apenas como um discurso teórico. Na Europa e nos Estados Unidos, muitos médicos psiquiatras e psicólogos já trabalham com essas realidades espirituais como um assunto científico; aqui no Brasil, esses assuntos ainda são considerados religiosos, e os profissionais que as praticam são ameaçados e punidos pelos Conselhos de Medicina e de Psicologia. Mas a evolução é inexorável e em alguns anos seremos convidados pelas universidades para ensinar a Psicoterapia Reencarnacionista, a Regressão Terapêutica e outras Medicinas Energéticas e Espirituais.

POR QUE A PSICOLOGIA E A PSIQUIATRIA NÃO LIDAM COM A REENCARNAÇÃO?

Há muito tempo, os psicoterapeutas e as pessoas que acreditam na Reencarnação vêm questionando o enfoque tradicional da Psicologia oficial, sua limitação a esta vida apenas, sua visão de um "início" e um "fim", como se não existíssemos antes, e anseiam por uma nova maneira de ver e tratar os nossos problemas e conflitos emocionais e mentais, a partir dos princípios reencarnacionistas. Pois bem, agora já existe essa nova visão psicoterapêutica: a Psicoterapia Reencarnacionista.

Ela não vem para combater a Psicologia tradicional ou para destruí-la, mas para abrir suas fronteiras, do nascimento para trás, rumo ao nosso passado transpessoal, e do desencarne para a frente, rumo às nossas encarnações futuras. É a expansão da Psicologia tradicional, desta vida apenas, herdeira do Consciente Coletivo não reencarnacionista, originado nas concepções religiosas dominantes no Ocidente.

O porquê de a Psicologia oficial não lidar com a Reencarnação deve-se à ação do Imperador Justiniano, no ano 553 d.C., de conclamar o Concílio de Constantinopla, convidando apenas os bispos não reencarnacionistas, e decretando que a Reencarnação não existe, influenciado por sua esposa, Teodora, ex-cortesã, filha de um guardador de ursos do anfiteatro de Bizâncio, que para libertar-se de seu passado mandou matar antigas colegas e, para não sofrer as consequências dessa ordem cruel em outra vida, como preconiza a Lei do Karma, empenhou-se em suprimir a magnífica Doutrina da Reencarnação. Ela acreditava que, por meio de um simples decreto, estaria livre do retorno futuro dos seus atos cruéis. Convenceu seu marido, o Imperador Justiniano, a convocar esse Concílio, que não passou de um encontro que excomungou e maldisse a doutrina da preexistência da alma, com protestos do papa Virgílio, sequestrado e mantido prisioneiro de Justiniano por oito anos por ter-se recusado a participar desse Concílio! Dos 165 bispos presentes, 159 eram não reencarnacionistas, e tal fato garantiu a Justiniano os votos de que precisava para decretar que a Reencarnação não existe, e assim Teodora acreditou-se livre do retorno dos seus atos e a Igreja Católica tornou-se uma igreja não reencarnacionista. Mais tarde, as suas dissidências também levaram consigo esse dogma e, com o predomínio, no Ocidente, dessas igrejas não reencarnacionistas, criou-se no Consciente Coletivo ocidental a ideia de que a Reencarnação não existe, dentro do que formataram-se a Psicologia e a Psiquiatria, que também não lidam com a Reencarnação. Os outros motivos que levaram a Igreja Católica a decidir que a Reencarnação não existe – dominação, ameaças, evolução espiritual apenas possível passando pelos "representantes" de Deus, ganhos materiais etc. – vou deixar a cargo dos leitores estudarem por si. Ou seja, a Psicologia e a Psiquiatria não lidam com a Reencarnação por causa de Teodora.

Isso representou um dos maiores atrasos da história da humanidade, que até hoje se reflete, pois temos uma Psicologia e uma Psiquiatria que se limitam apenas à vida atual, ignorando todo um material de estudo e análise, do nosso passado, escondido em nosso Inconsciente. E é aí que estamos entrando, seguindo a orientação do Dr. Freud. Ele mandou abrir o Inconsciente das pessoas, nós estamos seguindo sua determinação. Entrando no Inconsciente, encontra-se a Reencarnação. Isso é religião? Não, isso é pesquisa científica, é a emergência de uma nova Psicologia e de uma nova Psiquiatria. A diferença fundamental entre a Psicoterapia Reencarnacionista e todas as anteriores é justamente que a Reencarnação é o seu elemento básico e a partir do qual tudo se estrutura. Os seus pilares são a Personalidade Congênita (nível básico do Tratamento), a "versão-persona" x "Versão-Espírito" (nível avançado do Tratamento), a ilusão dos rótulos das "cascas" (o "descascamento") e a busca de mais evolução consciencial durante a encarnação (o real aproveitamento da encarnação). Ela não deve ser confundida com a Regressão, que é uma técnica utilizada para desconectar as pessoas de situações traumáticas do seu passado que ainda estão acontecendo no seu Inconsciente, originando sintomas, principalmente os casos de Fobias, Transtorno do Pânico, Depressões severas resistentes aos tratamentos convencionais, Dores Físicas crônicas, como a Fibromialgia, etc., com origem no passado, que podem ser, desse modo, muito melhorados e até eliminados, rapidamente, por meio do desligamento das vidas passadas responsáveis por esses sintomas. A Psicoterapia Reencarnacionista é uma Escola, a Regressão Terapêutica é uma técnica, que visa à desconexão do passado (desligamento) e também a ajudar as pessoas a encontrarem sua Personalidade Congênita, confirmarem que a Reencarnação existe, recordarem suas passagens pelos períodos intervidas acessados após cada encarnação recordada, perceberem que sempre vêm sendo comandadas pelo seu ego, pelo seu personagem de cada encarnação e ainda hoje (aspecto consciencial da Regressão).

Pouquíssimas pessoas que vêm consultar têm uma ideia clara, ou mais ou menos clara, do objetivo da sua encarnação, raríssimas têm a noção do que estão fazendo aqui. A maioria vive como se morasse em um labirinto, perdida numa névoa escura, andando em volta o tempo todo, sem saber se vai por esse ou por aquele lado, simplesmente porque não sabe quem realmente é, o que está fazendo aqui e para onde deve ir. Viver desse modo é como se você fosse a um supermercado sem saber o que quer comprar e, então, após algum tempo de perambulação pelos corredores, compraria qualquer coisa e se iria.

Viver sem saber quem é e o que é isso que se chama "vida" é a mesma coisa: você perambula pelos corredores, sem comprar nada de que realmente precisa, e, no final, vai-se. Ou compra coisas de que não precisa ou que já tem.

Temos, hoje em dia, uma Medicina que não consegue realmente curar, apenas paliar, pois acredita que as doenças iniciam no nosso corpo físico e devem ser curadas nele, quando na verdade elas iniciam em nossos pensamentos e sentimentos, e esses é que devem ser tratados e curados. Temos uma Psicologia que lida com um "início" na infância e um equívoco que é a Formação da Personalidade, quando na verdade nós somos um Ser (Espírito) retornando para a Terra, trazendo a nossa personalidade das encarnações passadas (Personalidade Congênita), e temos uma Psiquiatria que acredita que a doença está no cérebro e deve ser tratada com medicamentos químicos, quando a doença mental é imaterial e causada ou fortemente influenciada por ressonâncias de nossas encarnações passadas e por influências negativas de seres desencarnados (Obsessores).

Uma das constatações nas Sessões de Regressão é que, independentemente dos fatores relativos às suas "cascas", as pessoas regredidas referem uma maneira de ser, de pensar, de sentir, muitíssimo parecida encarnação após encarnação, e como ainda hoje. Ou seja, uma pessoa autoritária, agressiva, vê que já era assim nas suas encarnações passadas; alguém tímido, medroso, se vê assim lá atrás; alguém magoável, com sentimentos de rejeição e abandono, enxerga-se dessa maneira em suas encarnações passadas; alguém deprimido descobre que já é deprimido há séculos etc., e isso se evidencia sempre, em todas as Sessões de Regressão! Ouvimos histórias de pessoas que estão há centenas ou milhares de anos reencarnando para melhorar suas características negativas, com um resultado muito pequeno, repetindo sempre o mesmo padrão, e que, hoje em dia, são ainda extremamente parecidas como eram antes! Nós reencarnamos para melhorar as características inferiores do nosso ego, mas se avaliarmos o quanto temos conseguido melhorar isso em nós nessa atual encarnação, podemos fazer uma projeção semelhante para as nossas últimas oito ou dez encarnações. É como um ator que, noite após noite, vai ao teatro para representar o mesmo papel, sem recordar que na noite anterior já havia representado aquele papel. É como um *script* que trazemos conosco, guardado dentro do nosso Inconsciente, e seguimos vida afora com esse padrão.

Mas isso não é motivo de espanto, pois, se somos um Ser imortal que muda apenas de "casca" de uma encarnação para outra, o óbvio não é, então, que se mantenham as nossas características de personalidade de uma vida terrena para outra? Às vezes me perguntam: "Se o senhor diz que nós somos muito parecidos conosco mesmos há séculos ou milhares de anos, então quando mudamos?". Eu respondo: "Mudamos quando mudamos". E pergunto: "E você sabe para o que reencarnou? Sabe o que veio reformar em si?". A resposta mais comum é: "Não". E então, como vai mudar se nem sabe o que mudar?

A Personalidade Congênita é a chave para encontrarmos nossa proposta de Reforma Íntima, que é o amadurecimento do nosso ego, desde suas características infantis, passando pelas adolescentes e pelas adultas, até alcançar o estágio ancião, o ponto final da viagem desta micropartícula para este planeta. A Personalidade Congênita é a personalidade que viemos revelando nos últimos séculos, encarnação após encarnação, que nasce conosco e que revelamos desde crianças. Esse termo encontra-se em *Obreiros da Vida Eterna*, de André Luiz, psicografado por Chico Xavier, em uma palestra do Dr. Barcelos, psiquiatra desencarnado, no Nosso Lar, páginas 32-34, quando diz:

"Precisamos divulgar no mundo o conceito moralizador da personalidade congênita, em processo de melhoria gradativa, espalhando enunciados novos que atravessem a zona de raciocínios falíveis do homem e lhe penetrem o coração, restaurando-lhe a esperança no eterno futuro e revigorando-lhe o ser em suas bases essenciais. As noções reencarnacionistas renovarão a paisagem da vida na crosta da Terra, conferindo à criatura não somente as armas com que deve guerrear os

estados inferiores de si própria, mas também lhe fornecendo o remédio eficiente e salutar. Faltam aos nossos companheiros de Humanidade o conhecimento da transitoriedade do corpo físico e o da eternidade da vida, do débito contraído e do resgate necessário, em experiências e recapitulações diversas. Faltam às teorias de Sigmund Freud e seus continuadores a noção dos princípios reencarnacionistas e o conhecimento da verdadeira localização dos distúrbios nervosos, cujo início muito raramente se verifica no campo biológico vulgar, mas quase que invariavelmente no corpo perispiritual preexistente, portador de sérias perturbações congênitas, em virtude das deficiências de natureza moral, cultivadas com desvairado apego pelo reencarnante nas existências transcorridas".

E essa é a Missão da Psicoterapia Reencarnacionista: divulgar na crosta terrestre a noção da Personalidade Congênita, para acelerar a evolução da humanidade. Após essa fase inicial do Tratamento, quando o ego das pessoas em Tratamento já está mais maduro, passamos para a segunda fase, a da libertação do comando do ego sobre os nossos pensamentos. A primeira fase é alinhada com a Filosofia ocidental, a segunda é mais alinhada com a Filosofia oriental.

A evolução consciencial do ser humano é lenta porque, a cada encarnação, temos a sensação ilusória de que estamos vivendo uma "vida" e que tudo que temos de inferior em nossa personalidade e sentimentos foi criado na infância ou durante a vida pelos "vilões" ou pelas "situações-vilãs". Aliás, poderíamos mudar os termos vida para passagem, nascimento para chegada e morte para saída, que são mais reais. Uma das finalidades da Escola de Psicoterapia Reencarnacionista é auxiliar as pessoas a recordarem-se de que somos Espíritos eternos, passando mais uma vez por aqui, que essa "vida" é apenas mais uma passagem, que descemos do Plano Astral e, um dia, vamos subir para lá de novo. E depois continuaremos a descer e a subir, descer e subir, descer e subir, até aprendermos todas as lições deste planeta, e seguirmos o Caminho de volta.

O trabalho principal dessa nova visão é auxiliar as pessoas a recordarem-se de sua busca de evolução, ajudá-las a realmente aproveitarem essa atual passagem, a fazerem uma releitura de sua infância a partir dos princípios reencarnacionistas, a entenderem por que nos reencontramos com seres com os quais trazemos conflitos de encarnações passadas, por que necessitamos passar por situações aparentemente negativas, desagradáveis, a Lei do Resgate, a Lei do Retorno etc.

Essas descobertas e constatações são o que pretendemos transmitir, e esperamos que nossas reflexões sobre o conflito entre o nosso Eu Real (a Essência) e as ilusões do nosso eu temporário (a personalidade terrena) ajudem as pessoas a se encontrarem consigo mesmas e assumirem com mais confiança e determinação o objetivo final de todos nós: a evolução consciencial. Nada disso é novidade para quem acredita na Reencarnação, mas agora essas questões estão sendo colocadas no consultório psicoterápico, essa é a nossa proposta.

A Psicoterapia Reencarnacionista veio para ajudar a nos libertarmos das ilusões e das fantasias terrenas e a nos apegarmos firmemente aos aspectos realmente absolutos e eternos do nosso Caminho. Os psicólogos e os psiquiatras que acreditam na Reencarnação não precisam mais ater-se a uma visão que analisa a vida de seus pacientes apenas a partir da infância, pois essa nova Escola aí está, ao acesso de quem se interessar, os nossos Cursos de Formação estão abertos, por enquanto em 16 estados do Brasil, já existem livros, agora é uma questão de tempo. Mesmo pessoas que acreditam na Reencarnação adaptaram-se de tal maneira a essa visão e à maneira de trabalhar da Psicologia e da Psiquiatria, que no momento em que surge uma nova Psicologia, a Reencarnacionista, que afirma que nós não formamos a nossa personalidade na infância, pois ela é anterior, é congênita, e manifesta-se na infância, isso cria um "nó" na cabeça das pessoas. Mas, se sabemos que tudo é uma continuação, se nós apenas trocamos de corpo físico de uma encarnação para outra, ou seja, o Espírito é o mesmo, então por que a surpresa? Dito de outra forma: se somos a mesma Consciência, que reencarna e desencarna, a nossa personalidade não é uma continuação de si mesma, vida após vida? Quem quiser saber como era na encarnação anterior, eu digo: praticamente igual ao que é hoje. E por que não seria assim? E se não mudar, não evoluir nessa, como acredita que será na próxima? Nós retornamos para a Terra da mesma maneira como saímos dela.

Um outro hino espiritual que recebi – *Sobe e desce* – diz assim:

Andando, meus irmãos
Caminhando pelo chão
Essa vida só termina
Quando para o coração

Sobe para o céu
Recordar sua missão
Chora arrependido
Não amou os seus irmãos

Deus manda de volta
Buscar a salvação
Chega aqui na terra
Cai no mundo da ilusão

Vai nesse sobe e desce
Nesse desce e sobe
As vidas vão passando
E o Cristo não retorna

A gente aqui na Terra
Um dia vamos acertar
Amar uns aos outros
Quando o dia clarear

O Sol iluminando
Os olhos vão se abrindo
A cabeça se erguendo
O coração expandindo

Com o aumento do amor
Essa humanidade cresce
Um dia vira irmão
Todo aquele que merece

Sobe para o céu
Cumpridor de sua missão
Quem lhe recebe é Deus
Com palmas e louvação

Senta ao trono
Ao lado dos anjinhos lá do céu
Tudo iluminado
No Reino de São Miguel.

Essa nova visão não nega os fatos, os traumas e os dramas da infância, e do decorrer da vida, mas afirma que cada um de nós sente e reage a eles ao seu modo e que, na quase totalidade das vezes, existem, por trás dos fatos e dos dramas, fatores muito profundos e antigos, de séculos atrás. Nessas viagens pelo tempo promovidas pela Regressão Terapêutica, encontramos, nas nossas encarnações passadas, a nós mesmos, com outros rótulos, com outras "cascas", mas praticamente com as mesmas características de personalidade, as positivas e as negativas. Os agressivos, irritados, autoritários, percebem-se assim em vidas passadas, os tímidos, medrosos, inseguros, veem-se desse modo lá atrás, os deprimidos, magoados, abandônicos, percebem que já eram assim nas suas últimas vidas etc. E muitas vezes o nosso pai já foi nosso filho, a nossa mãe foi nossa esposa (como aconteceu com

Freud nessa sua última encarnação), um filho foi um inimigo etc., mas essas questões cármicas raramente surgem nas Regressões, pois uma das bandeiras éticas do Método ABPR é não incentivar o reconhecimento de pessoas no passado e o Mundo Espiritual raramente oportuniza isso durante o processo regressivo, e quando alguém reconhece alguém, é numa situação boa, agradável, muito raramente em uma situação conflitiva.

Precisamos nos libertar do que chamamos de "as ilusões dos rótulos das cascas", com a compreensão de que somos um Espírito (Consciência) que, em cada encarnação, veste um novo corpo, proximamente a outros Espíritos no mesmo processo, com algumas finalidades específicas. Nós viemos do Plano Astral superior para um Plano mais denso e imperfeito (Astral Inferior), para que, na interação com as dificuldades inerentes a este nível evolutivo, as nossas inferioridades venham à tona e tenhamos então a possibilidade de lidar com elas, visando à sua melhoria ou eliminação. Isso não pode ocorrer quando estamos desencarnados no Astral Superior, pela elevada consciência vigente lá que faz com que não existam os testes e as provas comuns aqui. Lá em cima, pela elevada frequência vibratória do local, são ativados nossos chacras superiores e manifestamos nossas superioridades; aqui, pela baixa frequência vigente, ativam-se nossos chacras inferiores e manifestam-se nossas inferioridades. Por isso voltamos para cá: para encontrarmos nossas inferioridades, que lá se ocultam. Mas, quando as encontramos, culpamos os pais, a família, a vida, os outros, a sociedade. E a Psicologia oficial, não reencarnacionista, diz que elas originaram-se na nossa infância, pois não existíamos antes; então, quem foi que nos fez mal? Quem foi o vilão? E nós somos as vítimas? Será?

Essas noções, e tantas outras, a respeito da Reencarnação, que têm permanecido limitadas apenas ao campo da religião, precisam agora ser incorporadas pela Psicologia e pela Psiquiatria, a fim de serem melhor entendidos os nossos problemas e conflitos. Também a Medicina, e isso já está ocorrendo, irá entender que não somos apenas esse corpo físico visível, e sim temos outros corpos, sutis, onde se iniciam verdadeiramente as doenças. A Psiquiatria, um dia, quando entrar no campo do invisível, entenderá o que são essas vozes "imaginárias", o que são as "alucinações" etc., e descobrirá que o que chama de "paranoia", "esquizofrenia", "transtorno bipolar" etc. comumente são emersões de nossas personalidades de outras vidas, geralmente acompanhadas de outras personalidades, intrusas, os chamados Espíritos obsessores.

Está chegando um novo Milênio e, com ele, uma nova Psicologia, uma nova Medicina e uma nova Psiquiatria. E os médicos, os psicólogos, os psiquiatras e os psicoterapeutas em geral, que acreditam nos princípios reencarnacionistas, não precisam mais lidar apenas com o nosso corpo visível e as doenças físicas, e com essa passagem terrestre, chamando-a, equivocadamente, de "vida". É preciso coerência: quem acredita em Reencarnação deve vivenciá-la no seu dia a dia e não apenas quando está em seu Centro Espírita ou lendo seus livros em casa. E os psicoterapeutas que acreditam na Reencarnação podem abrir seus horizontes também dentro do seu consultório, assumir sua crença, sem medo dos Conselhos, e poderão, então, ajudar muito mais os seus pacientes.

Assim caminha a Humanidade, a passos lentos, mas sempre adiante. Então, vamos em frente!

Exercícios

1. Por que a Psicologia e a Psiquiatria não lidam com a Reencarnação?

2. Qual a diferença entre Formação da Personalidade (a base da Psicologia oficial) e Personalidade Congênita (um dos pilares da Psicoterapia Reencarnacionista)?

3. Qual a importância disso para o aproveitamento da encarnação?

4. A denominação "doença mental" sugere que a doença mental está na mente. Onde está a mente?

5. Por que os psicotrópicos não conseguem melhorar os pensamentos?

6. Por que a Medicina oficial não consegue curar realmente as doenças crônicas?

7. Por que as doenças tornam-se crônicas?

8. O Dr. Bach, criador da Terapia Floral, dizia que a doença é uma Mensagem do nosso Eu Superior para mostrar o nosso erro. Você tem uma doença crônica, física ou mental? O que deve corrigir em si para curá-la?

9. Quem comanda a sua vida: o seu Eu Superior ou o seu ego?

10. Como saber o que o nosso Eu Superior e os nossos Mentores Espirituais querem que nosso ego faça?

11. Se você morresse hoje, teria cumprido sua Missão ou teria apenas vivido?

OS PILARES DA PSICOTERAPIA REENCARNACIONISTA

1. A "versão persona" x "versão-espírito"

A Psicoterapia Reencarnacionista, trabalhando com a maturação do ego e a nossa libertação do seu comando, escutando as histórias de vida e as infâncias das pessoas em nosso consultório, histórias permeadas de mágoa, sentimento de rejeição, raiva, crítica, medo, insegurança etc., entende que elas são interpretações das histórias como a nossa *persona* as criou, a visão que teve delas, como nós as lemos quando éramos crianças; as histórias como continuamos a ler quando já adolescentes, adultos ou velhos, são interpretações do nosso ego, a maneira limitada como nos vemos e como vemos os outros, incluindo a nossa família e as demais pessoas que entram ou passam pela nossa vida.

Explicando melhor: cada um de nós, desde criança, aprende que é uma certa pessoa, de uma certa família, de um certo gênero sexual, uma certa cor de pele, de um lugar, de um país etc., e passa a vida inteira acreditando nisso, principalmente porque todas as demais pessoas acreditam nisso também em relação a si, e em todos os terapeutas que vamos, eles mesmos acreditam nisso a seu respeito e então não têm dúvidas disso em relação a seus pacientes. Mas o que a quase totalidade das pessoas não percebe, ou melhor, não recorda, mesmo as pessoas que acreditam na Reencarnação, é que, se pensarem no tempo anterior à sua fecundação, onde estavam, quem eram, lá em cima, no Plano Astral, quando não eram uma pessoa, não eram de nenhuma família, nenhum gênero sexual, não tinham cor de pele (aliás, nem tinham pele...), não eram de um certo lugar, um certo país etc., ou seja, se todos nós pensarmos onde estávamos um ano antes da nossa fecundação, recordaremos que éramos um Espírito, no Mundo Espiritual, no chamado período intervidas, vindo da nossa encarnação anterior a essa, nos preparando para retornarmos à Terra, encarnarmos novamente, para continuar o nosso caminho consciencial de retorno à Luz, à Perfeição, ao Um, ao Todo.

E se não éramos nada do que pensamos que somos, como nos conhecemos e vemos, e como conhecemos e vemos os outros, o raciocínio consequente é de que estamos imersos no que os orientais chamam de Maya, a Ilusão. O que é isso? Significa que tudo é real, mas temporário, tudo é verdadeiro, mas passageiro, parece permanente, mas é impermanente. Ora, se é temporário, se é passageiro, se é impermanente, então não pode ser realmente real e verdadeiro e então é, podemos dizer, uma realidade ilusória ou uma ilusão aparentemente verdadeira.

Todas as pessoas que acreditam na Reencarnação sabem disso mas não lembram com a intensidade e a frequência que o assunto merece. E por que esse assunto merece um estudo mais aprofundado e uma atenção mais redobrada do que comumente se dá a ele? Porque aí está o que chamamos em Psicoterapia Reencarnacionista de "Raciocínio" x "Contra-raciocínio", ou seja, o raciocínio não reencarnacionista a nosso respeito, da nossa vida, da nossa infância, e das pessoas que fazem parte disso, incluindo a nossa família de origem e as demais pessoas que entram na história, opondo-se ao raciocínio reencarnacionista disso tudo, totalmente contrário em sua visão e abordagem, em sua interpretação e consequências.

Vamos, então, explicar melhor: uma pessoa vem à primeira consulta para iniciar um tratamento de Psicoterapia Reencarnacionista, que consta de consultas e Sessões de Regressão, durante meses ou anos, que tem a finalidade de ajudar as pessoas a saberem para o que reencarnaram, qual a sua proposta de Reforma Íntima, e como realmente aproveitar esta encarnação nesse sentido, o que nos trará mais evolução, mais libertação do comando do nosso ego, com a agradabilíssima sensação de dever cumprido após desencarnarmos e retornarmos para Casa. Essa pessoa nos fala de si, da sua vida, vai nos contando o que lhe incomoda, os seus conflitos, frequentemente relata a sua infância, e nós vamos escutando a sua história, que é o que chamamos de "A interpretação do ego da história de uma persona". Ela não está nos contando a versão verdadeira da história, está relatando como leu a sua infância, como a entendeu, como lê a sua vida atual, como vê as pessoas, como sente e interpreta tudo isso, e geralmente o relato vem impregnado de mágoa, de sentimentos de rejeição, de raiva etc.

Com bastante frequência, essa pessoa já consultou outros profissionais, já contou essa história muitas vezes para eles, também para pessoas amigas, para familiares, e todos escutam e analisam a sua história exatamente da mesma maneira que ela: como algo verdadeiro, ou seja, foi assim mesmo. A história é real, é verdadeira, mas a visão, a interpretação, é ilusória. Basta ir para um ano antes da sua fecundação, e lembrar quem era, onde estava, por que o seu Espírito precisou dessa infância, necessitou dessa família, por que pediu esse pai, essa mãe, esses irmãos, ou ser filho(a) único(a), por que veio o(a) mais velho(a), ou 2º(ª), ou 3º(ª), ou caçula, por que precisou vir homem ou mulher, bonito(a) ou feio(a), branco(a) ou negro(a), rico(a) ou pobre etc. Isso já vai nos tirando do lugar de vítima, de donos da razão, e nos colocando no lugar verdadeiro de cocriadores de nossa infância e de nossa vida.

Se todos nós fizermos esse exercício de imaginação, começaremos a nos questionar a esse respeito, a nos perguntar "Por quê?", e a partir daí o nosso raciocínio, que até agora era irrefutável e convicto, começará a questionar-se, a desmanchar-se, e todas aquelas convicções tipo "Meu pai não gostava de mim!", "Minha mãe gostava mais do meu(minha) irmão(ã) do que de mim!", "Eu sou assim porque vim numa família muito pobre, muitos filhos, passamos fome...", permeadas de mágoa e rejeição, dor e sofrimento, começarão a transformar-se no que chamamos de Contra-raciocínio. Ou seja, o raciocínio anterior, não reencarnacionista, criado pela persona em conjunto com as demais personas, numa sociedade de personas, começará a dar lugar a um novo raciocínio, reencarnacionista, baseado nos questionamentos de "Por que o nosso Espírito pediu por isso?". Sempre lembrando que "pedir" significa "necessitar" e esse "pedido" é feito quando estamos no Mundo Espiritual (período intervidas) nos preparando para reencarnar, com os nossos chacras inferiores quase desativados e os superiores bastante ativados, ou seja, não "pedimos" o que queremos, e sim o que acreditamos que precisaremos.

A Psicoterapia Reencarnacionista, baseando-se na Reencarnação, lida com a nossa visão das 6 Leis Divinas que regem a nossa encarnação e a das demais pessoas que estão em nossa vida: A Lei da Finalidade, a Lei da Necessidade, a Lei do Merecimento, a Lei do Retorno, a Lei do Resgate e a Lei da Similaridade. A finalidade é para que o nosso Espírito tenha de passar por situações desde a nossa vida gestacional, a necessidade é por que precisa passar por isso, o merecimento é o que merece receber do Amor Universal, que sempre está certo e justo, mesmo quando parece errado e injusto, o retorno é a volta do que fizemos no passado, o resgate é a busca de reconciliação com Espíritos conflitantes e a similaridade é a base da Lei da Atração.

A principal tarefa do psicoterapeuta reencarnacionista é ajudar as pessoas que vêm realizar um tratamento, e acreditam na Reencarnação, a libertarem-se da versão ilusória da história de sua persona e iniciarem uma busca da visão verdadeira dela, a visão espiritual. A primeira, que chamamos de "Raciocínio", mantém as pessoas atreladas aos seus sentimentos negativos, de uma maneira tão forte, que se torna praticamente impossível uma cura verdadeira desses sentimentos.

A segunda, que chamamos de "Contra-raciocínio", vai fazendo com que, pela mudança da visão da nossa infância, dos fatos lá ocorridos, da interpretação que demos a ela quando éramos crianças, e que ainda mantemos em nossa criança, adolescente ou adulto inferior, os sentimentos negativos vão se diluindo e enfraquecendo de uma maneira tão segura e gentil, de um modo tão profundo e regenerador, que, aos poucos, pela correção do raciocínio, os pensamentos vão mudando e os sentimentos vão desaparecendo por si sós.

No Curso de Formação em Psicoterapia Reencarnacionista, os alunos aprendem, primeiramente, a realizar isso em si mesmos, para capacitarem-se a ajudar as pessoas nessa missão fundamental, a de colocar o ego sob comando superior, retirar-lhe a supremacia, tirar seus distintivos e medalhas e, em seu lugar, colocar curativos e poções para curar as dores e as tristezas que lhes mantinham no lugar, sentimentos esses que, na verdade, criaram esses artifícios. A Psicoterapia Reencarnacionista é a Terapia da libertação das ilusões, da libertação do domínio do ego, da mudança de como viemos sempre e sempre, vida após vida, nos vendo e entendendo, para que o nosso Eu divino possa, finalmente, assumir o comando de nossa vida. Mas, para isso, é necessário que o Contra-raciocínio sobrepuje e elimine o Raciocínio, senão não conseguiremos nos libertar verdadeiramente do comando do ego, que nos aprisiona e onde está a mágoa, o sentimento de rejeição, a raiva, o medo, a sensação de inferioridade, a timidez, ou os seus contrapontos, igualmente ilusórios, a vaidade, o orgulho, o autoritarismo, a prepotência, a soberba.

Existem duas graduações de Psicoterapia Reencarnacionista que podem ser realizadas:

A básica, a Terapia do ego e as suas questões, que é fadada ao fracasso se ficar restrita apenas a ela, pois é impossível curar as ilusões de uma estrutura ilusória. É a Psicoterapia Reencarnacionista mais utilizada dos sentimentos, a mais utilizada nesse momento presente da nossa Escola.

A avançada, a Terapia da libertação do ego, que visa a passar o comando dos nossos pensamentos, da nossa vida, para o nosso Eu Superior, para os nossos Mentores Espirituais, e através da qual é possível, e até bem fácil, curar as inferioridades do nosso ego, é só nos libertarmos do seu comando. É a Psicoterapia Reencarnacionista da correção do raciocínio.

2. A Personalidade Congênita

A chave inicial no nosso Tratamento para um real aproveitamento da encarnação é irmos melhorando, gradativamente, as características inferiores do nosso ego, em um processo de maturação. Nós encarnamos com uma personalidade definida: a que viemos apresentando nas nossas últimas encarnações. São as características do nosso modo de pensar, de sentir, de agir e reagir, são as tendências que já trazemos conosco, e que, no confronto com as situações da vida terrena, passam a manifestar-se. Nós não formamos uma personalidade na infância, nós aí começamos a revelá-la. Amanhã você será completamente diferente de hoje ou a continuação de como é? No dia 1º de janeiro de qualquer ano, você se tornou completamente diferente de como era no dia 31 de dezembro? É a mesma coisa: quando morre seu corpo físico, você sai de dentro dele, sobe para o Mundo Espiritual, e um dia reencarna, fabrica um corpo novo na oficina uterina, mas quem está lá dentro? Você e a sua personalidade (congênita), e aí encontra o que deve melhorar, no caminho de retorno à sua pureza original. Todos nós somos puros mas esquecemos disso.

Somos um Ser de vários corpos, sendo o físico o único facilmente visível, por isso parece que apenas ele existe, mas além dele temos o corpo emocional (dos sentimentos e sensações), o corpo mental (dos pensamentos) e outros corpos ainda mais sutis. Após a chamada e temida morte, que é apenas a morte do corpo físico, os demais corpos permanecem exatamente como são, e mesmo todo o estudo e trabalho de conscientização realizado no Plano Astral, no período interencarnações, não os podem modificar substancialmente. Ao reencarnarmos, chegamos com o mesmo nível de pensamentos e de sentimentos de quando saímos da última vida terrena e, portanto, cada um de nós, ao passar pelas situações atuais da vida intrauterina, da infância e da vida terrena atual, vai pensar, sentir, agir e reagir a seu modo.

Isso é facilmente observável em famílias com vários filhos, em que cada um tem a sua maneira de ser desde nenê: um é bravo, impaciente e agressivo, outro é calmo, suave e meigo, outro é magoável, retraído, entristece-se facilmente, e assim por diante. E por que é assim? Porque tudo é uma continuação, nós somos o mesmo que desencarnou na vida terrena passada, apenas mudamos a nossa forma física, o nome e os demais rótulos, mas permanecemos intrinsecamente iguais.

E por que reencarnamos? Para melhorar essas tendências negativas congênitas do nosso ego, que revelam para cada um de nós o que viemos fazer aqui. Pelas vivências atuais, intra ou extrauterinas, e no decorrer da encarnação, o que acontecerá serão reforços ou atenuações dessas características, ou seja, a piora, a melhora ou, às vezes, a mera manutenção do que já veio conosco ao nascermos. Esse aspecto intrínseco (o que já veio), rotulado como genético (na verdade, é pré-genético), são características impressas em nossos segundo e terceiro corpos, o emocional e o mental. No decorrer das encarnações nós sempre melhoramos, mas, olhando encarnação a encarnação, em muitas delas nós pioramos em vez de melhorar, ou seja, descemos para a Terra e fazemos o contrário do que viemos fazer.

Todas as grandes verdades são facilmente observáveis na prática diária e óbvias à observação. Assim foi, por exemplo, com a lei da gravidade, descoberta por Newton ao observar uma fruta caindo de uma árvore, com a existência do Inconsciente, estudado por Freud através dos atos falhos, etc. E assim é pela constatação do que significa cada criança ser diferente de outras, desde nenê, submetidas às mesmas condições ambientais. A explicação está na Reencarnação, e então nós observamos as crianças calmas e as agitadas, as carinhosas e as refratárias ao carinho, as egoístas e as altruístas, as organizadas e as bagunceiras, as extrovertidas e as introvertidas, as autoritárias e as submissas, as medrosas e as corajosas etc. Tudo é uma continuação, "vida" após "vida", e aí revela-se a Personalidade Congênita, um dos pilares básicos da Psicoterapia Reencarnacionista, e podemos encontrar a Reforma Íntima do nosso ego, e então alcançar mais evolução consciencial nesta atual encarnação.

O conceito de Personalidade Congênita não nega as consequências das vivências e situações às quais somos submetidos na nossa infância, elas são da maior importância, mas, na verdade, são apenas reforços psicopatogênicos às características de personalidade, pensamentos e sentimentos que já trazemos de vivências anteriores a essa encarnação, ou seja, trazemos uma tendência a reagir emocionalmente de um certo modo a certas situações específicas. E essas tendências inerentes a nós, no confronto com situações que as fazem aflorar e manifestar-se, irão revelar o que já existe em nós, o que veio para ser melhorado, ou curado. Essa é uma de nossas missões ao reencarnarmos, uma outra é a busca de harmonização com Espíritos conflitantes. Trabalhar pela humanidade e não mais apenas para si e os seus já é uma missão superior, reservada a Espíritos de ego ancião.

Quem veio de suas vidas passadas com um ego infantil, adolescente ou adulto, com a tendência de sentir raiva, reagirá com raiva aos fatos desta vida, quem veio com tendência de magoar-se, reagirá com mágoa, quem veio com medo, reagirá com medo, quem veio com baixa autoestima, reagirá desvalorizando-se, quem veio com tendência autodestrutiva, reagirá destruindo-se, e assim por diante. E por que alguém precisou vir filho daquele pai? Será que o hoje filho já foi o pai em outra encarnação? E foi um bom pai? E por que veio naquela mãe? E naquela família? E naquela região? E naquele país? Mas, para deixar ainda mais claro o aspecto ético da nossa recordação de vidas passadas, por ela ser comandada pelos Mentores das pessoas, muito raramente alguém recorda encarnações em que foi o "vilão" do atual "vilão"; já no caso de Terapeutas de Regressão que não estão atentos à obrigatoriedade de respeitar-se a Lei do Esquecimento e assumem o comando do que a pessoa vai recordar, isso não só é frequente como, muitas vezes, um dos focos da Regressão! Esse é um gravíssimo engano desses terapeutas, pois estão infringindo uma Lei Divina com consequências graves para a pessoa e para si próprios. O respeito à Lei do Esquecimento é uma das bandeiras da nossa Escola.

Nós reencarnamos, também, para encontrar nossas inferioridades, mas quando as encontramos não gostamos das pessoas e/ou situações que as fazem aflorar. E aí sentimos raiva ou mágoa daquela pessoa, mas, na verdade, nós estamos exteriorizando nossa raiva e mágoa congênitas, que nasceram conosco, o que é diferente de pensar que a raiva e a mágoa surgiram nesta vida. Exemplificando: uma pessoa refere um forte sentimento de rejeição e mágoa por ter-se sentido abandonada e não querida durante a infância. Acredita que a causa disso foi o fato de seu pai não ter assumido a paternidade e abandonado a família. Ela revela, desde criança, uma postura perante a vida calcada nesses sentimentos e durante sua vida frequentemente sente-se triste, magoada e com a sensação e o medo de ser rejeitada. Mas inúmeras outras pessoas, que quando crianças passaram por situações semelhantes, não referem esses pensamentos e sentimentos, ou, pelo menos, não em nível tão profundo. Por quê? Claro que fatores atenuantes, como atenções e orientações dos demais familiares, atendimento psicológico precoce etc., ajudam a que isso não ocorra de modo grave. Mas a explicação para o fato de aquela pessoa ter demonstrado enormes sentimentos de abandono e rejeição, ou seja, ter sentido aquela situação de um modo tão intenso, e outras pessoas que passaram por situação semelhante não terem sentido tanto assim, é que ela já trazia essa tendência de vitimização consigo, a tendência de sentir abandono tão intensamente, por situações semelhantes vivenciadas em encarnações anteriores, o que nesta encarnação sofreu mais um reforço, pela atitude paterna. Mas será que em vidas ainda mais antigas abandonou, rejeitou, magoou, e pela Lei do Retorno vem passando por isso há alguns séculos e ainda hoje? Nas regressões, algumas vezes o abandonado e rejeitado hoje e em vidas passadas vê-se como um abandonador e rejeitador em vidas anteriores, mas um reconhecimento raramente é oportunizado pelos Mentores Espirituais das pessoas em Regressão e nunca incentivado pelos nossos psicoterapeutas, esse é o nosso Método Ético de Regressão.

Um dos assuntos das consultas de Psicoterapia Reencarnacionista é por que alguém necessitou passar por essa situação nesta encarnação? Tantas famílias aqui na Terra, tantos pais, veio nessa família, com esses pais. Por quê? Muitas vezes, nós temos contato com nossos futuros pais antes de iniciarmos nossa materialização intrauterina, e conversamos com essa pessoa sobre isso nas consultas de Psicoterapia Reencarnacionista. Por que ela, que provavelmente traz abandono e rejeição para curar, oriundos de encarnações passadas, necessita passar por uma nova vivência encarnatória semelhante? Se lembrarmos que descemos do Astral Superior para encontrar nossas inferioridades, pode ter necessitado dessa experiência para que esses antigos sentimentos aflorassem e pudesse então entrar em contato com eles, possibilitando-se trabalhá-los e curá-los. Se alguém traz mágoa e sensação de abandono para curar em seu Espírito, necessitará de pessoas ou situações que façam isso aflorar. Quem veio curar a raiva necessitará de situações que a façam aflorar. E assim por diante. Mas, também, muitas vezes, um Espírito com um ego inferior recebe a bênção de encarnar em uma família espiritualizada, perto de pessoas equilibradas, amorosas, honestas, para aprender e poder evoluir pelo exemplo.

O nosso Espírito colabora na criação de nossas experiências terrenas por uma necessidade de evolução consciencial, que implica estudar vivencialmente e depois eliminar esses seculares ou milenares sentimentos e pensamentos negativos, ou seja, reencarnamos para isso e então devemos fazê-lo, e não manter, ou até agravar, essas inferioridades. Isso é o que significa alguém nos dizer que nós pedimos isso. Não fomos nós, os nossos egos, foi o nosso Espírito, em conjunto com o Grande Espírito (Deus). Mas se acharmos que tudo começou na infância, que somos uma vítima, que nosso pai ou nossa mãe é o vilão, vamos passar anos e anos em terapia falando sobre isso, até que um dia nosso corpo físico morre, subimos para o Astral Superior, encontramos nosso Mentor Espiritual, que senta conosco em um banco naquele lindo jardim, abre um Telão e nos diz: "Vamos examinar algumas de suas vidas passadas". Aí, as frases mais ouvidas são: "Ah! Se eu lembrasse!" e "Ah! Se eu soubesse!" e, em seguida: "Não te preocupes, tu terás uma nova oportunidade!". Então, vamos aproveitar a encarnação, estamos na nova oportunidade.

Uma situação interessante que observamos nas Regressões é que nós passamos centenas ou milhares de anos lidando com um tema, ou seja, tendemos a passar por situações repetitivas, há muitas e muitas encarnações, até conseguirmos eliminar os nossos sentimentos inferiores que nelas afloram, mas, por trás disso, comumente existe uma ação nossa, anterior, séculos atrás, semelhante, contra outras pessoas. Ou seja, o abandonado abandonou, o agredido agrediu, o humilhado humilhou, o dominado dominou, e assim por diante. E o retorno não é para pagar, para sofrer, como algumas pessoas acreditam, essa é a Justiça Divina, aprendermos o que é certo e o que é errado, e geralmente só aprendemos essas lições sofrendo na própria pele. Ora somos "vítimas", ora somos "vilões". Quando somos vítimas, nosso ego sofre por isso, e culpa os vilões. Quando somos vilões, nossa alma sofre por isso. Carmicamente, é pior ser vilão do que vítima.

Falamos sobre Reencarnação com as pessoas no nosso consultório, sobre a necessidade dos nossos reencontros, sobre os cordões energéticos, sobre o Karma, ajudamos as pessoas que vêm realizar um tratamento de Psicoterapia Reencarnacionista a fazerem uma releitura da sua infância, e da sua vida, do ponto de vista reencarnacionista. Quem de nós sabe o que foi de outra pessoa em encarnações passadas? Como podemos, então, sentir-nos vítimas, se não lembramos o que fizemos? Alguém sabe o que fez para seu pai em outra vida? O que fez para sua mãe? Para seu(s) filho(s)? O mais prudente, então, é nos perguntarmos por que necessitamos disso. Quem passar a vida inteira achando-se vítima, com mágoa, com raiva, poderá ter uma surpresa quando olhar para aquele Telão lá no Mundo Espiritual e lhe mostrarem o que fez em vidas muito antigas ("vilão"), como era nas encarnações passadas mais recentes ("vítima"), e perceber que reencarnou justamente para parar de sentir-se vítima e passou toda a vida achando-se coitadinho.

Precisamos enxergar como reencarnacionistas as "injustiças" que sofremos, os "golpes do destino", por que alguém nos faz "sofrer", as situações "negativas" da nossa vida, da nossa infância, encarando-as como experiências criadas, ou cocriadas, por nós mesmos, moldadas nos tecidos do nosso destino, para que através delas possamos nos curar, aprender, resgatar, crescer, nos aproximarmos mais da Perfeição. O que parece "negativo", o que nos faz sofrer, geralmente são oportunidades de crescimento, lições benéficas para a nossa evolução.

Uma pessoa pode tentar perdoar seu pai ou sua mãe, porque isso é o certo, porque as pessoas lhe recomendam isso, porque Jesus ensinou, mas essa tarefa será facilitada se raciocinar que, provavelmente, optou por essa situação terrena para descobrir e tentar eliminar uma antiga tendência sua de mágoa, de sentir-se rejeitado, que traz consigo há séculos, e/ou então para resgatar o que fez tempos atrás a esse Espírito que está atualmente seu pai ou sua mãe. Precisamos aprofundar o nosso entendimento sobre a vida terrena, procurando ver as coisas de uma maneira diferente de como víamos antes, e o estudo da Reencarnação amplia enormemente a compreensão, a relativização dos fatos "negativos" da infância e da vida terrena. Nós descemos do Plano Astral para a Terra para passar por fatos "negativos" necessários, para nos purificarmos passando por eles. Esses fatos "negativos" são o que merecemos e o que nos faz ver o que precisamos melhorar em nós, para nos aperfeiçoarmos.

O que observamos no consultório é um desfile de ilusões de personalidades passageiras sofrendo por distorções desse tipo no seu entendimento. Aquele desfiar de mágoas, tristezas e raivas nas conversas no consultório é o reflexo de uma visão equivocada do nosso ego, o esquecimento de um propósito maior, anterior. São ilusões vivendo de ilusões e realimentando-se patologicamente. Devemos sempre nos perguntar: "Se reencarnei para evoluir, por que estou passando por isso?". E mesmo que não saibamos a resposta, e muito raramente os nossos Mentores nos mostram na recordação de vidas passadas, não devemos nos vitimizar, nos sentir injustiçados, sentir raiva, pois não lembramos do nosso passado. O que está acontecendo de "negativo" conosco é mais uma oportunidade de eliminarmos uma tendência inferior, como a raiva ou a mágoa, é a Lei do Retorno, ou ambas? A vida não começa na infância, antes dela tem muita coisa. Todos os dias converso com alguém que está perdendo sua encarnação, sofrendo por raciocínios criados na infância, de raiva, de mágoa, de um dos pais, da sua situação familiar ou social. Sinto dó da "vítima", pois quando ela subir e olhar o Telão, ver o que fez para os "vilões" em outras encarnações, provavelmente vai sentir vergonha e arrependimento.

E por que nós não nos recordamos dos objetivos, das metas e das nossas decisões pré-reencarnatórias? É que, durante o estado de vigília, quando acordados, a nossa Consciência permanece no nosso corpo físico o tempo todo, enquanto essas informações estão nos corpos astral e mental. Durante o sono do corpo físico, a nossa Consciência expande e alcança esses corpos sutis, mas quando acordamos ela retorna apenas para o nosso corpo físico e, então, não recordamos o que aconteceu, o que vivenciamos, o que aprendemos, ou parece sonho, ou pesadelo. Quando o nosso corpo físico morre ("morte") e a nossa Consciência assume o corpo astral, passamos a ter acesso a essas questões. No corpo astral, as informações estão de uma maneira emocional, no corpo mental, de um modo intelectual.

Por orientação superior, estamos organizando e desenvolvendo uma Psicoterapia para o homem encarnado baseada naquela utilizada no período interencarnações, em que se fala das encarnações passadas, da finalidade, das metas etc. Lá eles têm o Telão, aqui nós temos a Regressão, ambos comandados pelos Mentores. Nós somos auxiliares do Mundo Espiritual, nunca comandamos, dirigimos ou direcionamos a recordação, nem incentivamos o reconhecimento de pessoas no passado, para obedecermos às orientações de Kardec a esse respeito.

Não é fácil para a maioria dos reencarnacionistas raciocinar de uma maneira reencarnacionista no seu dia a dia, pois implica uma mudança muito grande de enfoque. Os reencarnacionistas geralmente acreditam em Reencarnação, mas não a colocam em sua vida, principalmente em sua infância, porque fomos acostumados, por uma Psicologia não reencarnacionista, a acreditar que nossos problemas psicológicos e características negativas de personalidade são oriundos dos fatos da infância. Mais recentemente, as situações durante a gestação passaram a ocupar também o seu lugar na "gênese" dos traumas. Não as negamos, mas não atribuímos a esses fatos a origem dos nossos problemas emocionais. Nesses anos todos como psicoterapeuta reencarnacionista, percebi que tudo que é muito forte, em características de personalidade, sentimentos, dificuldades, não se originou nesta vida, é muito mais antigo, e está escondido dentro do Inconsciente, e pode ser acessado, se isso for vontade dos Mentores Espirituais, e curado, se houver o merecimento.

Como uma matéria que não aprendemos na Escola, iremos precisar repetir de ano até aprender, só que aqui cada ano letivo é uma encarnação. Isso aplica-se aos tristes, aos magoados, aos depressivos, aos infelizes, que vêm repetindo o ano há séculos, e também se aplica aos egoístas, aos orgulhosos, aos autoritários, aos materialistas, aos agressivos, aos cruéis. É um sério obstáculo à cura as pessoas atribuírem seus sofrimentos e características negativas de personalidade aos fatos de sua infância e às situações do decorrer da vida. O que nunca se pensa é justamente o que estou colocando aqui, o porquê de se reagir de um certo modo a essas vivências. As pessoas depressivas atribuem a sua depressão aos eventos tristes de sua vida desde a infância, mas não pensam por que reagiram/reagem com depressão a esses fatos. Preferem culpar alguém, vitimizar-se, buscar explicações e justificativas para o fato de serem depressivos. A explicação é simples: eles reagiram/reagem com depressão porque reencarnaram com uma tendência a reagir com depressão às dificuldades e aos obstáculos da vida terrena. E o que precisam entender é que isso é justamente a sua meta pré-reencarnatória, a sua Missão pessoal, a sua proposta de Reforma Íntima, e as situações aparentemente dificultosas e obstaculizantes irão se suceder em sua vida até que eles curem essa tendência.

Mas foram seus pais ou marido, ou filhos, ou situação financeira etc. que geraram a depressão? Não, essa tendência já estava lá, ao reencarnar, na sua Personalidade Congênita, houve apenas um reforço no que já veio. Então, precisam mudar essa tendência que vêm trazendo há muitas encarnações, e as pessoas ou situações que as fizeram/fazem manifestar-se não são prejudiciais para a sua evolução, pelo contrário, estão lhes mostrando o que vieram curar em si. São gatilhos potencialmente benéficos, que parecem prejudiciais, mas isso vai depender de quem analisa o fato, se o seu Eu Superior ou o seu eu temporário.

E por que nosso irmão ou irmã não reagiu/reage do mesmo modo que nós? Porque tem uma personalidade diferente. E por que tem uma personalidade diferente? Porque somos Espíritos e a nossa personalidade é congênita. O psicoterapeuta reencarnacionista deve ajudar as pessoas a recordarem que estamos de passagem pela Terra, mais uma vez, ajudá-las a entenderem por que necessitaram daquela infância, e das situações "negativas" da vida, identificarem as armadilhas terrenas, os gatilhos e a sua finalidade.

Nós descemos para purificar os nossos corpos energéticos determinantes da nossa personalidade, o emocional e o mental, então tudo que não for agradável para nós em nossos sentimentos e pensamentos é o que devemos ir melhorando aos poucos. E a pessoa ou a situação que fizer isso aflorar estará colaborando com nossa evolução, por nos mostrar como somos para nós mesmos, mas, para que possamos raciocinar assim, temos que entender essas questões que estou colocando aqui e que, admito, não são nada convencionais no meio psicoterápico oficial.

E então podemos falar no perdão, uma das mais difíceis conquistas humanas. O fato de entendermos que quem nos ajuda a descobrir para o que reencarnamos, o que devemos melhorar, está, na verdade, agindo em nosso benefício, e que provavelmente, pela Lei do Retorno, o que nos fizeram/fazem não foi/é injusto, cruel ou desagradável, pois muito provavelmente fomos o seu "vilão" no passado, pode trazer uma dúvida ("Será que sou vítima mesmo?"), uma outra visão ("Por que precisei dessa infância, desse pai, dessa mãe?", "Por que preciso passar por isso?"), que pode desembocar no perdão. É voz corrente que atraímos fatos para a nossa vida e isso é verdade, mas de um modo muito mais profundo do que se imagina. Quem precisa curar qualquer sentimento negativo atrairá carmicamente fatos e pessoas que lhe mostrarão isso, desde a sua infância e no decorrer de toda a sua encarnação.

O objetivo de passarmos por essas pessoas ou situações é oportunizarmos a limpeza dos nossos corpos emocional e mental, e isso quer dizer melhorarmos, ou curarmos, nossos sentimentos e pensamentos inferiores, obstaculizantes da nossa evolução. A evolução só acontece com felicidade, e quem é triste veio curar a tristeza, quem tem baixa autoestima veio aprender a valorizar-se, quem com tudo se magoa veio aprender a lidar com os fatos da vida sem magoar-se, quem é orgulhoso veio aprender a desinflar o ego, quem é autoritário veio aprender a respeitar os outros etc.

Algumas pessoas afirmam-se muito egoístas e atribuem isso ao fato de terem nascido em famílias muito pobres. Outros atribuem isso a terem nascido em famílias muito ricas. Será verdade? O mais provável é que tenham desencarnado e novamente reencarnado com o egoísmo impregnado em si e, se têm a coragem de reconhecer esse fato, já sabem o que devem curar. Os tímidos vieram curar a sua timidez, os medrosos, o seu medo, os raivosos, a sua raiva, os ciumentos, o seu ciúme, os invejosos, a sua inveja, os materialistas, o seu materialismo, os egocêntricos, o seu egocentrismo, os desconfiados, a sua desconfiança, os deprimidos, a sua depressão, e assim por diante. Devem entender que já nasceram com essas tendências e que os fatos da sua infância e os do decorrer da vida são fatores afloradores, e não originários, dessas inferioridades que devem eliminar. Esta é uma das principais diferenças entre a Psicologia tradicional, oficial, não reencarnacionista, e a nova Psicoterapia Reencarnacionista: aquela fala na origem dos sentimentos negativos na infância, esta fala no afloramento desses sentimentos na infância. Uma cria as figuras do vilão e da vítima, outra fala em necessidade, finalidade, merecimento, retorno, resgate e similaridade.

Essa Terapia é a mesma realizada no período interencarnações entre os desencarnados que fracassaram (a imensa maioria) e os Orientadores. Com a Psicoterapia Reencarnacionista podemos utilizar essa mesma Terapia enquanto estamos aqui encarnados, a fim de pouparmos sofrimentos e acelerarmos nossa evolução. Por que deixar para depois o que podemos fazer agora? Curar agora para não levar a tendência para a próxima encarnação. Devemos nos libertar das ilusões e assumir mais firmemente essa responsabilidade com o nosso objetivo de progresso. Não devemos perder tempo culpando os outros e os fatos da vida, e sim entender que somos seres divinos em busca do aperfeiçoamento do ego que aqui criamos, e então tudo que seja inferior nele deve ser melhorado. O verdadeiro reencarnacionista não se vitimiza, não se sente coitadinho, a não ser que acredite em Reencarnação mas não entenda o que ela é realmente, leia livros, frequente Centros Espíritas, mas não a aplique em sua própria vida. Podemos acelerar nossa evolução se aplicarmos a Reencarnação em nossa vida encarnada, pois não nos esqueçamos que, se deixarmos para perceber esses fatos somente mais tarde, no período interencarnações, quando encarnarmos novamente eles ficarão ocultos, esquecidos, em nosso Inconsciente, e provavelmente continuaremos errando e nos enganando, e culpando os outros. A repetição de um padrão comportamental é o que mais chama a atenção nas Regressões, ou seja, vida após vida as pessoas permanecem atuando de forma semelhante. E reencontrando-se.

3. A finalidade e o aproveitamento da encarnação

É de fundamental importância que saibamos então, cada um de nós, por que nosso Espírito voltou para a Terra, para cumprir mais uma jornada aqui. Quem veio não fomos nós, a persona, e sim o nosso Espírito, mas nós acreditamos que somos a "casca" e esquecemos que estamos dentro dela. Muitas pessoas ainda apegam-se a conceitos antiquados e equivocados relativos a castigos, penas, pagar etc., quando, na verdade, estamos aqui porque estamos presos, vibratoriamente, a esse Plano, ou seja, a nossa frequência vibratória não é tão suficientemente elevada que nos permita, enquanto aqui, acessar consciencialmente Planos superiores a este.

Para que isso aconteça, para elevarmos nossa frequência, para que nos libertemos da necessidade de permanecermos neste planeta, neste Plano ainda tão inferior, precisamos nos libertar de nossas inferioridades, e para isso estamos aqui, e vamos e voltamos, vamos e voltamos, vamos e voltamos. É um sobe e desce, sobe e desce, mas evolução que é bom, muito pouco. Que vergonha precisarmos de tantos retornos! E por que essa tarefa de evolução precisa ser realizada aqui e não lá no Astral Superior? Isso é fácil de entender, basta raciocinarmos que isso precisa ser feito em algum lugar onde existam estímulos para que as nossas imperfeições se manifestem. Para os nossos tipos de inferioridades, aqui é o lugar ideal, pois na Terra estão os fatos (gatilhos) que fazem emergir as nossas inferioridades congênitas. E os fatos "negativos", os que nós não gostamos, são os melhores para isso.

Quando estamos no Astral Superior é como quando estamos em nosso Centro Espírita, parecemos todos santos, somos pacienciosos, carinhosos e caridosos, as nossas inferioridades parece que desaparecem, mas quando voltamos para a nossa vida cotidiana, aí as nossas características negativas de personalidade voltam a se manifestar. Podemos raciocinar do mesmo modo para entendermos por que viemos do Plano Astral para cá, de um lugar mais evoluído para um menos evoluído. Quando estamos lá, devido ao estilo de vida vigente, baseado na igualdade e na fraternidade, pela alta frequência de lá, nós até parecemos santos mesmo, vão desativando-se nossos chacras inferiores e os nossos defeitos ocultam-se, mas permanecem latentes. E quando descemos para cá novamente, pelas condições socioculturais vigentes, pela baixa frequência daqui, nossos chacras inferiores ativam-se novamente e nossas inferioridades congênitas vêm à tona e nós nos confrontamos com o que precisamos curar.

O principal trabalho é, então, saber exatamente o que precisamos evoluir em nosso ego, as suas inferioridades, e detectarmos quando elas se manifestam, mas aí surge uma questão importante: a maioria de nós acredita que tem razões suficientes para sentir ou manifestar as suas negatividades, principalmente devido ao raciocínio não reencarnacionista a respeito de sua infância. Quem tem raiva de alguém acredita que tem razão de ter essa raiva, quem sente mágoa e ressentimento acredita que são plenamente justificados esses sentimentos, quem é medroso acredita realmente na força do seu medo, quem é tímido acredita plenamente em sua incapacidade de manifestar-se, quem é orgulhoso, vaidoso, egocêntrico, acredita realmente em sua superioridade, quem é materialista acredita firmemente no valor das coisas materiais, e assim por diante.

O maior obstáculo à evolução é que, quando encarnados, sempre acreditamos que temos razão em nossos raciocínios. Na verdade, o que pensamos e acreditamos são apenas ideias, crenças, raciocínios, transformados em sentimentos, que parecem reais, pois são muito fortes, mas não são reais, são ilusões do nosso ego, em sua louca aventura de primazia em relação ao Eu Superior. O nosso ego sempre acha que tem razão, e isso, na verdade, é falta de mais amor no nosso coração. A causa dos sentimentos inferiores é o egocentrismo, e isso é falta de mais humildade. As pessoas em geral sofrem por si, a sua infância, as suas mágoas, a sua raiva, isso é egoísmo.

Quando desencarnados, no Astral Superior, contatamos a nossa Consciência e aí, então, o nosso ego rende-se à Verdade, e como lá não existem estímulos específicos para fazer aflorar nossos pensamentos e sentimentos inferiores, a nossa raiva, a nossa vaidade, a nossa mágoa, a nossa tristeza, o nosso medo, a nossa timidez ocultam-se, parecemos "santos", mas aqui eles aparecem novamente porque o nosso ego reassume o poder, e também porque aqui existem os gatilhos, mas é tudo para o nosso bem, para podermos nos libertar. Só que, em vez de percebermos que são características negativas nossas, congênitas, que viemos melhorar, passamos a lidar com esses pensamentos e sentimentos como se fossem da nossa "casca", como se tivessem surgido aqui. E pior, culpando outras pessoa, geralmente pai e mãe e os fatos "negativos" da vida, por seu surgimento, o que é, infelizmente, incentivado pelo Paradigma que norteia a Psicologia tradicional, vertente psicoterápica das religiões não reencarnacionistas, que afirma que nós começamos a nossa vida na infância, que aí formamos a nossa personalidade e, então, se temos características negativas, algo ou alguém nos fez alguma coisa que gerou isso, ou seja, comumente, é baseada no binômio vítima-vilão, o que reforça o erro e aumenta a ignorância.

Acreditar que começamos nesta vida significa que surgimos do nada, com um vago Id (que pode ser melhor entendido com a Reencarnação), iremos procurar, então, lá no "início", quem ou o que nos estragou. Esse raciocínio parte de uma base equivocada, que é um início que não é início, pois não começamos a nossa vida na infância, nós somos um Espírito e estamos continuando uma jornada iniciada há muitíssimo tempo, tanto tempo que nosso Inconsciente até adentra os reinos animal, vegetal e mineral! No dia em que a Psicologia incorporar a Reencarnação, começará realmente a entender o ser humano, e descobrirá que a infância é uma continuação e não um começo, e passará a lidar com a Personalidade Congênita e não mais com a Formação da Personalidade.

Para que possamos, então, saber para o que reencarnamos, precisamos assumir as inferioridades do nosso ego, aceitá-las como nossas, correlacionando os fatos "negativos" que acontecem em nossa vida, da infância até hoje, com a maneira negativa que nós sentimos e reagimos a eles. Aí encontraremos o que viemos aqui fazer, o que viemos melhorar, pois os fatos são os fatos, mas o que fazem emergir de inferior em nós revela a finalidade de estarmos novamente aqui, a finalidade da nossa atual encarnação, a nossa proposta de Reforma Íntima.

O mais importante em uma encarnação, para a nossa evolução, é detectarmos a maneira inferior com que reagimos aos fatos, e se essa maneira é repetitiva, aí está, sem dúvida, o que veio ser curado. Muitos de nós, antes de reencarnarmos, no Astral Superior, nos Grupos de Estudos e nas conversas com os Orientadores, vamos conhecendo antecipadamente a próxima encarnação, e lá sabemos o que viremos tentar curar nessa passagem. Nós sabemos quem serão nossos pais, se viremos em uma família rica ou pobre, se viremos dentro de uma "casca" branca ou negra etc., e então é perda de tempo ficarmos brigando com os fatos "negativos" da nossa infância, com características desagradáveis de personalidade de nosso pai ou mãe, como se não soubéssemos o que encontraríamos aqui. E por mais negativos que pareçam os fatos da nossa infância, e da vida, tudo está, potencialmente, a nosso favor, pois visa ao nosso progresso, à nossa cura, à nossa purificação, ao nos mostrar os nossos defeitos. Isso é o que se chama de cuidar de si. Porém, temos sempre de ter em mente que a Programação pré-reencarnatória é perfeita e a nosso favor, mas sujeita ao livre-arbítrio de todas as partes envolvidas, ou seja, um pai ou uma mãe podem ou não cumprir o que prometeram para o Espírito que seria seu filho, ele parar de beber, ser bom pai etc., ela não tentar abortar o recém-chegado, ser uma boa mãe etc. Algumas vezes, temos de passar por um pai que bebe, que é agressivo ou ausente etc., ou uma mãe sem essa vocação, mas afirmar que tudo o que acontece é porque era para acontecer, é sermos reencarnacionistas fatalistas.

Poucas pessoas atingem os seus objetivos pré-reencarnatórios, porque não entendem realmente o que é Reencarnação, mesmo pessoas que acreditam nela. Ser um reencarnacionista é mais do que acreditar teoricamente na Reencarnação, é reler a sua infância sob essa ótica, é conhecer a sua Personalidade Congênita, é entender as armadilhas e os gatilhos, e, principalmente, ficar atento ao que emerge de negativo de dentro de si diante deles. É orar e vigiar: orar é manter-se em sintonia com o Mundo Espiritual e vigiar é vigiar-se em seus pensamentos, sentimentos, atitudes e palavras.

O que devemos curar em nós? Todos os tipos de comportamento, de raciocínios, de características de personalidade, que nos diferenciam dos nossos irmãos mais evoluídos do Plano Astral, dos Mestres, dos Orientadores. Eles estão em um lugar de frequência vibratória mais elevada. O que nós temos e eles não têm mais são as impurezas e as imperfeições das quais viemos nos libertar. O nosso caminho ruma para a lembrança da nossa Perfeição e eles nos sinalizam o rumo, mas para isso é preciso que não culpemos nada e ninguém, e entendamos que as nossas imperfeições são do nosso ego, que nos acompanham há muito tempo, há muitas encarnações, e, se isso acontece, é porque não temos realmente aproveitado as nossas encarnações para nos libertarmos delas, nos curarmos, nos purificarmos. Por que algumas pessoas, raras, especiais, são superiores consciencialmente à maioria de nós? Porque aproveitam melhor as encarnações, enquanto que nós ficamos encarnando e reencarnando e permanecendo praticamente iguais século após século, num mesmo padrão.

O ser humano é muito incompetente na sua libertação, pois geralmente lida melhor com o terreno, o material. A regra de ouro é: ante um fato desagradável, fique atento ao que emerge de inferior de seu ego, pois aí está a imperfeição que veio ser eliminada. Se acreditar que tem razão para sentir essa imperfeição, entenda que esse raciocínio está vindo do seu ego, uma fonte nada confiável. Os nossos egos são muito egoístas e egocêntricos, acham-se o centro do Universo, adoram seu umbigo, e sempre acham que têm razão para sentir e manifestar raiva, mágoa, tristeza, medo etc., enquanto que, lá de cima, os nossos Eus Superiores ficam observando e esperando para ver se, ante as situações que fazem essas imperfeições aparecerem, nós aproveitaremos a ocasião para ir nos curando delas, entendendo que essas situações aparentemente negativas são potencialmente positivas para a nossa evolução. Os nossos egos são cegos e surdos, mas não mudos.

4. A ilusão dos rótulos das "cascas"

Enquanto as Psicologias tradicionais, que lidam com esta vida apenas, trabalham as relações familiares, como pai-filho, mãe-filho, irmão-irmão etc., a Psicoterapia Reencarnacionista lida com a ilusão que permeia essas relações e o Karma entre as pessoas. Devemos afirmar que nosso pai é nosso pai ou que está nosso pai? Nas encarnações passadas ele pode ter sido nosso filho, nosso patrão, nosso escravo. E nossa mãe, ela é nossa mãe ou está nossa mãe? E eu sou homem ou desta vez reencarnei como homem? Somos brasileiros ou desta vez reencarnamos no Brasil? Somos brancos, ou negros, ou desta vez viemos nesta cor de pele? Tudo é temporário e precisamos retirar o véu que encobre a verdade, nos ligando firmemente ao nosso aspecto eterno: a nossa Essência. Somos seres eternos, evoluindo neste planeta, irmãos de jornada, separados pela ilusão dos rótulos das nossas cascas. Quando entendermos realmente isso, desaparecerão as diferenças entre nós, pois elas não são reais, e sim apenas aparentes. Nós não somos o que parecemos ser, nós estamos dentro da "casca", apenas com os olhinhos de fora.

As Psicologias que lidam apenas com esta "vida" pretendem auxiliar as pessoas a aproveitarem a vida, a tornarem-se mais saudáveis, produtivas e felizes, e muitas vezes conseguem. Elas são relativamente eficazes para auxiliar as pessoas a lidarem com suas mazelas e conflitos, mas muitas vezes também as prendem nos raciocínios conflitados e equivocados da infância, pois não lidam com o Karma, com a finalidade de virmos perto de alguém, em uma certa família, em uma certa classe social. A nova Psicologia da Reencarnação lida com o profundo e permanente: o aproveitamento da encarnação. E trabalha com a busca da nossa pureza, com as tentativas de harmonização e resgate entre Espíritos conflitantes, e outras questões referentes às descidas para a crosta terrestre, que temos chamado equivocadamente de "vida". Muitas vezes, aproveitar a "vida" é desperdiçar a encarnação.

Algumas vezes, descemos para curar imperfeições de nossa personalidade que nem são consideradas sérias, como, por exemplo, introversão, timidez, mágoa, preguiça, medo etc. Muitos descem para curar características muito inferiores de sua personalidade, como orgulho, vaidade, autoritarismo, desonestidade etc., outros, já mais evoluídos, vêm para curar pequenas negatividades. Mas para a cura de qualquer inferioridade são necessários gatilhos terrenos que as façam eclodir, pois já vêm conosco em nosso segundo e terceiro corpos (emocional e mental), são congênitas, e aí entra a aproximação com outros Espíritos (com rótulos de pai, mãe, irmãos, filhos etc.), e certas situações aparentemente negativas durante a "vida". E lidar com isso sob o ponto de vista reencarnacionista ajuda-nos a retirar o véu da ilusão, enquanto que lidarmos com as mágoas, as raivas, com um raciocínio imediatista, limitado, geralmente faz com que não consigamos sair das armadilhas da encarnação.

Dentro de alguns anos, haverá uma profunda cisão na Psicologia, com uma linha reencarnacionista e uma linha imediatista. Os psicólogos, os psiquiatras e os psicoterapeutas poderão optar entre uma e outra; os que acreditam na Reencarnação irão optar pela Psicoterapia Reencarnacionista, pois não conseguirão mais continuar analisando e tratando seus pacientes baseados apenas nesta vida. É totalmente paradoxal um psicólogo, psiquiatra ou psicoterapeuta que acredita na Reencarnação permanecer lidando com esta vida apenas, indo somente até a infância.

A Regressão Terapêutica, uma das principais ferramentas nos tratamentos com a Psicoterapia Reencarnacionista, investiga o Inconsciente e está abrindo uma porta para nosso passado milenar. Com ela, temos encontrado respostas, e muitas vezes a melhoria ou a cura, para inúmeros problemas, dramas, traumas, Fobias, Pânico etc., que têm sido analisados incorretamente, medicados com psicotrópicos que não curam, apenas remedeiam. E através das três ou quatro

Sessões de Regressão que realizamos durante o Tratamento, as pessoas relembram a sua proposta de Reforma Íntima ao encontrarem a sua Personalidade Congênita, o seu padrão comportamental nos últimos séculos ou milênios, ou seja, desligam-se de lá e encontram-se e podem, então, gradativamente, ir iniciando um processo de libertação do comando do seu ego.

A Psiquiatria do futuro irá pesquisar o que são essas vozes que muitas pessoas escutam e essas pessoas ou vultos que enxergam, sem rapidamente diagnosticá-las como esquizofrênicas, pois estão falando a verdade, são reais, são "pessoas invisíveis". E também investigará as ressonâncias das encarnações passadas, e as nossas personalidades que emergem de lá, e que não podem ser entendidas, a não ser com uma linha de raciocínio e pesquisa que investigue realmente o Inconsciente. É a continuação do trabalho do Dr. Freud, e o Mestre vienense, que ainda está desencarnado, está muito satisfeito, pois a sua ação pioneira e revolucionária, agora sim, irá alçar voo. Ele des/cobriu o Inconsciente, nós, seus seguidores, estamos entrando firmemente nele.

EXERCÍCIOS

1. A nossa personalidade é congênita, ou seja, somos assim porque nascemos assim. Quais são as suas virtudes?

2. Quais são as inferioridades do seu ego (infantis, adolescentes ou adultas inferiores) e quando elas se manifestam?

3. A Reforma Íntima é a melhoria das imperfeições do nosso ego. Como você avalia que está cumprindo essa Missão? Que nota você dá, entre 0 e 10, para a sua competência em Reforma Íntima?

4. Como você pode aumentar essa nota?

5. A finalidade de mais essa encarnação é a busca da Purificação. Você está ficando cada vez mais puro? Você fuma? Você bebe alcoólicos? Você usa drogas? Você quer realmente limpar-se?

6. Somos todos irmãos. Você enxerga os brancos, os negros, os ricos, os pobres, as pessoas de todas as nacionalidades, de todas as crenças religiosas, ideológicas e esportivas, realmente como irmãos?

7. Nós sabemos que somos um Espírito, eterno, dentro de um corpo físico, e que isso nos dá uma sensação ilusória de que somos seres individuais, separados uns dos outros. Qual a importância de saber isso?

8. Você percebe com clareza que não é os rótulos que a sua casca tem? Assimilou realmente que você, seu pai, sua mãe, seus irmãos e demais parentes são todos Espíritos, irmãos, filhos de Deus, e que devemos nos amar?

9. Como o retorno da Reencarnação à memória de Humanidade pode, gradativamente, colaborar para acabar com a pobreza, com o racismo e com as guerras?

A REGRESSÃO TERAPÊUTICA

A Regressão Terapêutica está referendada no *Livro dos Espíritos*, na questão 399, a respeito do Esquecimento do passado, onde diz:

Mergulhando na vida corpórea, perde o Espírito, momentaneamente, a lembrança de suas existências anteriores, como se um véu as cobrisse. Todavia, conserva algumas vezes vaga consciência, e lhe podem ser reveladas. Esta revelação, porém, só os Espíritos superiores espontaneamente lhe fazem, com um fim útil, nunca para satisfazer a vã curiosidade.

Muito se tem falado, hoje em dia, sobre esse novo método terapêutico, baseado na recordação de fatos do passado, seja desta ou de outras encarnações. Não existe Terapia de Regressão, existem várias Escolas de Terapia de Regressão, cada uma com sua concepção e seus objetivos; existem muitas maneiras de trabalhar com o passado, com Hipnose, com Meditação, com toques em pontos específicos do corpo etc., sob o comando do Terapeuta, sob o comando dos Mentores das pessoas, com ou sem incentivo ao reconhecimento de pessoas no passado, a recordação terminando no fato traumático, ao seu final, no momento da morte etc.

O Método ABPR, da Regressão Terapêutica utilizada pela Psicoterapia Reencarnacionista, com uma Meditação lúcida, consciente, sob o comando dos Mentores, ajuda a pessoa regredida a recordar desde o fato traumático da vida que acessou, até o seu desencarne, recordar ter chegado ao Plano Astral, a sua estadia lá até referir estar sentindo-se muito bem. Recordar apenas até a subida para o Astral não é suficiente, pois, mesmo lá, ainda sente a dor, a tristeza, a raiva, o medo etc. Então, incentivamos a continuar relatando, até mostrar que está melhorando, que tudo vai passando, aquele medo que sentia, aquela raiva, aquele sentimento de rejeição, aquela solidão, a dor da facada, do tiro etc., até que percebamos que tudo aquilo passou, que já está sentindo-se bem. Aí vamos preparando o final da Sessão, dizemos a ela que pode relaxar, que está bom, mas se os seus Mentores quiserem lhe oportunizar mais alguma situação, ou lhe trazer uma lição, um aprendizado, ou alguma outra vida passada, ou um conselho, uma orientação, para a sua vida atual, o que vier à sua mente, que vá nos contando. O final da Sessão deve somente ocorrer se a pessoa estiver sentindo-se muito bem, nunca se estiver mais ou menos, ou mal, ou chorando, ou triste, com alguma dor etc., pois, isso ocorrendo, é assim que irá sentir-se dali em diante, é o que as pessoas temem, "ficar lá". Com o nosso Método, isso nunca ocorre, somos extremamente exigentes quanto ao final da Sessão!

A Regressão é uma rememoração do momento traumático do passado em que a pessoa ainda ficou sintonizada, então, se podemos fazer a pessoa rememorar desde o trauma até quando estava sentindo-se bem lá no Astral, por que encerrar a recordação no ou logo após o trauma? E é fácil fazer isso, é só ajudar a recordar até seu desencarne naquela vida e incentivá-la a continuar contando, após sair do corpo... para onde vai... agora que é um Espírito... que pode subir... o que acontece? Escutamos relatos maravilhosos da subida, do Astral, e a pessoa ficará sintonizada num momento bom, de libertação, e não logo após o trauma, quando, frequentemente, ainda sente dor, medo, tristeza, solidão, raiva, insegurança etc. Escutamos relatos ao vivo do que os livros espíritas nos ensinam, mesmo de pessoas que não são espíritas e nunca leram um livro espírita.

As nossas memórias encontram-se nos nossos corpos sutis e então incentivamos um relaxamento, um processo de meditação, para a pessoa não sentir tanto o seu corpo físico, e em seguida incentivamos uma elevação de sua frequência, o que proporciona um afloramento do passado de dentro do seu Inconsciente. O relaxamento é normal, a pessoa acordada, lúcida, deitada, de olhos fechados, o ambiente com pouca luz, silencioso, a música em volume médio, sentamos ao seu lado e vamos falando devagar, com calma, incentivando o relaxamento: "Solta o teu corpo... completamente... aí no colchão... relaxa a testa... os olhos... a boca... o queixo... todo o teu corpo... como se tu fosses dormir... como se o teu corpo fosse desaparecendo... e vamos entrando em sintonia com os nossos Amigos Espirituais... com os teus Amigos Espirituais... pedindo a eles que estejam conosco... que te ajudem a encontrar no teu passado, nas tuas memórias, fatos, situações, em que ainda estejas sintonizado...". Depois que percebemos que a pessoa está bem descontraída, bem relaxada, incentivamos a elevação de sua frequência: "Então te sente subindo... subindo... te soltando... como um balão que vai inflando... que vai inchando... te expandindo... ocupando esse ambiente todo... subindo... crescendo... te expandindo... e podes ultrapassar o teto... ir para o céu... para o infinito... subindo... subindo... Crescendo..." etc. Dentro de uns 15 a 20 minutos, a pessoa começa a nos contar o que vem vindo em sua mente, como se estivesse imaginando, como se estivesse criando uma história, uma ideia, de uma pessoa, numa época antiga, num lugar antigo... A partir daí, falamos muito pouco para não atrapalhar quem está comandando a recordação: o Mentor Espiritual da pessoa.

No nosso Método, a ocorrência de vivências no Plano Astral e o encontro com Mestres, Orientadores, parentes desencarnados etc. é grande, e cada vez maior. As pessoas descrevem a vida passada, o seu desencarne (algumas vezes, estão sintonizadas no pós-morte), a subida e a chegada ao Plano Astral, com a descrição das colônias, das cidades, dos Hospitais, das Escolas, das pessoas de roupas claras, dos Grupos de Estudo etc., e os relatos são extremamente semelhantes aos encontrados nos livros espíritas sobre o assunto. Falam nos trabalhos, nas atividades, nos estudos realizados lá por si, por seus habitantes, o processo de Reencarnação, as reuniões, os Ministérios, os planejamentos das encarnações etc. A Sessão só termina no Ponto Ótimo ou no melhor em que ela ficou antes de reencarnar, se não chegou a um ponto ótimo, pelo menos alcançou um ponto muito bom. Nunca encerramos uma Regressão se a pessoa não estiver dessa maneira!

Raciocinando juntos: talvez a existência de cidades no Astral seja como uma imaginação real, uma realidade ilusória, ou seja, para que não nos sintamos perdidos lá em cima, flutuando, sem um referencial, a nossa mente cria uma realidade semelhante à que trazemos daqui da Terra, e então imaginamos ou vemos cidades, jardins, hospitais, escolas, pessoas vestidas etc., e isso, para nós, lá é real, mas podem ser criações da nossa mente para que possamos nos sentir referenciados. E os Seres Superiores de lá, quando enviam orientações para cá a respeito desse assunto, dizem isso também, para que nos sintamos mais seguros quanto à nossa subida. Ao chegarmos lá em cima, e quando já estamos lá, realmente vemos e vivenciamos essa realidade, mas, talvez, ela não seja real, e sim imaginada e criada por nós. Ou, talvez, exista tudo isso mesmo, criado pela imaginação (imagem em ação) dos Seres Superiores que lá habitam, ou seja, eles criam, com seu poder mental, essa realidade, semelhante à que temos aqui na Terra, para que nos sintamos mais amparados pela realidade similar à que deixamos aqui. Mas, de qualquer maneira, os relatos, as descrições das pessoas em Regressão, desencarnadas, chegando lá em cima, são similares aos dos livros espíritas. Algumas pessoas, após relatarem sua vida e desencarne em uma vida passada, sobem bem mais, além do Plano Astral da Terra, e aí os seus relatos são de outros planetas, naves, Seres de Luz, dimensões altíssimas, locais brilhantes, mas serão reais? Escutando-os, parece que sim.

O período intrauterino, os relatos a respeito dos pais, o que eles falam, sentem, planejam etc., a sua descrição, a casa, o nascimento, a vontade de nascer logo, muitas vezes, a vontade de não nascer, um suicídio intrauterino, em que me dizia que não estava mais aguentando saber que seu futuro pai era um antigo inimigo do seu passado transpessoal, que iria sair dali a qualquer preço, e realmente saiu, "morreu" e retornou ao Plano Astral; um que disse que não iria nascer e sentou, um que virou de costas e nasceu de nádegas, enfim, são muitos os relatos da fase em que estamos dentro do útero materno. E afirmam que só iremos elaborar os pensamentos depois de um tempo aqui fora... E o aborto é legalizado em vários países, que crime! Lá dentro do útero está um Espírito formando um novo corpo, que portanto já pensa, já sente, e tudo isso que vivencia vai permanecer dentro do seu Inconsciente, sejam boas situações, sejam más, seja alegria, seja tristeza, seja segurança, seja medo, e dá, então, para perceber que o material a investigar no Inconsciente é da maior importância, e a sua exteriorização, essa "limpeza" promovida pela Regressão, tem um valor terapêutico muito profundo.

O mais importante de tudo, além dos desligamentos que podem curar as Fobias, o Pânico, as Depressões severas, as Dores Físicas sem solução etc., para os critérios da Psicoterapia Reencarnacionista, do ponto de vista psicoterapêutico, é a pessoa encontrar nessas recordações de suas vidas passadas mais recentes, geralmente há mil ou dois mil anos, a sua Personalidade Congênita, que é um dos pilares dessa nova Escola, para o Tratamento básico. As pessoas entenderem que sua Personalidade é congênita pode oportunizar um melhor aproveitamento da encarnação para a evolução do seu ego. Se fizermos isso, estaremos aproveitando essa atual passagem, se não fizermos, ou apenas um pouquinho, estaremos perdendo tempo.

A busca da evolução é de todos nós, mas o trabalho é individual, pois cada um veio melhorar características suas e elas já se manifestam desde a infância. A visão tradicional de que tudo inicia na infância não é adequada para nós, reencarnacionistas, não responde nossas perguntas, pois trabalha com uma premissa equivocada, que é a Formação da Personalidade, e com isso cria a figura da vítima e dos vilões, por não lidar com a Reencarnação. Ao afirmar que nós formamos a nossa personalidade na infância, diz que não existíamos antes, mas existíamos, sim, o nosso Espírito (ou Consciência) já animou inúmeros corpos, inúmeras personas, em inúmeras encarnações passadas, e em todas elas nós tínhamos praticamente a mesma personalidade de hoje. Os nossos pais, o nosso meio ambiente e os fatos da infância e da vida tendem a agravar ou a melhorar as nossas antigas características, tanto positivas como negativas. Nós somos a consequência, a resultante, do nosso passado. E em nossa busca de evolução e crescimento consciencial, estamos também aqui. Para pagar, para sofrer? Não, para estudar. Para nos libertarmos do "excesso de peso" que nos prende à força gravitacional deste planeta e do Plano Astral da Terra, precisamos nos tornar mais "leves", e isso só pode ocorrer se nos livrarmos dos "defeitos", dos "pesos" que nos mantêm presos aqui, e é esse o trabalho que deve ser feito.

E quem deve, ou precisa, submeter-se a uma Regressão ao seu passado? Terapeuticamente, quem não consegue libertar-se de Medos, de Fobias, de Pânico, de Depressão etc., mas também em quem quiser fazer, por livre e espontânea vontade, pois assim nunca mais duvidará da veracidade da Reencarnação e compreenderá que é como é porque tem sido assim nas suas últimas encarnações. Não como uma mera curiosidade, mas sim buscando encontrar mais dados para ampliar o seu autoconhecimento e aprender a libertar-se do seu ego.

Outro benefício da Regressão é relembrar a relatividade de pai e mãe, filhos, cor da pele, nacionalidade e outros rótulos das nossas "cascas", tudo isso é relativo a uma encarnação, pois nas outras os rótulos eram outros. Já escutamos relatos de mães que eram o filho, de filhos que eram o pai, de brancos que eram negros, de brasileiros que eram italianos, franceses, russos etc. Por isso, eu digo: não sou o Mauro Kwitko, estou nele, não sou homem, brasileiro, gaúcho, não sou branco, não sou médico, não sou nada disso, apenas estou nesses rótulos, pois já me vi um escritor russo, um oficial romano, um negro, um mendigo jogado na sarjeta, e isso que, provavelmente, não vi nem

1% das minhas encarnações. Numa ocasião, um jornalista em um programa de rádio me perguntou se eu era judeu; respondi que eu não, o Mauro é que era. Ele parou, pensou, e aí me disse: "Ah, entendi". Se todas as pessoas entendessem isso, acabavam a miséria, o racismo e as guerras. Às vezes me perguntam se eu quero ficar famoso. Respondo: "Para quê? Se na minha próxima encarnação nem vou lembrar que era o tal de Mauro Kwitko". Numa Regressão, era a minha encarnação anterior, me vi como um escritor russo, acho que eu era famoso, me vi dando autógrafos na rua. Pergunta se eu lembro meu nome de lá, ficar famoso para quê? Coisas do ego.

A Regressão tem uma ação terapêutica importantíssima, que é desligar a pessoa de situações traumáticas, às quais está ligada, de uma ou mais encarnações passadas, ou desta mesma. Por exemplo, uma pessoa me disse na sua primeira consulta que se sentia presa, que "não andava, que sua vida não ia para frente", regrediu a uma vida passada, em que era uma menina paralítica numa cama. Uma outra, rotulada como esquizofrênica há mais de 15 anos, sendo internada e tomando antipsicóticos, que ouvia vozes que diziam que ela estava podre, que cheirava mal, viu-se numa vida passada isolada por sua família em um quarto com uma doença horrível de pele e lá no seu quartinho ela dizia que ouvia as pessoas comentando que ela estava podre, que cheirava mal, ela estava aqui e estava lá, ao mesmo tempo. Um rapaz, rotulado de paranoico, pois sentia-se perseguido, referiu uma vida passada em que estava sendo perseguido por soldados inimigos, ou seja, não era paranoico, estava falando a verdade, só que era em outra encarnação. Pode-se, então, perceber que estamos falando da Psiquiatria do futuro, quando a Reencarnação ingressar na Psiquiatria, e esse é um dos principais objetivos da Escola de Psicoterapia Reencarnacionista, que estamos criando com a ajuda do Mundo Espiritual e que, em 20 ou 30 anos, estará difundida em toda a crosta terrestre. Milhões de pessoas são rotuladas como doentes mentais quando estão falando a verdade, a maioria passa a vida tomando megacalmantes ("antipsicóticos") quando estão apenas sintonizados em vidas passadas, de onde poderiam ser desligados em três ou quatro Sessões! Além dos médiuns que veem seres e ouvem vozes e recebem o "diagnóstico" de que isso é doença...

As Sessões de Regressão duram, em média, duas a três horas, e nelas a pessoa revive fatos traumáticos de uma ou duas encarnações passadas, além dos períodos intervidas, quando acessa muitas informações importantíssimas para o seu real aproveitamento da atual encarnação. Pela herança católico-judaica em que estamos imersos, nos acostumamos a pensar que os nossos defeitos são apenas o que faz mal para os outros, mas isso não é bem assim. Na verdade, na busca do retorno à nossa perfeição, qualquer característica nossa que não seja perfeita é imperfeita, e então necessitamos curar não só o egoísmo, a agressividade, o autoritarismo, o materialismo etc., mas também a timidez, o medo, a fraqueza, a tristeza, a mágoa, a preguiça, a introversão etc.

Algumas pessoas tentam realizar uma Regressão sozinhas, sem acompanhamento de um terapeuta especializado, mas, ao verem-se sendo queimadas numa fogueira, enforcadas, guilhotinadas etc., não conseguem manter a recordação até o fim, até o desencarne, até subir para o Plano Astral, que é o que as libertará completamente do trauma daquela situação, então param e ficam ali sintonizadas ("ficam lá"). É necessário ir para a situação e sair dela, pois, se a pessoa for para uma situação traumática do seu passado e, com o susto, voltar, estará reforçando ainda mais a sintonia, o que, obviamente, é altamente contraindicado, pois reforçará o que deve curar. Por isso, não somos favoráveis aos CDs de Regressão, tipo "Faça sozinho". E os terapeutas que fazem Regressão pela Internet? O que acontecerá se cair a Internet, se faltar luz, se o cachorro latir, se o nenê chorar, se tocarem a campainha? No nosso site (www.portalabpr.org) oferecemos um serviço totalmente gratuito de Regressão à Distância, através de dezenas de grupos de abnegados psicoterapeutas reencarnacionistas, para quem necessita de desligamento do passado e resida em uma cidade onde não tenha um Terapeuta de Regressão; isso não é Psicoterapia Reencarnacionista, mas pode curar rapidamente uma Fobia ou Pânico, Fibromialgia etc. Em linguagem vulgar, é como uma "ponte".

Nós estamos indo Inconsciente adentro, seguindo os passos do Dr. Freud, que descobriu esse mundo escondido, mas, por sua limitação e dos seus seguidores, ficou restrito apenas à atual encarnação de seus pacientes. Mas isso requer uma postura altamente ética do terapeuta e uma humildade que o faça colocar-se, da maneira mais neutra possível, como um auxiliar do Mundo Espiritual, um intermediário entre a pessoa e seu Mentor Espiritual. Devemos nos colocar nesse lugar, colaborando com o processo, que deve ser realizado pelo Mentor Espiritual das pessoas, conforme orientação do Mundo Espiritual. Nós apenas ajudamos no relaxamento do corpo físico e na elevação da frequência da pessoa, a fim de que possa ser acessada pelo seu Mentor e esse Ser dirija todo o processo. Durante a Regressão propriamente dita, falamos muito pouco para não atrapalhar o trabalho que está sendo feito. Geralmente nos limitamos, após a pessoa acessar um fato do passado, a incentivar, de vez em quando, a continuar o relato. Falamos: "Sim, continue", "Sim", "E depois?", e isso de vez em quando... Os Terapeutas de Regressão devem ter cuidado com a prepotência, com o autoritarismo, com o orgulho, quando, no máximo, devemos ser auxiliares do Mundo Espiritual. Nós não fazemos a pessoa regredir de dez ou de cinco em cinco anos, não vamos primeiro para a infância, para o útero, não conduzimos o processo, não comandamos, não direcionamos, porque o seu Mentor está ali, ao lado, e estaríamos, assim, atrapalhando sua intenção. Quem sabe mais sobre aquela pessoa: nós ou o seu Guia? Então, quem deve dirigir o trabalho?

Até há pouco tempo, a noção de Reencarnação era exclusivamente ligada às religiões que lidam com esse conceito, e, em nosso meio, principalmente a religião Espírita. Mas depois que muitos, e cada vez mais, profissionais de cura, em todo o mundo, psicólogos, psiquiatras, terapeutas holísticos, passaram a utilizar a Terapia de Regressão a Vivências Passadas, começou a perceber-se que a Reencarnação não pode mais permanecer apenas sob um enfoque religioso, devendo ser integrada à Psicologia, à Psiquiatria e à Psicoterapia em geral. Isso porque, nas Sessões de Regressão, os profissionais convencem-se de que a Reencarnação existe, as pessoas acessam encarnações passadas e encontram lá as situações que originaram suas Fobias, o chamado Transtorno do Pânico, frequentemente a origem de uma Depressão refratária, de Dores Físicas crônicas etc. Algumas vezes, encontram Seres Espirituais que lhes dão conselhos, orientações, outras vezes encontram amigos e parentes desencarnados, enfim, uma viagem para dentro do Inconsciente e para a dimensão espiritual que nos cerca. Com isso, agregar a Reencarnação às instituições oficiais que lidam com a saúde emocional e mental das pessoas é agora apenas uma questão de tempo. Em vários países isso já está acontecendo, mas aqui no Brasil ainda somos processados pelos Conselhos de Medicina e Psicologia.

Então, com os terapeutas, oficiais ou alternativos, utilizando a Regressão, encontrando a origem dos problemas das pessoas em outras encarnações, o autoconhecimento expandindo-se muitíssimo com três ou quatro dessas recordações, e isso está ocorrendo em inúmeros países, com milhares de profissionais, em milhares de pacientes, a Psicologia e a Psiquiatria não podem mais esconder a cabeça sob a terra e dizer que isso não existe, que são meras fantasias, alucinações, desejos de frustrações inconscientes etc. É preciso que o meio oficial aqui no Brasil demonstre um mínimo senso de espírito científico e disponha-se a pesquisar o que as Regressões estão revelando. E se isso for feito de um modo não preconceituoso, com abertura para o que está surgindo, é muito provável que esteja delineando-se a maior revolução na história da Psicologia e da Psiquiatria desde Freud. Pois se o Mestre vienense investigou o Inconsciente, mas permaneceu limitado ao início desta vida, as Regressões estão mostrando que o Inconsciente vai muito mais para trás, na verdade, até a nossa Criação.

E as descrições da natureza, das cidades, dos hospitais, das escolas, no Plano Astral, combinam com o que os livros psicografados da religião Espírita vêm informando há décadas. E essas informações ganham em credibilidade, pois estão vindo de pessoas encarnadas, sob relaxamento, muitas vezes sem serem espíritas e/ou terem lido livros a respeito desse assunto. Isso faz com que a maior parte dos dogmas e diretrizes do Espiritismo, antes apenas considerados no âmbito religioso, com os espíritas acreditando neles e os não espíritas negando-os, torna-se agora uma questão muito mais ampla, adentrando na área da Psicoterapia. Evidentemente, deve-se esperar muito combate e descrença com essa nova Psicoterapia, reencarnacionista, pois ela trabalha com pilares muito diversos dos convencionais, quais sejam:

1. A finalidade e o aproveitamento da encarnação.

2. A Personalidade Congênita.

3. A libertação do comando do ego sobre nosso Eu divino.

4. As relações cármicas.

5. A emersão de personalidades nossas de encarnações passadas, o que ocorre frequentemente nas chamadas Psicoses, Esquizofrenia, Paranoia, Transtorno Bipolar, TOC, Personalidades Múltiplas.

6. A ação de personalidades intrusas sobre nós (Espíritos obsessores).

Como se percebe, é uma maneira muito diferente de lidar com os problemas, dificuldades e psicopatologias das pessoas, um modo totalmente diverso do oficial, que trabalha apenas com a vida atual e tenta encontrar nela as explicações e as origens dos desequilíbrios dos pacientes. A veracidade da Reencarnação e as descobertas que vão surgindo nas Sessões de Regressão ultrapassam os limites da visão apenas espiritual e não devem mais ser vistas pelos profissionais de cura como questões "religiosas", e sim como assuntos referentes à Ciência, na verdade, ao futuro dela.

O novo milênio está começando para desvendar os mistérios e os fenômenos ocultos, e a seu tempo tudo isso será integrado ao conhecimento humano, e aí se verá que o que começou como religião Espírita é também Ciência, é uma nova Ciência, que lida com as coisas "invisíveis", que, aliás, em não mais de dez anos não serão mais invisíveis, pois o avanço da Ciência atingirá a evolução necessária para entrar nesses campos. E então a Medicina, a Psicologia e a Psiquiatria adentrarão na Nova Era.

A Ética na Terapia de Regressão

O aspecto mais importante desse novo método terapêutico é a Ética. Existe a Lei do Esquecimento e ela não pode ser infringida, pois é uma circunstância do Espírito encarnado que, se reencarnasse sabendo do seu passado, certamente não aguentaria o peso dessa memória, seja em relação ao que lhe foi feito como também ao que fez em outras épocas. Imaginem se soubéssemos quem nós e nossos pais, filhos, demais parentes, conhecidos, fomos e fizemos em encarnações passadas! Seria praticamente impossível nossa convivência. E a busca dos resgates, das harmonizações, seria muitíssimo prejudicada se não houvesse o Esquecimento. Por isso, quando o Espírito reencarna, vem com o seu passado oculto dentro do Inconsciente, e isso deve ser respeitado, viemos para não sabermos quem fomos e o que houve no nosso passado.

Mas a Terapia de Regressão é uma técnica criada e incentivada pelo Mundo Espiritual para ser utilizada no Plano Terrestre, um benefício para o Espírito encarnado, e isso, que pode parecer uma contradição, pode ser conciliado, desde que seja observada a Ética em relação ao Esquecimento. A Regressão é feita pelo terapeuta, mas é dirigida, comandada, pelo Mentor Espiritual da pessoa e não pelo terapeuta. Essa é a Ética da Regressão realizada por nós da Associação Brasileira de Psicoterapia Reencarnacionista, criada em 2004 por um pequeno grupo de psicoterapeutas em Porto Alegre, e que vem crescendo, até o momento com Cursos de Formação em 18 estados do Brasil, 37 Ministrantes de Curso, cerca de 2.000 mil psicoterapeutas reencarnacionistas em mais de 100 cidades brasileiras, e, em breve, em outros países.

Não devemos infringir a Lei do Esquecimento conduzindo a Regressão, dirigindo o processo, ajudando a pessoa a saber coisas como "Quem eu fui em outras vidas?", "Quem eu e minha esposa fomos?", "Por que meu filho me odeia?", "Por que eu e meu pai nunca nos demos bem?" etc., e sim permitir que o seu Mentor Espiritual, dentro do seu merecimento, possibilite seu acesso ao que pode ver, ao que merece ver, ao que aguenta ver. No início do meu trabalho como Terapeuta de Regressão, cometi enganos que fui corrigindo com o tempo. Naquela época, eu é quem comandava a Regressão, estabelecia o que a pessoa devia acessar, dirigia o trabalho, ajudava-a a saber o que ela queria saber, e até incentivava o reconhecimento de pessoas na vida em que estava. Que erro! Mas grande parte dos Terapeutas de Regressão ainda faz assim, sem perceber que estão infringindo Leis Divinas e agravando seu próprio Karma. Entendemos o questionamento de algumas pessoas do movimento espírita que se opõem à Terapia de Regressão, pois, realmente, existem Terapeutas realizando Regressão sem atentar para a Ética, conduzindo o processo, dirigindo a Sessão, fazendo com que as pessoas vejam coisas que não poderiam ver, acessar fatos que não poderiam acessar e até reconhecer pessoas com as quais convivem hoje. Isso é errado, perigoso e antiético.

Por que não terminamos a Regressão logo após o final da situação traumática? No início de minha atividade como Terapeuta de Regressão, percebia que, algumas vezes, numa segunda Sessão de Regressão, a pessoa retomava seu relato no ponto onde tinha parado na Regressão anterior, no final de uma situação traumática, na sua morte ou até mesmo já desencarnada, e via então que ainda não estava bem. Por isso, intuí começar a realizar a Regressão completa. A maioria dos Terapeutas de Regressão, em todo o mundo, faz com que a pessoa reviva apenas até o final do trauma do passado, mas isso, na minha opinião, pode ser uma Regressão incompleta, pois "onde termina a Regressão fica a sintonia".

A Psicologia e a Psiquiatria oficiais, coerentes com um Consciente Coletivo não reencarnacionista, determinado pelas concepções das religiões predominantes, não lidam com a Reencarnação, sem perceber que estão moldadas a crenças religiosas limitadoras. Com isso, criam uma espécie de autoasfixia, pois limitam seus raciocínios diagnósticos e terapêuticos apenas da infância até a morte, limitando-se à nossa persona atual. A Psicoterapia Reencarnacionista vem para auxiliar na libertação dessas instituições oficiais dessa limitação religiosa, colaborando com a sua expansão. A Reencarnação, até hoje encarada apenas como um conceito religioso, adentra agora o consultório psicoterápico e propõe a investigação ética do Inconsciente, a ampliação da visão limitada da persona para nossa verdadeira realidade espiritual e a libertação dos psicoterapeutas de arcaicas amarras religiosas.

Você sabia?

1. Que todos nós estamos sintonizados em encarnações passadas e que delas é que vem a maioria dos sintomas das Fobias, do Transtorno do Pânico, as Depressões severas, as Dores Físicas crônicas, as sensações de solidão, a saudade sem motivo, os sentimentos intensos de rejeição, de abandono, culpa sem motivo aparente etc.?

2. Que o desligamento dessas vidas passadas pode melhorar muito e até curar esses Transtornos?

3. Você sabia que o Mundo Espiritual recomenda que esses desligamentos ocorram quando a pessoa, na Sessão de Regressão, recordou que morreu na vida passada que acessou, que desencarnou e chegou no Plano Astral e que está se sentindo muito bem lá?

4. Que um dos grandes benefícios da Regressão é saber como éramos nas nossas vidas passadas mais recentes para podermos nos comparar com como somos hoje e avaliarmos como vem sendo a nossa evolução com o passar do tempo?

5. Que essa personalidade que viemos apresentando nessas vidas passadas, e ainda hoje, é a nossa Personalidade Congênita e que aí está a chave para o entendimento da nossa Reforma Íntima?

6. Que a Terapia de Regressão deve ser comandada pelos Mentores Espirituais da pessoa e não pelo Terapeuta, pois aqueles Seres sabem quais vidas podem ser acessadas e quais não, e o que a pessoa

precisa aprender, e de onde deve desligar-se, e o Terapeuta, sendo um ser humano tão ou mais inferior que seu paciente, não tem essa capacidade e pode infringir uma Lei Divina e, assim, prejudicá-lo?

7. Que o Mundo Espiritual recomenda enfaticamente que nunca seja incentivado o reconhecimento de pessoas durante as Regressões, pois isso é uma seríssima infração à Lei do Esquecimento e que agrava o Karma entre as pessoas e o Karma do Terapeuta que comete esse equívoco?

8. Que o Mundo Espiritual, na grande maioria dos casos, não mostra nossas relações pessoais nas vidas passadas acessadas, e, então, não se deve fazer Regressão para saber quem uma e outra pessoa foram em vidas passadas, para entender algo referente à sua relação com seu pai, sua mãe, um filho, namorado(a) etc.?

9. Que a Terapia de Regressão tem riscos físicos, psicológicos, terapêuticos, éticos e de atrair Obsessores do passado e que é possível evitar todos esses riscos?

AS ARMADILHAS

Não poucas pessoas referem que sua infância foi muito dura, que passaram por dificuldades, tanto de ordem afetiva como de ordem financeira, problemas com um dos pais, ou com ambos, ou com outras pessoas. Muitos permanecem com esses traumas pelo resto de sua encarnação, influenciando gravemente seu comportamento. A maioria dos doentes de doenças crônicas como asma, reumatismo, problemas cardíacos, cerebrais, digestivos, renais etc. cria essas doenças em si por sofrerem por essas questões da infância, e encontramos neles, por trás dos sintomas físicos, questões emocionais como mágoa, ressentimento, medos, raiva, tristeza e insegurança. Enquanto isso, a Medicina do corpo físico fica tratando apenas os órgãos, as partes, e buscando os seus vilões: as bactérias e os vírus.

Os doentes acreditam que essas questões emocionais, que geraram suas doenças físicas, têm origem lá no início desta atual trajetória terrena, mas sabemos que, se esses sentimentos e tendências são tão intensos, é porque já nasceram com eles e não foram gerados na infância por aquelas situações, foram aflorados e agravados. Essa diferenciação entre "gerado" e "aflorado" é uma das chaves para um real aproveitamento da encarnação, no sentido de percebermos os sentimentos que viemos melhorar aqui na vida terrena atual, as nossas tendências inferiores de ver, sentir e reagir, que trazemos conosco de encarnações passadas, e que devemos procurar melhorar para sairmos daqui melhores do que chegamos. Mas, para isso, é necessário corrigir o raciocínio equivocado, conforme recomenda André Luiz, em *Obreiros da Vida Eterna*, páginas 32-34, psicografado por Chico Xavier.

Sabemos que a mágoa, a raiva, a tristeza, o isolamento, o medo, a insegurança etc. são os fatores causais mais frequentes das doenças crônicas, então, como resolver isso? Aí é que entra a Psicoterapia Reencarnacionista para ajudar no esclarecimento das pessoas de suas questões cármicas e reencarnatórias. Devemos lembrar que não nascemos puros e imaculados, que trazemos sentimentos e características inferiores para tentar aqui melhorar, ou eliminar, e, então, não devemos acreditar que toda a nossa mágoa, a nossa tristeza, a nossa raiva, iniciaram na infância, como se tivéssemos nascido perfeitos, que não trouxemos esses sentimentos conosco ao nascermos novamente.

Devemos lembrar que nosso pai e nossa mãe são também Espíritos e, mais do que provavelmente, viemos nos encontrando frequentemente nessas passagens terrenas, e que eles também aqui estão tentando eliminar suas imperfeições. Devemos lembrar os rótulos temporários e ilusórios da encarnação, e é preciso entender que ninguém é pai, mãe, filho, irmão, marido, esposa etc., apenas as personalidades terrenas acreditam que são. Convencidos dessas verdades óbvias, entendendo que não nascemos sem características negativas de personalidade e sentimentos inferiores, e estando cientes da relatividade dos rótulos, devemos pensar no porquê de termos nascido naquela família, naquele ambiente, filho daquele pai, daquela mãe, estar passando por tal ou qual situação etc.

Precisamos entender o que é estarmos encarnados aqui, em um Plano Físico, de natureza passageira, enfrentarmos essas situações, superá-las, e, tornando-nos vencedores do nosso destino, alcançarmos a meta única da Reencarnação: a evolução consciencial. E isso é atingido ou não, dependendo da atuação da nossa personalidade inferior, o que é diretamente proporcional aos nossos pensamentos e sentimentos, e ao alinhamento ou não do nosso ego com a nossa Essência.

Colocarmos as questões aparentemente injustas ou desagradáveis como questões potencialmente positivas e não negativas, ou seja, experiências oportunizadoras necessárias para a nossa evolução, faz com que, em vez de nos vitimizarmos, passemos a entender que esses reencontros, esses conflitos, são, na realidade, testes necessários e indispensáveis, e se os vencermos estaremos cumprindo a nossa Missão. Se formos derrotados, essa encarnação vai aos poucos perdendo seu sentido, pela repetição de erros e enganos (tristeza, mágoa, raiva, medo, isolamento, insegurança etc.) já cometidos em encarnações anteriores. O caminho para a vitória é a liberdade emocional, de nós mesmos e dos outros, através da compreensão da relatividade da persona e de suas ilusões, por seu caráter temporário, de apenas uma encarnação.

Na verdade, quanto mais obstáculos encontrarmos pelo caminho, mais estaremos sendo exigidos por nós mesmos para vencê-los e superá-los. E se os testes e provas parecerem pesados demais, ou somos evoluídos o suficiente e nos propusemos na fase pré-reencarnatória a enfrentá-los para tentar vencê-los ou somos merecedores daquilo por acúmulo de erros e enganos em vidas terrenas anteriores e optamos por vivenciá-los na esperança de superá-los. O grande erro é esquecermos quem na realidade somos e cairmos na vitimização, no sentimento de "coitadinho de mim", de injustiçado, na raiva, e entrarmos, então, na grande causa das doenças emocionais e mentais e suas posteriores repercussões físicas: as armadilhas.

O que são essas armadilhas? Já falamos disso em parte e, se formos capazes de imaginar tudo o que acontece em nossas vidas desde a fecundação até o dia do desencarne, aí estão as armadilhas. Alguém pode exclamar: "Mas então é tudo!", e realmente é. Como é o tudo? Tentemos mostrar, pelo menos em parte: nosso nome, nossos denominados pais, irmãos, parentes, ambiente familiar, as escolas, as programações das tevês, as músicas, as revistas, os jornais, a moda, os ídolos, os políticos, a política, o sucesso, o fracasso, os amores, os desamores, a vida pessoal, a vida social, a vida profissional, os amigos, os colegas, os concorrentes, os patrões, os empregados, os esportes, os fins de semana, as férias etc. Etc. Podem-se encher folhas e folhas dos aspectos dessas armadilhas, pois é absolutamente tudo o que diz respeito à vida terrena. O melhor nome para essa Grande Armadilha é encarnação. Tudo faz parte dos testes, o aparentemente positivo e o aparentemente negativo.

Como viver a vida sem fracassar? Entendendo a relatividade de tudo por aqui e permitindo que a única parte real e absoluta de nós, a nossa Essência, assuma o comando. Como ser derrotado? Vivendo como se tudo fosse real, incorporar os rótulos e os chavões e acreditar ser a sua personalidade inferior, ignorando a sua Essência, ou relegando-a a lembranças ocasionais.

As armadilhas não são negativas em si, pois são necessárias para nos testarmos. O que aprendemos e planejamos no Plano Astral, antes de reencarnarmos, viemos praticar aqui. A questão não são as armadilhas e sim o fato de entrarmos nelas acreditando que são coisas reais, quando são apenas aspectos passageiros terrenos, verdades ilusórias, pois, se não somos o que pensamos ser, apenas estamos, na realidade nada é o que parece ser. E então, onde está a verdade? Ela está oculta, é invisível, está em nossos campos energéticos sutis, está no mundo invisível, está em toda a nossa trajetória de reencarnações passadas e está no nosso futuro, após o desencarne, nas "vidas" seguintes.

Algum leitor apressado poderia então dizer: "Bem, então não tenho que fazer mais nada, já que tudo é uma ilusão". A resposta é não! Muito pelo contrário, temos de ir de cabeça nas armadilhas, vivenciá-las todas, mas sem jamais esquecer que são questões passageiras que aí estão para nos testar, obstáculos ou situações que devemos enfrentar e vencer, sob o ponto de vista da nossa Essência, a fim de obtermos a única coisa que viemos aqui buscar: a autoevolução, que implica a ampliação da nossa capacidade de amar livremente a tudo e a todos. Se cairmos em estados emocionais negativos, infantis ou adolescentes, estaremos sendo derrotados. Se assumirmos a independência emocional, principalmente das ilusões do nosso aspecto temporário, estaremos nos habilitando a vencer, pois isso acarretará um aumento da responsabilidade da nossa personalidade terrena com a sua Essência.

A seguir, vou enumerar algumas das maneiras mais frequentes de cairmos nas armadilhas:

1. Nos considerarmos melhores que os outros, mais inteligentes, mais capazes, mais bonitos, melhores nos esportes etc.

2. Nos considerarmos piores do que os outros, menos inteligentes, menos capazes, menos bonitos, piores nos esportes etc.

3. Aumentarmos a nossa congênita tristeza, mágoa, ressentimento, sensação de inferioridade, de impotência, de carência, saudade, pessimismo etc.

4. Aumentarmos a nossa antiga raiva, ódio, inveja, ciúme, orgulho, vaidade, arrogância, prepotência, autoritarismo, crítica, julgamento etc.

5. Dedicarmos nossa vida à obtenção de dinheiro, bens materiais, conforto a qualquer preço, trabalhar em qualquer coisa que nos proporcione isso, ansiarmos pelo fim de semana para não fazermos nada além do que nos proporciona prazer, ansiarmos pelas férias para não fazermos nada além do que nos proporciona prazer, não fazer nada na vida além do que nos proporciona prazer, esperarmos pela aposentadoria para não fazermos nada além do que nos proporciona prazer.

6. Passarmos as noites assistindo a novelas e filmes na televisão.

7. Dedicarmos a vida, sepultando sonhos e projetos pessoais, ao cuidado dos filhos, da casa e do marido, e depois queixar-se, arrepender-se disso e adoecer.

8. Reservarmos uma grande parte da vida na admiração de jovens esportistas, frequentando os estádios, gritando, brigando, xingando o juiz, escutando diariamente os programas especializados nas rádios, assistindo sem parar aos jogos na televisão, acreditando que tudo aquilo é algo realmente importante, que é um ganhador se seu time ganha, que é um vencedor se seu país vence.

9. Despendermos grande esforço para adquirir as roupas que estão na moda, os sapatos, os óculos, os enfeites, os aparelhos, todos os supérfluos possíveis e imagináveis que demonstrem que é uma pessoa moderna e atualizada.

10. Procurarmos sempre trocar de carro, de preferência por um importado, símbolo de *status*, mesmo que para isso tenhamos de ganhar dinheiro de uma maneira nem sempre honesta.

11. Nos reunirmos seguidamente para jogar cartas, dama, xadrez, bocha, bolão, bilhar, frequentar bingos, cassinos, hipódromos etc.

12. Passarmos os fins de semana em Punta del Este ou Cancún ou algum outro paraíso do *dolce far niente*.

13. Trabalharmos em qualquer emprego ou atividade que nos possibilite adquirir essas coisas sem atentarmos para a validade do que estamos fazendo, se é útil para as pessoas ou não, se é digno ou nem tanto.

14. Não lermos, não estudarmos, não assistirmos a palestras edificantes, não fazermos Cursos que nos oportunizem um verdadeiro crescimento pessoal, profissional e espiritual, não frequentarmos locais de elevado nível consciencial, não procurarmos adquirir conhecimentos que elevem nossos potenciais morais e éticos, não praticarmos relaxamento ou meditação, não nos interiorizarmos.

15. Fugirmos de nós mesmos, de nossa Essência espiritual, nos conectando demasiadamente ao externo.

Enfim, é extenso demais enumerar todas as maneiras de cairmos nas armadilhas, pois na realidade são todos os hábitos e costumes que impliquem algum ganho para o nosso ego, a serviço da nossa personalidade inferior, e que não estejam alinhados ao nosso bem supremo. E também tudo que nos faça girar apenas em torno do nosso próprio umbigo, como é o caso dos "sofredores" e dos "infelizes", o que o Mundo Espiritual chama de "O egocentrismo do sofrimento". Tudo que implicar em Eu, Meu e Minha faz parte da Grande Armadilha, prende e adoece. Tudo que implicar em beneficiar a humanidade, está alinhado com Deus, liberta e cura.

Uma maneira segura de não cairmos na Armadilha é, conectados à nossa Essência, pensarmos no que estamos fazendo, para o que estamos fazendo e a que visamos exatamente, ou seja, a finalidade. Não sou ingênuo ou utópico a ponto de pretender que todas as pessoas devam apenas trabalhar em empregos ou atividades altamente gratificantes, edificantes, altruísticas e espiritualizadas, pois da maneira injusta, piramidal, como a nossa sociedade está estruturada, já é de enorme benefício estarmos empregados e não há a mínima possibilidade de, por enquanto, exigir condições ideais de trabalho e querer que todas as atividades se ocupem da elevação consciencial da humanidade. Ainda não é tempo, pois o ser humano precisa evoluir muito para chegar a esse nível. Então, qual é a saída? Permanecermos atentos à nossa verdadeira identidade, por trás das ilusões da persona e das armadilhas que existem apenas para testar a nossa capacidade de superá-las, e assim então podermos nos transformar e ao mundo.

A melhor maneira de vivenciarmos essa rápida estadia neste corpo e dimensão física, nesta personalidade passageira, é nos elevarmos consciencialmente, o que é alcançado pela busca de conexão com a nossa Essência. Devemos entender o verdadeiro papel do ser humano, sua origem, seus objetivos, entendermos a questão do real e do irreal de todas as coisas, sabermos quem realmente somos e quem são os nossos afins, conhecermos profundamente todas as manifestações da Armadilha e aprendermos a lidar e a passar por elas, vencendo-as, transformando-as aos poucos e irmos dividindo, com nossos parceiros de jornada, os conhecimentos que vamos adquirindo. Ou seja, sabermos o que somos, o que estamos fazendo aqui e aonde queremos chegar.

Se considerarmos que a maioria das pessoas não sabe disso e angustia-se tanto com essa dúvida, mesmo sendo tão claro, tão simples, pois basta enxergar a verdade por trás das ilusões, não se torna evidente que o assim pensar permitirá que dentro de alguns séculos a raça humana atinja seu objetivo? Uma das tarefas do psicoterapeuta reencarnacionista é mostrar a realidade para as pessoas em tratamento, evidenciando que tudo é simples, nada é complicado, obscuro, misterioso ou oculto. A consciência da temporalidade das coisas e a percepção das várias manifestações da Armadilha, que apenas fazem parte dos testes e provas pelas quais necessitamos passar para crescer, fazem com que nos tornemos aptos a evoluir.

A ignorância desses fatos torna tudo obscuro e sem sentido e essa é a maior causa do sofrimento do ser humano, em seus aspectos mentais e emocionais e em suas repercussões físicas. A doença, como dizia o Dr. Bach, é resultado do erro e da ignorância e do conflito entre a Alma e a personalidade inferior, ou seja, a doença vem das ilusões. E também dizia que o Egoísmo é a doença básica da humanidade.

Para quem veio para trabalhar questões como dinheiro, beleza, poder etc., desde a infância surgirão situações e experiências que farão vir à tona o que veio para ser curado. Se for encarado pelo ponto de vista da personalidade inferior, o mais provável é que a verdade seja distorcida e as ilusões predominem, gerando consequências comportamentais em desacordo com os objetivos da Essência. Isso se aplica em quem reencarna em famílias com grande poder aquisitivo, em uma "casca" muito bonita, atraente etc., e também o contrário, em quem nasce em famílias muito pobres, quem nasce com uma "casca" feia etc. As pessoas devem lembrar que existe uma finalidade em terem vindo em uma família rica, ou em uma pobre, com um veículo físico bonito ou feio. Tudo tem uma explicação e uma finalidade, e sempre visa a aflorar o que necessitamos purificar em nós e/ou a um aprendizado.

A vida terrena é como uma Escola e cada dia é um dia de aula, e não devemos cabular as aulas nem frequentá-las sem prestar atenção, olhando para o teto ou para os lados. Devemos sentar nas primeiras filas, prestar atenção ao que nossos mestres ensinam e estudar bastante em casa. Os melhores professores são os amigos mais evoluídos, encarnados ou desencarnados, e o nosso próprio Mestre Interior. Mas também os nossos inimigos nos auxiliam muito para nossa evolução, pois afloram em nós algumas inferioridades que já nos são velhas conhecidas, ou, às vezes, estavam apenas latentes, aguardando a oportunidade de manifestarem-se.

Dependendo das lições que aprendermos nesta Escola e do progresso que fizermos, a estadia terá ou não valido a pena. Na realidade, sempre é de proveito para a Essência o fato de haver encarnado, mesmo que a persona não tenha cumprido sua missão, não tenha correspondido à confiança que a Essência colocava nela. Mesmo no erro aprende-se bastante e até, muitas vezes, é através dos erros e dos enganos que nós aprendemos mais, como se diz, a dor ensina a gemer.

A pessoa inteligente aprende com seus erros, a pessoa sábia aprende com os erros dos outros. Devemos nos colocar em nosso devido lugar, entender nossas circunstâncias e buscar nos conectar com nossas Essências, e viver em função dos seus objetivos e metas evolucionistas. Existem muitas encarnações, ou seja, oportunidades, mas cada uma delas é importante e deve ser bem aproveitada. Saber viver a vida, aproveitar a vida, para mim, é isso, e não viver perdendo tempo com o que não acrescenta em progresso moral e ético, em autoconhecimento e em evolução interna.

Muitos filhos, bem-intencionados, recomendam aos seus pais de corpo físico velho que aproveitem o tempo que lhes resta para viajar, conhecer lugares, divertir-se etc. Entendo a boa intenção, mas eu não lhes daria o mesmo conselho. Eu sugiro que viajem para fora, mas também para dentro de si, para se conhecerem melhor, e que busquem entender, aprender, da melhor maneira possível, as lições que esta encarnação lhes apresentou e continua lhes apresentando, tratem de aproveitar os últimos anos antes de subir para corrigir seus erros, seus enganos, curar sua tristeza, suas mágoas, suas frustrações, a fim de já irem curando seus corpos emocional e mental, não deixando essa tarefa para depois. A grande angústia da velhice é a da Essência em relação ao escoamento do tempo da encarnação, quando há uma constatação do fracasso e do pouco aproveitamento real das lições.

A personalidade terrena sempre acha que seu tempo passou, que já é tarde demais, que já tem 60 ou 70 ou 80 anos, mas a Essência sempre vê, por sua visão superior, mais abrangente, que sempre é tempo, que sempre é a hora certa para as grandes mudanças, para os grandes *insights*, para a interiorização rumo ao caminho verdadeiro. Tudo é uma continuação, nós viemos da última encarnação e vamos para a próxima, então não existe tempo, o que existem são oportunidades. Meus queridos velhinhos, viajem para dentro, rumo à sua Essência, ela lhes agradecerá! Não se percam na ilusão da idade do corpo físico, ele é descartável, aproveitem seus últimos 5 ou 10 mil dias para trabalhar, interna e externamente, ajudar, colaborar em obras de caridade, de atendimento espiritual, resgatarem-se com alguém, amar mais, serem mais felizes, mais saudáveis, soltar mais sua criatividade, desliguem a televisão, tirem o pijama, a camisola, acordem cedo, pulem da cama, aproveitem seu dia, cada dia é um milagre de Deus, uma nova oportunidade para mudar de vida, de pensamentos, de sentimentos.

E os meus caros adultos, que já chegaram à metade do caminho, o rumo está certo? Onde vai dar essa estrada?

E os adolescentes, cuidado! As armadilhas vêm disfarçadas de modismo, de rebeldia e de liberdade. Vejo adolescentes na rua fumando cigarro, acreditando que são livres, que fazem o que querem, que fumar é um sinal de que são independentes, que ninguém manda neles. Ilusão! São Espíritos recém-chegados enganados pelas propagandas das fábricas de cigarro que pagam fortunas para agências de propaganda para iludir os jovens a acreditarem nisso. Na verdade, estão presos, dominados pela propaganda de que isso é um sinal de liberdade. Liberdade mesmo é dizer: "Eu sou um Espírito livre, eu mando em mim, ninguém vai me convencer de que fumar ou beber bebida alcoólica é bom, de que devo manifestar minha desconformidade com a sociedade, com meu pai ou minha mãe, com o sistema capitalista, materialista, fumando ou bebendo. Eu quero ser livre, quero me alimentar de alimentos naturais, quero limpar meus pensamentos e meus sentimentos, não quero poluir meu corpo e minha alma com cigarro e com bebida, eu quero me purificar!". Isso é liberdade. Os jovens que fumam e bebem estão presos nessa ilusão de liberdade encomendada pelos donos do poder. E as pessoas que trabalham nas fábricas de cigarro, de bebida e agências de propaganda que cometem esses crimes são coniventes com eles. Eu, particularmente, preferiria morrer de fome a colaborar com isso.

E cuidado com as músicas "jovens" e suas letras de liberdade... Cuidado com os programas "jovens" nas televisões, todos norte-americanos, e sua mensagem de que ser jovem é ser doidão, bobão, barulhento, agitado, meio idiota, a quem interessa essa imagem?

Você sabia?

1. Que a vida terrena é chamada de "A Armadilha" pelo Mundo Espiritual?

2. Que o nosso planeta é chamado de Planeta de Provas e Expiações e que as armadilhas servem como provas para nós vermos qual o nosso grau consciencial?

3. Que as armadilhas são elementos da vida terrena que seu ego quer, anseia, luta para adquirir, acredita serem realmente importantes, mas que, na verdade, são ilusões e superficialidades que não contribuem para seu amadurecimento?

4. Que grande parte das coisas que lhe oferecem nas propagandas, na internet, na televisão, reforçam as armadilhas para seu ego?

5. Que qualquer competição é prejudicial para a paz na Terra?

6. Que você não é homem ou mulher, branco ou negro, que o Espírito não tem nacionalidade nem religião, apenas nosso ego acredita nisso?

7. Que você pode diferenciar aquilo que seu ego quer, que não contribui para sua evolução, daquilo que seu Eu Superior quer e não parece atrativo para seu ego?

8. Que os meninos querem ser jogadores de futebol ou corredores de automóvel e as meninas querem ser manequins ou artistas de cinema, e não pensam em ser enfermeiros ou assistentes sociais, porque a humanidade ainda está em um nível infanto-juvenil de sua evolução?

9. Que a meditação, a interiorização, o silêncio interior, são muito importantes para encontrar a si mesmo?

10. Que é possível não cair nas armadilhas, e, já estando dentro delas, poder sair, libertar-se?

11. Que não vamos levar nada material quando nosso corpo morrer?

OS GATILHOS

É de fundamental importância que saibamos, cada um de nós, por que voltamos para a Terra, para viver mais uma "vida" aqui. Quem veio não fomos nós, e sim o nosso Espírito, nós somos apenas o nome da "casca". Muitas pessoas ainda apegam-se a conceitos antiquados e equivocados, relativos a castigos, penas etc., quando, na verdade, estamos aqui porque estamos presos, vibratoriamente, a este Plano, ou seja, a nossa frequência vibratória não é suficientemente elevada que nos permita acessar Planos superiores a este.

Para que isso aconteça, para elevarmos a nossa frequência, para que nos libertemos da ilusão de estarmos apenas neste planeta, precisamos dos gatilhos, que são as situações que nos ajudam a conhecer as inferioridades do nosso ego, aqui adquiridas, as infantis, as adolescentes, as adultas, permanecermos aqui até alcançarmos o grau ancião de nossa evolução e, então, percebermos que nunca estivemos apenas aqui, apenas acreditávamos nisso, ou seja, nunca fomos prisioneiros deste planeta, apenas assim pensávamos.

Quando estamos desencarnados, no Astral Superior, é como quando estamos em nosso Centro Espírita, parecemos todos santos, somos pacienciosos, carinhosos e caridosos, os nossos defeitos parece que desaparecem, mas quando voltamos para a nossa vida cotidiana, aí as nossas características negativas de personalidade voltam a manifestar-se. Podemos raciocinar do mesmo modo para entender por que viemos do Plano Astral para cá, de um lugar "melhor", mais evoluído, para um lugar "pior", menos evoluído. Quando estamos lá, devido ao estilo de vida vigente, baseado na igualdade e na fraternidade, os nossos defeitos não aparecem, permanecem latentes, mas quando estamos aqui, aí sim, pelas condições socioculturais vigentes, eles vêm à tona e nós nos confrontamos com o que precisamos curar. Lá não existem os gatilhos, eles estão aqui, e começam na infância.

Reencarnamos para que as nossas inferioridades venham à tona e possamos nos purificar delas. E o principal trabalho é, então, saber exatamente o que precisamos evoluir em nosso ego, as suas imperfeições, e detectarmos quando elas se manifestam, mas aí surge uma questão, que já comentei antes: a maioria de nós acredita que tem razões suficientes para sentir ou manifestar as suas negatividades.

O maior obstáculo à evolução é que o Espírito encarnado sempre acredita que tem razão em seus raciocínios! Há cerca de 20 anos eu atendo com a Psicoterapia Reencarnacionista em meu consultório, e já passaram pela minha sala milhares de pessoas que têm algumas crenças, que se manifestam no que pensam e sentem, mas, para muitas delas, depois de um tempo, quando mudam seus conceitos, onde ficam aquelas certezas? Aquela mágoa, aqueles medos, aquela timidez, aquela raiva, aquela inferioridade etc., quando enfraquecem, vão para onde? E o orgulho, a vaidade, a prepotência etc., quando desabam? Todos nós precisamos aprender a enxergar com os olhos do Espírito e não com os olhos do ego. É completamente diferente a visão de um e de outro, um fala em "nós", o outro fala em "eu", e é no egocentrismo, provocado pela ilusão de separatividade, que começa a doença. A cura começa pela libertação do predomínio do ego, mas para isso é necessário reintegrá-lo à nossa Essência.

Aqui é a terra dos gatilhos. Quem veio para melhorar uma tendência secular de sentir raiva precisará de gatilhos que a façam aflorar;

por exemplo, um pai agressivo, um irmão implicante, colegas no Colégio que atiçam sua raiva, e, durante a sua vida, irá se deparando com gatilhos que têm essa finalidade, mostrar que tem raiva para curar. O mesmo se aplica a quem reencarnou para melhorar uma tendência congênita de sentir mágoa, de sentir-se rejeitado, sentir-se abandonado, de achar-se superior, de achar-se inferior etc. O antídoto da raiva é o amor, o da mágoa é a compreensão, o do medo é a coragem, o da timidez é a espontaneidade, o do orgulho é a humildade, o do materialismo é o entendimento da Reencarnação. Mas o que facilita que nos libertemos dessas crenças negativas é a conscientização de que já viemos para este Plano terreno com essas características de personalidade em nós e que aqui, no confronto com certas situações específicas de nossa vida, desde a infância, elas vieram à tona.

Cada um de nós manifesta aqui o que já trouxe conosco de nossas encarnações passadas, positiva e negativamente. Tudo é uma continuação, nós somos o que somos, e aí revelamos o nosso grau consciencial. O que é inferior em nós, o que veio ser eliminado aqui na Terra, aflora diante dos gatilhos. No Astral Superior não havia esses estímulos específicos, necessários, para fazerem aflorar a nossa raiva, a nossa vaidade, a nossa mágoa, a nossa tristeza, o nosso medo, a nossa timidez, e elas ocultam-se, mas aqui elas aparecem, para podermos nos libertar delas. Mas como a maioria das pessoas não sabe que são características negativas congênitas, que nasceram conosco, acredita que elas surgiram aqui, e, pior, geralmente culpando outras pessoas (principalmente pai e mãe) e fatos "negativos" da vida por seu surgimento.

Para que possamos saber para o que reencarnamos, precisamos assumi-las e aceitá-las como nossas, correlacionando os fatos "negativos" que acontecem em nossa vida, da infância até hoje, com a maneira inferior como nós sentimos e reagimos a eles. Aí encontraremos o que viemos aqui fazer, pois os fatos são os fatos, mas o que fazem emergir de inferior em nós revela a finalidade de estarmos novamente aqui, a finalidade da nossa atual encarnação.

Se os gatilhos afloram nossa secular mágoa e ressentimento, eles estão mostrando que viemos curar uma antiga tendência de magoarmos e nos ressentirmos; se afloram nossa raiva e agressividade, mostram que viemos curar essa tendência; se afloram nosso medo ou retraimento ou sensação de incapacidade, ou qualquer outro sintoma inferior, aí está o motivo da encarnação. Uma pessoa muito materialista, apegada ao dinheiro e aos bens materiais, revela que reencarnou para curar essa postura fútil e superficial e precisa aprofundar-se nos verdadeiros valores do amor e da caridade. O distraído, aéreo, veio para curar esse tipo de fuga, para aterrar. E assim, com qualquer característica inferior nossa, desde as mais graves até as mais inofensivas.

O que mais importa em uma encarnação é essa maneira com que reagimos aos fatos, e se essa maneira se repete, aí está, sem dúvida, o que veio ser curado. Muitos de nós, antes de reencarnarmos, no Astral Superior sabemos o que viremos tentar curar nessa passagem, quem serão nossos pais, se viremos em uma família rica ou pobre, se viremos numa "casca" branca ou negra etc., e então é perda de tempo ficarmos brigando com os fatos "negativos" da nossa infância, com características desagradáveis de personalidade de nosso pai ou nossa mãe, como se não soubéssemos o que encontraríamos aqui. E por mais negativos que pareçam os fatos da nossa infância, tudo está, potencialmente, a nosso favor, pois visa ao nosso progresso, à nossa cura, à nossa purificação, ao nos mostrarem nossos defeitos. Mas raras pessoas atingem os seus objetivos pré-reencarnatórios, porque não entendem realmente o que é Reencarnação, mesmo sendo reencarnacionistas.

E o que devemos curar em nós? Todos os tipos de comportamento, de raciocínio, de características de personalidade que nos diferenciam dos nossos irmãos mais evoluídos do Plano Astral, dos Mestres, dos Orientadores. Eles estão em um lugar de frequência vibratória mais elevada, e o que nós temos e eles não têm mais são as impurezas e as imperfeições, das quais viemos nos libertar. O nosso caminho ruma para a nossa perfeição e eles nos sinalizam o rumo, mas para isso é preciso que não culpemos nada e ninguém e entendamos que as nossas imperfeições são coisas nossas, que nos acompanham há muito tempo, há muitas encarnações, e se isso acontece é porque não temos realmente aproveitado nossas encarnações para nos libertar-mos delas, nos curarmos, nos purificarmos. E toda imperfeição reside no egocentrismo, e aí está a possibilidade de cura.

O ser humano é muito incompetente na sua evolução, geral-mente lida melhor com o terreno, o material. A regra de ouro é: ante um fato desagradável, fique bem atento ao que emerge de negativo de dentro de si, aí está a imperfeição que veio ser eliminada. Se acreditar que tem razão para sentir essa imperfeição, entenda que esse raciocí-nio está vindo do seu eu inferior, uma fonte nada confiável. Os nossos Eus Inferiores sempre acham que têm razão para sentir e manifestar raiva, mágoa, tristeza, medo etc., enquanto que, lá de cima, os nossos Eus Superiores ficam na expectativa de que, ante as situações que fa-zem essas imperfeições aparecerem, nós aproveitemos para nos curar-mos delas, entendendo que essas situações aparentemente negativas são potencialmente positivas para a nossa evolução.

Colocar questões aparentemente injustas ou desagradáveis como questões potencialmente positivas e não negativas, ou seja, experiências oportunizadoras necessárias para a nossa evolução, faz com que, em vez de nos vitimizarmos, passemos a entender que esses fatos são, na realidade, testes necessários e indispensáveis, e se os ven-cermos estaremos cumprindo a nossa Missão. Se formos derrotados, esta encarnação vai aos poucos perdendo seu sentido, pela repetição de erros e enganos (mágoa, tristeza, isolamento, raiva, medo, insegu-rança etc.) já cometidos em encarnações anteriores. O caminho para a vitória é a liberdade emocional, de si mesmo e dos outros, através da compreensão da relatividade da persona e de suas ilusões, por seu caráter temporário, de apenas uma encarnação.

Na verdade, quanto mais "obstáculos" encontrarmos pelo cami-nho, mais estaremos sendo exigidos por nós mesmos para vencê-los e superá-los. E se os testes e provas parecem pesados demais, ou somos evoluídos o suficiente e nos propusemos na fase pré-reencarnatória a enfrentá-los para tentar vencê-los ou somos merecedores daquilo por acúmulo de erros e enganos em vidas terrenas anteriores e optamos por vivenciá-los na esperança de superá-los. Somos seres que estão evoluindo neste planeta e isso implica a necessidade de passarmos pelas situações aqui vigentes e que irão nos atingir, nos conflitar. A finalidade disso é fazer vir à tona o que temos de curar em nós, o que ainda temos de imperfeito em nosso ego.

Nós descemos do Plano Astral da Terra para a Terra, para encontrarmos essas situações, e elas são consideradas ruins, injustas e cruéis porque fazem aflorar o que temos de desagradável, injusto e cruel em nós. Por exemplo, alguém que necessita curar uma antiga tendência de magoar-se, sentir-se abandonado e rejeitado, reencarnará com essa tendência e passará por situações que farão aflorar esses sentimentos que veio para curar. Num primeiro momento, ele se sentirá magoado, abandonado e rejeitado, pois isso é o que veio dentro dele para ser curado. Se continuar toda a sua vida com esses sentimentos negativos, com essa tendência, precisará de mais e mais situações semelhantes e de nada adiantará o sofrimento decorrente, já que o que deve ser curado e não está sendo seguidamente será confrontado com situações semelhantes (gatilhos). Se desencarnar com essa tendência, voltará a encarnar e irá passar por situações idênticas, em seu conteúdo emocional, para tentar novamente. Então, nesse exemplo, se uma infância extremamente traumática, com um pai ou uma mãe ausente, fizeram emergir tais sintomas, visto pelo enfoque terreno, ilusório e patogênico, foi uma situação injusta e cruel, que "gerou" a mágoa e o sentimento de rejeição. Mas, visto pelo enfoque reencarnacionista, nada foi injusto e cruel, e sim experiências, elaboradas no próprio tecido do destino daquela alma, e que fizeram aflorar o que veio para ser curado nesta encarnação e que necessitava de tais situações para ser revelado e poder ser curado.

Quem veio curar o orgulho irá passar por situações que façam aflorar o orgulho, quem veio curar a mágoa irá passar por situações que façam aflorar a mágoa, quem veio curar a raiva irá passar por situações que façam aflorar a raiva, e assim por diante. Na medida em que vai melhorando essa maneira inferior, egoica, de sentir e reagir, atrairá menos gatilhos (pessoas e situações) afloradores e cada vez de menor intensidade. Essa é uma maneira de avaliarmos se estamos evoluindo. Mas se percebermos que os gatilhos continuam fortes, intensos e frequentes, estamos estacionados.

Os que não sabem o que estão fazendo aqui, os que não acham importante viver, os que se prendem em sentimentos negativos, em pensamentos autodestrutivos, os que fogem nas drogas, socialmente aceitas ou não, os que vivem por viver, os que se prendem ao fútil e ao superficial e os que não sabem do que estamos falando aqui, devem aprofundar-se em si mesmos para que entendam que existe, sim, um objetivo em viver, que é importante, sim, estarmos aqui, que a vida terrena é como uma corrida de obstáculos e que é de fundamental importância para as Essências que as suas personalidades terrenas sejam vencedoras nessa prova. É preciso que saibam que esses obstáculos desaparecerão quando forem vencidos, pois não mais serão necessários, e que não são negativos em si, mas apenas experiências possibilitadoras de vitória.

Você sabia?

1. Que a vida terrena é uma Escola onde viemos aprender a reencontrar a nossa Pureza original?

2. Que existem os gatilhos? E que eles são cocriados por nós para encontrarmos as nossas imperfeições?

3. Que a infância é uma estrutura cocriada por nós para ocorrer o reencontro de Espíritos afins e conflitantes, que essa é a nossa segunda Missão e que depende, basicamente, da primeira Missão (Reforma Íntima)?

4. Que é na infância que começamos a encontrar as nossas inferioridades?

5. Que durante toda a vida na Terra vamos nos deparando com os gatilhos e aí vamos vendo como estamos indo em nosso caminho rumo à Purificação?

6. Que quando acreditamos que alguma pessoa ou situação é ruim ou desagradável, é porque aflora de dentro de nós o que temos de inferior?

7. Que nascer em uma família rica ou em uma família pobre geralmente é um teste para o Espírito?

8. Que Gandhi, Chico Xavier, Tereza de Calcutá, Yogananda e outras pessoas admiráveis não queriam nada para si, mas sim viver para os outros, para a humanidade? Se os admiramos tanto, por que não os imitamos?

A RELEITURA DA INFÂNCIA SOB A ÓTICA REENCARNACIONISTA

A Psicologia tradicional procura a causa de tudo na infância de seus pacientes, nós procuramos entender e lidar com a infância das pessoas sob a ótica reencarnacionista. Para a visão oficial, ela é o início da vida, para nós, é a continuação. Sendo uma continuação, ela tem uma estruturação organizada pelo Universo (Deus), segundo as Leis imutáveis da Harmonia e do Equilíbrio. O dia de amanhã é aleatório ou é a continuação de hoje? O ano que vem não é a continuação deste ano? Se alguém não gostou de sua infância, por que a precisou? Por que a mereceu? A nossa próxima encarnação não é a continuação desta? Tudo na nossa vida é feito por nós mesmos e a nossa infância é o que necessitamos para começarmos a perceber nossas inferioridades, é onde começamos a nos reconhecer. Antes de descermos novamente, pedimos para o Grande Espírito (Deus) o que queremos, o que necessitamos passar aqui na Terra, mas, aqui chegados, esquecemos até de que somos um Espírito e acreditamos que somos o corpo.

Por que uma pessoa nasce em uma família rica? E outra em uma favela? Muitas pessoas referem que sua infância foi muito dura, que passaram por dificuldades, seja de ordem afetiva, seja de ordem financeira, problemas com um dos pais, ou com ambos, ou com outras pessoas. Muitos permanecem com esses traumas pelo resto de sua encarnação, influenciando gravemente o seu comportamento. Desse raciocínio equivocado, não reencarnacionista, vem o pensamento, desse vem o sentimento e desse vem a doença. A maioria dos doentes de doenças crônicas como asma, reumatismo, problemas cardíacos, digestivos, renais etc. cria essas doenças em seu corpo físico por sofrerem por essas questões da infância, e encontramos neles, por trás dos sintomas físicos, questões emocionais oriundas do seu eu inferior, como a mágoa, o ressentimento, os medos, a raiva, a tristeza, o isolamento, a insegurança. E isso é o que veio ser curado para que essa cura alcance o corpo. E isso deve aliar-se a uma investigação das vidas passadas para desligar-se de situações similares lá do seu passado e a uma investigação espiritual para ver se não existem Espíritos obsessores piorando tudo.

A maioria dos doentes, mesmo os reencarnacionistas, acredita que os seus sintomas emocionais têm origem no início desta atual trajetória terrena. Como é que um reencarnacionista pode acreditar que seus sentimentos inferiores começaram na infância? A experiência das Regressões mostra que, se esses sentimentos e essas tendências são intensos, já nasceram conosco e foram aflorados, e não gerados, na infância, pelas situações "injustas". Sabemos que a mágoa, a raiva, o medo, a insegurança etc. são os fatores causais mais frequentes das doenças crônicas, então como resolver isso? Aí entra a Psicoterapia Reencarnacionista para ajudar no esclarecimento das pessoas de suas questões cármicas e reencarnatórias. Devemos fazer uma releitura de nossa infância pelo nosso livre-arbítrio pré-reencarnatório e procurarmos entender as Leis que estruturam uma infância: a Lei da Necessidade, a Lei da Finalidade, a Lei do Merecimento, a Lei do Retorno, a Lei do Resgate e a Lei da Similaridade. Essas Leis fazem com que passemos por situações, durante muitas encarnações, similares às que provocamos em vidas mais anteriores (abandono, violências, abusos), vivenciemos o que fizemos a outros, passemos pelo que merecemos, pelo que precisamos, para aprendermos o que não devemos fazer.

O grande erro é esquecermos quem na realidade somos e cairmos na vitimização, no sentimento de "coitadinho de mim", de injustiçado, a grande causa das doenças emocionais e mentais e suas posteriores repercussões físicas. Nós temos a infância que acreditamos que precisaremos, os pais que escolheremos, pois a nossa infância é a continuação da nossa vida anterior e ela é o que a Perfeição (Deus) quer que nós vivenciemos aqui na Terra, desta vez. Os gatilhos começam na infância e, se nós descemos para vivenciarmos os gatilhos necessários para mostrar o que temos de melhorar em nós, a infância é o primeiro palco onde começaremos a encontrar os gatilhos necessários. A maioria dos doentes tropeça nos gatilhos, pois leem sua infância como um início e, frequentemente, não se conformam com ela, não a aceitam, mas não se perguntam: "Por que vim filho desse pai?", "Por que Deus me enviou para essa mãe?", "Por que sou bonito?", "Por que sou feio?", "Por que sou alto?", "Por que sou baixinho?", "Por que sou branco?", "Por que sou negro?", "Por que vim judeu?", "Por que vim árabe?" etc.

A pergunta "Por quê?" nos ajuda a entender e aceitar melhor a nossa infância, a nos conformarmos e não nos vitimizarmos. O entendimento das Leis Divinas que a criam é a chave dessa compreensão. Podemos abrir as portas de nossa compreensão a respeito de nossa infância através da sua releitura reencarnacionista, pois ela amplia enormemente a nossa possibilidade de realmente aproveitarmos uma encarnação.

EXERCÍCIOS

1. Por que você reencarnou nessa família?

2. Por que você e Deus escolheram esse pai? E essa mãe?

3. Por que você nasceu numa família rica ou pobre?

4. Por que nasceu brasileiro ou de outra nacionalidade?

5. Por que veio numa casca branca ou negra?

6. Por que tem uma casca bonita ou feia?

7. Por que reencarnou numa família espírita, ou católica, ou evangélica, ou budista, ou judaica etc?

8. Você conhece as Leis Divinas e o poder do seu livre-arbítrio que criaram sua infância? Aplique-as em sua infância.

9. Você sabe o que pode ter feito em vidas passadas para algum membro da sua família do qual não gosta ou que não gosta de você?

10. Se você continuar assim, que infância quem sabe necessitará na sua próxima encarnação?

A 1ª CONSULTA

De modo semelhante aos psicoterapeutas que tratam apenas a vida atual de seus pacientes, na primeira consulta buscamos analisar a personalidade da pessoa que nos procura, detectar as suas características, os seus pensamentos e sentimentos, os seus aspectos positivos e negativos, fazemos a análise de como o paciente é, como foi a sua infância, seu pai, sua mãe, sua família, suas relações, no que deve melhorar etc. Mas, como o psicoterapeuta reencarnacionista não se atém apenas a esta encarnação e trabalha com as pessoas a sua busca de evolução, devemos ir mostrando desde a primeira consulta que as suas inferioridades e negatividades constituem a finalidade desta sua atual encarnação, aliada, provavelmente, à busca de resgate com outros Espíritos. O foco é sempre o real aproveitamento de uma encarnação, e isso implica em irmos amadurecendo o nosso ego.

A grande diferença entre a Psicoterapia Reencarnacionista e a Psicologia tradicional está em como ouvimos a história das pessoas, como interpretamos o que nos dizem e como vamos trabalhar o material analisado. Ao invés de procurarmos na infância o que gerou essas características inferiores, quem foram os "vilões" ou as "situações-vilãs" que aparentemente criaram a mágoa, a raiva, a sensação de inferioridade, os medos etc, raciocinamos em termos de uma Personalidade Congênita, pois sabemos que nossas características, pensamentos e sentimentos são anteriores a esta atual encarnação. Os "vilões" e as "situações-vilãs" são elementos do Karma, os gatilhos necessários para o afloramento do que veio para ser melhorado ou eliminado.

O retorno é a volta do que fizemos, em que nós recebemos de volta da Harmonia Universal (Deus) o que fizemos, de negativo ou positivo, em vidas passadas. O merecimento não deve ser confundido com culpa e castigo, pois esses conceitos religiosos foram criados pelos homens e não existem na Justiça Divina, a qual não deve ser confundida com a justiça de um homem barbudo sentado lá em cima, nos condenando ou nos premiando, pois isso também foi criado pelos homens e não existe. A necessidade é o que precisamos encontrar (pessoas e situações) para que aflorem as nossas imperfeições, para que saibamos o que temos de melhorar, ou curar, em nós.

O psicoterapeuta reencarnacionista deve, durante a primeira consulta, escutar a história da pessoa, perguntando-se internamente "Por quê?". Por que será que veio filho dessa mãe? Por que será que veio filho desse pai? Por que será que reencarnou em uma família pobre? Por que será que reencarnou em uma família rica? Por que será que veio numa "casca" bonita? Por que será que veio numa "casca" feia? Por que um defeito congênito? Por que sua mãe ou seu pai gostam mais de um irmão ou irmã do que dele(a)? Por que gostam mais dele(a) do que de outro filho(a)? Por que veio para passar por essa situação?

A primeira consulta em Psicoterapia Reencarnacionista é a mais importante de todas, porque nela começamos a buscar entender a finalidade da encarnação das pessoas, e esse trabalho prossegue nas demais consultas. É preciso nos questionarmos por que a Perfeição está nos oferecendo situações e, ao invés de nos vitimizarmos e cairmos na tristeza ou no ódio, devemos entender que a Perfeição nos devolve o que fizemos, numa retribuição inevitável e natural, e nos oferece o que merecemos. Isso não significa que somos julgados e "Alguém" lá em cima diz: "Mande aquele para uma mãe ruim!", "Mande aquele para uma família pobre!", "Aquele deve morrer bem jovem!", "Aquele vai nascer defeituoso!" etc. Não é isso, não é para castigar, e sim para aprendermos, é um benefício, embora raramente percebamos isso. Deus nos dá tudo o que pedimos antes de reencarnarmos, através do nosso livre-arbítrio pré-reencarnatório, e isso inclui uma infância "ruim" e fatos ou situações "ruins" durante nossa vida.

É uma questão de estarmos inseridos dentro de uma Estrutura Energética Perfeita, que é Neutra e atende os nossos pensamentos em relação à nossa próxima encarnação, de acordo com nossa concecpção de Deus (castigador, punitivo ou bom e amoroso). Também vamos encontrando os seres aos quais estamos ligados energeticamente, por cordões de afinidade ou divergência. Tudo isso faz com que se estruture uma infância para nós, com pais, irmãos e outras pessoas, e nossa vida terrena transcorra com fatos e situações atreladas a essas questões de Karma, de reencontros, de necessidade, de merecimento.

Não existe castigo, e sim oportunidades de aprendizado, de crescimento, de purificação, durante milhares e milhares de anos, neste planeta. Tenho escutado os relatos de Regressões de pessoas que sofrem bastante nesta vida e encontram a origem do seu sofrimento lá atrás, muitas vezes há séculos, e entendem então realmente esta lei universal, a Lei da Ação e Reação. Quando fazemos alguém sofrer, quem sente é quem sofre, pois o agente do sofrimento sempre acredita que tem razão para seu ato, e a Perfeição atende a nossa sensação de culpa e castigo (Deus de Moisés) e lhe devolve esse ato para que, em passando por ele, perceba que não deve causar mal a ninguém. O sofrimento ensina o que é errado para quem sofre: quem é espancado aprende que espancar dói, quem é abandonado aprende que abandono dói, quem trai aprende que ser traído dói. Tudo o que fazemos retorna para nós na mesma proporção, tanto as coisas erradas como as certas, isso é o Karma, é a verdadeira Justiça Divina.

Mas, quando os homens criaram um Deus pessoal, um "Alguém", iniciou-se a confusão, e até hoje, ao falar-se em Deus, muitas pessoas ainda interpretam-no como um Ser. Por isso, aqui no Ocidente, atualmente, seguindo um modelo divino oriental, começa-se a falar em Perfeição, Harmonia Universal, Equilíbrio Perfeito e outras denominações para Deus, a fim de retirar de Deus a conotação humana que lhe foi dada. No Oriente, Deus não é visto como um Pai, um Homem, um Ser, um Ele, e sim como o Imanifestado, que às vezes se manifesta, o Todo e as partes, não um "Quem", mas um "Quê", que é uma visão mais correta dessa Imensidão, dessa Eterna Magnitude que chamamos de Deus e que não temos a mínima possibilidade de entender.

O tratamento com a Psicoterapia Reencarnacionista pode ser individual ou em grupo:

Individual: são consultas semanais, a cada 10 dias ou quinzenais, com a duração mínima de 1 hora. São conversas a respeito da vida da pessoa, como são a sua personalidade, os seus sentimentos, como foi a sua infância, como estão o seu trabalho, os seus estudos, a sua família, a sua vida social, enfim, conversas como todos os psicoterapeutas fazem com os seus pacientes (que nós chamamos de "pessoas"), mas a finalidade do tratamento é ajudar a pessoa a entender para o que reencarnou e auxiliá-la a realmente aproveitar essa passagem pela Terra, ou seja, os assuntos são conduzidos para a Reencarnação, o foco do psicoterapeuta está direcionado para um Espírito que encarnou desta vez naquela "casca" e quer ajudá-lo a encontrar a sua proposta de Reforma Íntima. Um esquema de tratamento pode ser, por exemplo, assim: primeira consulta – Regressão – Regressão – reconsulta – reconsulta – Regressão – reconsulta...

Em Grupo: as Sessões podem ser semanais, a cada 10 dias ou quinzenais, e devem ter a duração de 2 horas, pelo menos. Os Grupos podem ser de 4, 5 ou 6 pessoas. Nessas consultas fala-se o mesmo que nas individuais (a finalidade e o aproveitamento da encarnação atual), cada um fala de uma vez, devem-se evitar falatórios paralelos, e o foco, como em toda a Psicoterapia Reencarnacionista, é ir tentando encontrar a finalidade da atual encarnação para cada um dos participantes do Grupo.

Na primeira consulta, seja no Tratamento individual ou em grupo, deixamos a pessoa falar durante uns 20-30 minutos e depois começamos a colocar a Reencarnação na sua história, principalmente utilizando o método do "Por quê?". Se a pessoa não entende bem de Reencarnação, devemos, aos poucos, ir falando sobre isso com ela, podemos, inclusive, ao final da conversa, indicar livros sobre o assunto (costumo recomendar os livros espíritas, principalmente os de Allan Kardec e de André Luiz). A primeira consulta é uma grande oportunidade para começarmos a falar com as pessoas sobre a finalidade e o aproveitamento de sua encarnação. Mas isso deve ser feito de uma maneira amorosa, amigável, com simplicidade, despojada de qualquer postura professoral, arrogante, orgulhosa.

O psicoterapeuta reencarnacionista deve colocar-se como um amigo, um irmão, um companheiro de jornada, e não como alguém distante, um ser superior, um "sabe-tudo". Algumas vezes, sentar ao lado da pessoa e com uma prancheta rabiscar um esquema reencarnatório, colocando no papel o Plano Astral e o Plano Terreno, procurando mostrar-lhe a noção de Personalidade Congênita, instigando-a a pensar no porquê de ter vindo com aquele pai, aquela mãe, naquela situação familiar, de estar passando por aquele conflito etc. Podemos dizer-lhe que, quando estava no Plano Astral, havia milhões de pais, de mães, aqui embaixo, então por que veio filho(a) daqueles? E sempre focando a busca da evolução consciencial. As consultas de Psicoterapia Reencarnacionista devem ter um cunho espiritual, mas sem afetação, sem um ar religioso, mantendo o caráter de uma terapia. O psicoterapeuta que se julgar superior aos seus pacientes reencarnou para curar o orgulho. O principal é o amor que circula durante as consultas.

Na Psicoterapia Reencarnacionista em Grupo, na primeira consulta nós devemos fazer as apresentações de cada um, cada pessoa falar sobre a sua expectativa, o que veio buscar, e aos poucos vamos explicando o que é a Psicoterapia Reencarnacionista, qual a sua finalidade e método de trabalho, o que é a Regressão Terapêutica, quais são os seus objetivos (desligamento do passado e ajudar a encontrar a sua Personalidade Congênita), enfim, como em toda Terapia em Grupo, a primeira vez é o momento de começarmos a nos conhecer e estabelecer as estratégias do tratamento. A partir da segunda consulta, podemos conversar mais ou começar as Regressões, sempre individuais, e aí a Terapia começa realmente a aprofundar-se, pois os Mentores Espirituais de cada membro do Grupo começam a mostrar o que jaz escondido dentro do Inconsciente de cada um, o que cada um precisa entender a respeito do seu passado, para o que vem reencarnando há séculos, para o que reencarnou desta vez, além, claro, de promovermos os desligamentos das vidas passadas acessadas.

Na Terapia em Grupo os exercícios são coletivos, mas as Regressões são individuais, com os demais assistindo, em completo silêncio, para aprenderem uns com os outros. Ao final da Sessão, apenas o terapeuta e a pessoa que regrediu devem falar, com os demais não opinando, perguntando, porque eles não têm a capacidade psicoterapêutica para isso. As outras pessoas do grupo devem sentar-se a uma distância de uns 2 metros da pessoa em Regressão e evitar ruídos, comentar, cochichar etc. Devem ir ao banheiro antes da Sessão e devemos todos cuidar para que os telefones celulares estejam desligados. Em alguns meses de Tratamento, cada um regrediu 3 ou 4 vezes e assistiu a várias Sessões de Regressões, o que, somando às conversas reencarnacionistas, opera verdadeiros milagres na mudança do raciocínio a respeito da vida, da infância, e promove uma profunda transformação no raciocínio, no pensamento e nos sentimentos, e, consequentemente, na atitude e postura perante a atual encarnação.

No tratamento de Psicoterapia Reencarnacionista, seja individual, seja em Grupo, devemos nos fixar principalmente nas inferioridades que a pessoa revela, buscando mostrar a ela que ali está a finalidade desta sua nova passagem terrestre e sua oportunidade de evolução. O conceito de Reforma Íntima diz que a nossa reforma deve ser íntima, não é reforma externa, não é fazer pelos outros, é íntima. É a nossa Missão primordial, a mais fácil e a mais difícil de fazer.

Depois que estamos com bastante prática em Psicoterapia Reencarnacionista, o tempo de 1 hora para uma consulta individual e de 2 horas para a Terapia em Grupo é mais do que suficiente para captar todas essas informações e passar às pessoas uma base reencarnacionista que servirá como ponto de partida para analisarem de uma maneira diferente a sua vida e iniciarem uma releitura de sua infância e de sua vida. Vemos pessoas entrarem para uma primeira consulta com uma mágoa ou raiva enormes de seu pai, de sua mãe, do ex-marido etc., e com as explicações sobre Reencarnação, sobre o Karma, sobre a Personalidade Congênita, iniciarem ali mesmo no consultório uma nova maneira de entender esses conflitos.

Quantas vezes vemos pessoas chorando dizerem que não querem mais sentir aquela mágoa, aquela raiva, que querem aproveitar esta encarnação para evoluírem, para libertarem-se, para purificarem-se! Com o Tratamento, elas começam a relembrar que reencarnaram justamente para eliminar esses sentimentos inferiores e que Deus oportunizou essa possibilidade colocando-as perto de antigos conflitos, oferecendo mais uma oportunidade de harmonização e purificação. Mas poucas pessoas percebem com clareza essas noções e as colocam em sua própria história, mesmo os reencarnacionistas, que muitas vezes lidam com isso de uma maneira mais teórica do que prática.

EXERCÍCIOS

1. Se você fosse um psicoterapeuta que lidasse no consultório com a Reencarnação, como veria a pessoa que veio consultar consigo: como um ser humano que possui um Espírito ou um Espírito reencarnado dentro de um corpo físico?

2. Escutando as histórias de uma pessoa no consultório, você atentaria para o que ela fala achando que tem razão ou para o que aflora de imperfeito de dentro dela?

3. Como você escutaria o relato de sua infância? E o relato da relação com seu pai, sua mãe e demais membros de sua família?

4. Como você poderia ir percebendo para o que essa pessoa reencarnou (Reforma Íntima)?

5. Como você escutaria a sua história permeada de enorme tristeza, mágoa ou raiva? Iria analisar a sua infância para entender de onde aquilo se originou ou pensaria que seria uma tristeza, uma mágoa ou uma raiva que já a vem acompanhando há muitas encarnações?

6. Escutando o relato de sua vida afetiva e profissional, você gostaria de ajudá-la a aproveitar a vida ou a encarnação?

7. Escutando os relatos dos sintomas de uma Fobia, um Transtorno do Pânico ou uma Depressão severa, você acreditaria que tudo aquilo começou nesta vida ou deveria ser, pela intensidade, algo originado em situações traumáticas de vidas passadas?

8. Se a pessoa, na primeira consulta, falasse dezenas de vezes a palavra "eu", você entenderia que a sua doença vem do egocentrismo, ou seja, a pessoa acreditar que é a sua persona e não lembrar que é um Espírito reencarnado, mesmo sendo reencarnacionista?

9. Que conselho você daria para uma pessoa que acredita na Reencarnação mas enxerga a sua infância de uma maneira não reencarnacionista e não sabe para o que reencarnou, qual a sua proposta de Reforma Íntima?

AS RECONSULTAS

Nas reconsultas, vamos ficando mais amigos das pessoas que estamos ajudando, não existe a distância estabelecida por algumas Escolas psicológicas, não existe frieza, pose, ficar quieto, não falar nada, como também não devemos fazer discursos dogmáticos, dar "aulas" de Reencarnação, o que deve ir-se estabelecendo nas reconsultas é uma amizade entre nós, ir mostrando que realmente somos todos irmãos. Podemos ser carinhosos com as pessoas que nos procuram, podemos abraçar, beijar, sentar do lado, consolar, e até chorar junto. Podemos nos emocionar, nos sensibilizar, dar exemplos pessoais, contar, se for conveniente, nossas observações de Regressões que tenham a ver com o caso da pessoa, falar em Jesus, em Deus, em amor, podemos encaminhar para um Centro Espírita ou Espiritualista se isso for conveniente, enfim, as consultas em Psicoterapia Reencarnacionista são momentos de afeto, de integração, em que ensinamos e aprendemos, em que damos e recebemos carinho, em que nos sentimos integrados às pessoas que nos procuram, em que vivenciamos a Unicidade.

É conveniente que o consultório, a sala de espera de um psicoterapeuta reencarnacionista tenha quadros espiritualistas, mensagens de amor, de harmonia, de paz, incensários, anjos, plantas, flores, música suave, relaxante, tapetes coloridos, enfim, sejam um ambiente adequado para as pessoas sentirem que ali encontrarão um atendimento espiritual, que ali é um lugar bom para relaxarem, entregarem-se, abrirem-se, permitirem-se acessar seus Guias Espirituais, terem *insights* advindos do seu Eu Superior e do Mundo Espiritual. Deve ser um local onde as pessoas chegam, suspiram e dizem: "Ah, como é bom aqui!". Deve ser silencioso, afetuoso, integrador e interiorizante. As consultas em Psicoterapia Reencarnacionista são espirituais, são de irmão para irmão.

A linguagem do psicoterapeuta reencarnacionista nas consultas é simples, tranquila, horizontal. Não utilizamos um falatório difícil, complicado, erudições egoicas e evitamos diagnósticos psiquiátricos. Para nós, o que importa é o que a pessoa fala, o que ela pensa, o que ela sente, sem diagnósticos de DSM. Isso porque, desde a primeira consulta, vamos procurando entender o que veio fazer na Terra, o que veio melhorar, em que situações de vidas passadas deve estar sintonizada, e se vier com diagnósticos psiquiátricos, devemos relativizar isso, mostrar para a pessoa e seus familiares, se vierem junto, que nós não lidamos com diagnósticos, nós lidamos com a busca das causas, da origem dos sintomas, seja nesta vida ou em vidas passadas, seja no entorno espiritual. Geralmente, os sintomas graves vêm de vidas passadas e são agravados pela presença de Espíritos obsessores. Para nós, não importa tanto se a pessoa vem com um diagnóstico de Esquizofrenia, Paranoia, Transtorno Bipolar, TOC, Fobia, Transtorno de Pânico, Depressão severa etc., nós queremos saber de onde vem isso, somos seguidores do Dr. Freud. Nas Regressões, geralmente encontramos a origem em encarnações passadas, em situações que a pessoa ainda está vivendo dentro de seu Inconsciente, e também nas investigações e tratamentos em Centros Espiritualistas.

Nós não utilizamos medicamentos psiquiátricos paliativos, que apenas aumentam a serotonina, baixam a adrenalina, regulam o lítio, nós temos o dever de procurar a explicação, a origem dos sintomas. Isso é realizado nas conversas em que vamos analisando que pensamentos e que sentimentos a pessoa deve melhorar. Ela lembra que é um Espírito encarnado? Como vê sua infância? Sabe para o que reencarnou? Está aproveitando essa passagem? É obediente ao seu Eu Superior? A maioria das pessoas no mundo todo acredita em Espíritos, menos quem mais deveria acreditar, os que lidam com a saúde mental das pessoas, os psicólogos e os psiquiatras, esses estão hipnotizados pelo cientificismo. Nós acreditamos e lidamos com a obsessão espiritual, as interferências inferiores, e muitas vezes recomendamos uma consulta e um possível Tratamento espiritual em um local adequado, gratuito. Não precisamos mais nos esconder, ocultar nossas verdades, nossas crenças, a Inquisição já acabou.

Se não sabemos se a pessoa que nos procura é reencarnacionista ou não, a nossa sala de espera, o nosso consultório deve mostrar que nós somos, bem como o nosso cartão de apresentação, o quadro na porta do nosso consultório, as revistas e jornais para ler na sala de espera, os folhetos de divulgação de cursos, palestras etc. A Psicoterapia Reencarnacionista é uma Terapia para as pessoas reencarnacionistas, para as que não acreditam e não querem acreditar, existe a Psicologia oficial, que ajuda algumas vezes, em outras fixa ainda mais a pessoa na crença equivocada de que as suas dores começaram na infância.

O tratamento com a Psicoterapia Reencarnacionista tem a duração de meses ou anos, quando a pessoa vai reaprendendo a pensar como um Espírito, ampliando sua compreensão a respeito da encarnação, do que deve aprimorar em si, como pode ir-se purificando, como pode libertar-se de suas inferioridades, relendo sua infância, conseguindo perceber as armadilhas, os gatilhos, entendendo as buscas de harmonização com Espíritos encarnados conflitantes, colocando o seu ego a serviço do seu Espírito. Vamos entremeando consultas e Regressões, mas o tempo todo o foco é a evolução.

Nas Regressões, escutamos relatos de encarnações passadas, às vezes de 2 mil ou 3 mil mil anos atrás, em que a pessoa percebe-se muito semelhante ao que é hoje! Ou, então, encontra lá atrás um parente ou um amigo com a personalidade praticamente idêntica à de hoje, revelando um baixíssimo aproveitamento de suas encarnações, no sentido da evolução. Mas como é difícil fazer uma pessoa, mesmo que acredite em Reencarnação, libertar-se do hábito de analisar a sua vida a partir da infância! Quantos espíritas afirmam que a sua mágoa ou a sua raiva vieram da infância, que se acham menos do que os outros porque não tiveram pai, ou mãe, que são medrosos porque seu pai, sua mãe, batiam neles etc. Devemos colocar a Reencarnação na prática em nossa vida, e não apenas na teoria, nos Centros, nos livros.

A Psicologia tradicional afirma que o que sentimos foi gerado, foi produzido no convívio com os "vilões", e isso está tão fortemente implantado nas pessoas que mesmo os reencarnacionistas acreditam nesse equívoco. Mas é normal que a Psicologia afirme que tudo iniciou na infância, pois se não lida com nada para trás, as coisas vão iniciar onde? Nós não existíamos antes... Uma das principais tarefas do psicoterapeuta reencarnacionista é descontaminar as pessoas que vêm consultar por causa dessa visão oficial equivocada e, muitas vezes, essa é a principal tarefa nas consultas. As pessoas estão tão acostumadas a analisar sua vida desde a infância, e as conversas com amigos, parentes, giram em torno disso, que é difícil mudar essa maneira de ver a sua infância e a sua vida.

Na verdade, os termos "vida atual", "vidas passadas", são equivocados e fazem com que as pessoas não fiquem atentas para a continuidade da vida, mas, como estão disseminados, continuam a ser usados. Uma nova encarnação é como um dia após o outro, um ano após o outro. Como a nossa "casca" não pode durar para sempre, não passa geralmente de 80 ou 90 anos de uso, precisamos renová-la, e a isso chama-se "outra vida". Mas somos nós mesmos, a nossa personalidade, os nossos gostos, os hábitos, as tendências positivas e negativas, tudo continua, os mesmos atores, a mesma peça, mudam apenas o cenário e os papéis.

Muitas vezes, o filho já foi mãe da mãe, a mãe já foi filho do filho, o pai já foi escravo de um filho, a esposa já foi feitor do marido, um irmão já foi patrão do irmão, e esses papéis vão mudando, encarnação após encarnação, mas a personalidade de todos nós continua quase que a mesma, encarnação após encarnação. Ela vai melhorando, gradativamente, burilando-se, mas não dá saltos, não muda radicalmente, pelo contrário, a Reforma Íntima é lentíssima!

Pelo que venho percebendo nessas cerca de 20 mil Sessões de Regressão em que trabalhei até o momento, a nossa competência para melhorar as nossas imperfeições é bastante pequena, e permanecemos muito parecidos encarnação após encarnação, principalmente, como falei antes, pelo hábito de analisarmos a nossa vida apenas a partir da infância. Esse é o maior desserviço que a concepção não reencarnacionista oferece à humanidade, colaborando para atrasar a nossa evolução.

E quem nos ajuda a saber nossas inferioridades, está nos fazendo mal ou bem? Depende de quem está vendo a situação, se o nosso eu inferior ou o nosso Eu Superior, pois o de baixo, frequentemente, enxerga tudo errado e vitimiza-se, sente ódio ou mágoa, pois não lembra seu passado remoto, não lembra nem para o que reencarnou, às vezes nem sabe que reencarnou, mas o de cima sabe, já viu essa história repetir-se tantas vezes antes. Vejam como é simples. O que você sente? Mágoa? Reencarnou para curar a mágoa. Essa mágoa é em relação a seu pai? Foi o pai que Deus lhe deu. Raiva? Reencarnou para curar a raiva. Essa raiva é em relação a sua mãe? É a mãe que Deus lhe deu. Sente-se inferior aos outros? Reencarnou para perceber-se igual aos outros, pois sente-se inferior aos outros há séculos. Sente-se superior aos outros? Reencarnou para sentir-se igual aos outros, sente-se superior aos outros há séculos. Medo? Reencarnou para ficar valente, pois é medroso há séculos. Insegurança? Reencarnou para ficar uma pessoa confiante, pois é inseguro há séculos. Autoritário? Reencarnou para deixar de ficar querendo mandar nos outros, pois é autoritário há séculos. Submisso? Reencarnou para aprender a confiar e mandar em si, pois é submisso há séculos. Você acha que isso começou na infância? Prepare-se para envergonhar-se quando chegar lá no Mundo Espiritual e conhecer seu passado no Telão. Quer saber do seu passado agora, durante esta encarnação? Aqui não tem Telão, mas tem Regressão, e se o seu Mentor Espiritual entender que está na hora, que você já merece receber esse benefício, em 3 ou 4 Sessões de Regressão, dirigidas pelos Seres Espirituais, respeitando a cosmoética, poderá enxergar-se em várias vidas passadas, ver como era lá, e entender para o que vem reencarnando e para o que reencarnou desta vez, saber qual é a sua Missão pessoal, e iniciar um processo realmente produtivo de Reforma Íntima.

Saber quem fomos em vidas passadas é o que menos importa, rico ou pobre, nobre ou plebeu, homem ou mulher, branco ou negro. O que as Regressões mostram de uma maneira impressionante, o que é importante para o Tratamento, é como éramos, e aí é que podemos ajudar as pessoas a entenderem a sua proposta de Reforma Íntima. Com amizade, com carinho, através dessas viagens de autoconhecimento, as pessoas irão acessando aqui na Terra o que apenas saberiam lá em cima, vendo o Telão. A Psicoterapia Reencarnacionista é a mesma Terapia utilizada no Plano Astral, no período intervidas, e as Regressões éticas, comandadas pelos Mentores Espirituais das pessoas, são o Telão lá de cima.

EXERCÍCIOS

1. Se você fosse um psicoterapeuta que lidasse com a Reencarnação no consultório, sobre o que falaria durante o tratamento?

2. Como você explicaria às pessoas o que é a Personalidade Congênita e como ela é a chave para sabermos qual é a nossa proposta de amadurecimento do nosso ego?

3. Como iria mostrar a elas o que é uma infância sob a ótica reencarnacionista?

4. Como iria ajudá-las a entender o que são as armadilhas da vida terrena?

5. Como iria ajudá-las a entender a função benéfica dos gatilhos?

6. Como iria ajudá-las a entender a diferença entre os raciocínios do nosso ego e do nosso Eu Superior? E como perceber o que um ou o outro quer?

7. Como iria ajudá-las a entender a Mensagem que o nosso Eu Superior envia através das doenças físicas, emocionais e mentais?

8. Como iria ajudá-las a realmente aproveitar esta encarnação para, um dia, seu Espírito retornar ao Plano Astral como um vencedor?

9. O que você pensaria de si mesmo se uma pessoa citasse uma imperfeição que necessita melhorar (Reforma Íntima) e você percebesse que é a mesma que tem também e que não vem melhorando?

10. O que você pensaria de si mesmo se percebesse que se acha superior aos seus pacientes?

A EVOLUÇÃO DO NOSSO EGO

A evolução do nosso grau de consciência ocorre pela limpeza dos nossos sentimentos e pensamentos, o que nos faz elevar a nossa frequência vibratória. Desde que Deus nos fez e nos colocou na Terra, essa é a nossa Missão, mas os nossos egos, então criados, desconhecedores dessa tarefa, resolveram que a Missão era externa e, com isso, perderam-se. Com o tempo, aos poucos, vamos nos relembrando da Missão, mas poucas pessoas sabem disso, a maioria perde-se nos labirintos da cegueira e corre para lá e para cá, em Missões exteriores, muito distantes da verdadeira Missão. São muito poucos os que se lembram dessa limpeza interna e tornam-se motivo de admiração e assombro por parte da maioria das pessoas. São os Gandhi, os Chico Xavier, os Dalai Lama, as Tereza de Calcutá, os Yogananda, algumas poucas dezenas em cada século, que vivem comandadas por seu Eu Superior, comparando-se com os bilhões de outros, que vivem às tontas, comandados por seu ego.

Somos um Ser eterno e o nosso corpo terreno é apenas o veículo de manifestação da nossa Consciência no Plano Terreno, a fim de que possamos passar por experiências, vivências e situações inerentes a este plano, visando a nos libertarmos, um dia, dessa necessidade.

Partindo do princípio de que a nossa Missão encarnatória é a busca da autoevolução, para voltarmos à nossa Pureza, a partir do aprendizado de lições que ainda não aprendemos, e irmos nos purificando em nível de sentimentos e pensamentos, e sendo o corpo físico apenas o veículo que oportunizará a realização disso, fica fácil perceber que esse corpo é um veículo dirigido e comandado por nossas características emocionais e mentais. O físico é como o automóvel, que vai aonde o motorista (pensamentos e sentimentos) o leva. E os pensamentos e sentimentos são diretamente proporcionais ao nosso grau de maturidade. Observando uma pessoa, pode-se perceber, em pouco tempo, qual é o seu grau. Os bravos, irritados, autoritários, estão num nível baixo de Consciência. Os tristes, magoados, deprimidos, estão mais acima, mas ainda longe. Mas todos nós, que ainda não somos Gandhi, Chico Xavier, Dalai Lama, Tereza de Calcutá, Yogananda, necessitamos urgentemente passar o comando da nossa vida para o nosso Eu Superior, para sofrer menos por si e começar a sofrer pela Humanidade, até chegar ao nível de não sofrer mais.

A finalidade das encarnações é irmos limpando os nossos sentimentos das imperfeições que ainda temos, frutos do nosso egocentrismo, como a raiva, o ódio, a tristeza, a mágoa, o ressentimento etc., e os nossos pensamentos das ideias que criam e mantêm esses sentimentos negativos. Quem pensa é o nosso ego, e esse é cego e surdo, só não é mudo. Percebe-se, então, a importância de sabermos quem realmente somos (um Espírito) e o que estamos fazendo aqui, o que se obtém pela compreensão dos aspectos temporários e dos aspectos eternos da nossa realidade interior.

Se convirmos que um dos aspectos que nos diferenciam dos Espíritos Superiores é o fato de ainda necessitarmos de passagens por este plano terreno, enquanto eles não, devemos então entender por que é assim. Se ainda estamos passando por vivências neste plano material como encarnados e eles não, isso se deve ao fato de ainda não termos aprendido as lições pertinentes a este plano, o que implica a necessidade de mais "limpeza" dos nossos corpos emocional e mental, conforme referimos antes. Pensemos na diferença entre as pessoas que vivem para si e as que vivem para os outros. Viver para si é falar "eu", "meu" e "minha" e viver para os outros é falar "nosso" e "nossa", mas num sentido coletivo superior e não gregário, limitado, autobeneficiado.

Quem fala assim: "Eu tenho raiva do fulano!", está dizendo uma frase incorreta. A frase correta é: "Eu tenho raiva". O fulano é apenas um instrumento do destino para mostrar-lhe que ainda tem raiva em seu coração. Quem diz: "Eu sinto mágoa do beltrano!", deveria dizer: "Eu sinto mágoa". O beltrano é apenas um gatilho que Deus colocou pertinho para lhe mostrar que ainda tem um ego infantil que sente mágoa. A maneira pessoal, de cada um de nós, de reagir às situações desagradáveis da vida é uma tendência congênita, de séculos, que já nasce conosco. De uma encarnação para outra, muda apenas o corpo físico, mas ali dentro estamos sempre nós. Nós não teremos mais necessidade de reencarnar quando eliminarmos completamente todas as nossas inferioridades, aí então seremos um Espírito de ego ancião. E o que acontecerá depois? A evolução continuará. O fato de não mais necessitarmos passar por experiências no nível terreno não significa que acabou a Missão, apenas aprendemos as lições pertinentes a esse Plano, mas continuaremos passando por vivências evolutivas em outros Planos, um após o outro.

Muitas pessoas acreditam que, quando morrerem, irão para um lugar melhor e que "Lá, sim, que é bom...". Na verdade, somos nós que estamos aqui e lá, a diferença está na frequência vibratória da crosta terrestre e do Plano Astral. O simples fato de desencarnar não implica uma melhora imediata dos pensamentos e sentimentos inferiores, apenas pode acontecer, pela perda do corpo terreno, uma mudança na visão da realidade, ou seja, pode ser corrigido o enfoque distorcido pelas ilusões de percepção da personalidade passageira. Eu digo que pode, porque muitas vezes isso não acontece, e a personalidade desencarnada permanece com a mesma visão distorcida de quando encarnada e continuam os mesmos raciocínios e as mesmas emoções equivocadas. Isso se observa nos chamados Espíritos obsessores, que ficam por aqui, e nos que são atraídos vibratoriamente para o Umbral. Mas naqueles que, após a morte física, dirigem-se, ou são conduzidos, para os Postos de Socorro, Colônias ou Cidades do Plano Astral, vai ocorrendo gradativamente uma correção das distorções da visão, ou seja, a libertação das ilusões e das armadilhas, por meio de um trabalho interno próprio e com a orientação de Coordenadores e Instrutores.

Nada muda, obrigatoriamente, pelo ato do desencarne, devido ao simples fato de que o corpo material não sente e nem pensa, ele apenas obedece ao comando dos corpos emocional e mental, que permanecem como são após a morte do físico, no nível em que estavam, no grau de evolução que atingiram. Para os corpos sutis, nada muda com o fato de estarmos encarnados ou desencarnados, a meta é a evolução, e essa deve ocorrer aqui ou em qualquer outro plano. Por isso que os medicamentos psiquiátricos, endereçados ao cérebro, não conseguem curar realmente, pois não atingem os pensamentos e os sentimentos. Os medicamentos que possuem essa ação são as essências florais e os remédios homeopáticos. E as Terapias energéticas, endereçadas aos nossos chacras e aos nossos corpos sutis, são agentes divinos na nossa busca de evolução.

Um fato óbvio, mas que merece ser comentado, e que se percebe claramente durante as regressões, quando as pessoas descrevem suas vivências no período interencarnações, é que a persona da última encarnação permanece durante todo esse período e só muda com a nova encarnação. Ou seja, qualquer um de nós, após "morrer", permanecerá com seu nome, sua personalidade, seu aspecto físico (mas mais remoçado pela elevada frequência do local) etc., até a próxima encarnação, quando, aí sim, assumirá um novo aspecto, materializado de acordo com suas necessidades cármicas (lições a aprender). Mas é evidente que no Plano Astral teremos oportunidade de irmos corrigindo nossa distorcida visão e nossas ilusões terrenas e entendendo melhor as experiências pelas quais passamos nessa última encarnação. Nos livros de André Luiz constata-se que a grande maioria dos desencarnados que lá chegam sentem-se fracassados quanto às metas almejadas antes de reencarnar e apenas uma minoria retorna como vencedores. A informação de uma estatística quanto aos nossos retornos fala em 99% de sensação de fracasso, vergonha e culpa. E por quê? Devido às ilusões de percepção das personalidades passageiras no enfrentamento das questões pertinentes ao Plano Terreno, ou seja, as armadilhas.

Por isso, a Psicoterapia Reencarnacionista pretende difundir a aplicação aqui, durante a encarnação, do mesmo tipo de Terapia que é aplicado no período interencarnações. Por isso, ela é a Terapia da Reforma Íntima do ego. Se podemos, durante a jornada terrestre, descobrir em que estamos equivocados, por que deixar para depois a correção, ou a intenção de correção, se a podemos decidir já? A correção da visão feita aqui poupa tempo e sofrimentos vãos. A correção da visão lá leva o problema para a próxima "vida". A Psicoterapia Reencarnacionista, bem aplicada, com consciência e responsabilidade, quer ajudar as pessoas a evoluírem bem mais rápido do que estão evoluindo, pela possibilidade de se libertarem das ilusões terrenas, libertarem-se do domínio do seu ego, aprendendo a entender a ação benéfica dos gatilhos, a lidar com as armadilhas e compreendendo com mais clareza as suas questões cármicas, vistas como injustas ou cruéis, mas necessárias para a própria evolução, e portanto benéficas do ponto de vista da Essência. Relermos nossa infância, do ponto de vista reencarnacionista, é o primeiro passo.

Toda a duração de uma encarnação é uma oportunidade de aprendizado. Portanto, o que devemos evoluir em nós, o que devemos curar, através da vivência de situações que oportunizem isso, tem a chance de ocorrer no início, no meio ou no fim da encarnação, ou seja, qualquer tempo é tempo de aprendizado e de correção. Na primeira metade da encarnação, o mais comum é repetirmos o padrão de comportamento da encarnação passada, devido às tendências que trazemos conosco e ao confronto dessas tendências com as pessoas e situações da vida que as farão aflorar. Geralmente, os traumas e os dramas da infância fazem parte disso, e por isso é importante existir agora uma Psicoterapia baseada na finalidade da encarnação, pois o que se observa é que esses traumas e dramas permanecem mal-entendidos durante toda essa passagem terrena, e por isso não atuam como deveriam atuar, oportunizando as mudanças e as correções necessárias, mas apenas fortalecendo ainda mais as características que vieram para ser curadas!

O mais frequente, então, é que as mudanças e os progressos, quando ocorrem, sejam na segunda metade da existência, na maturidade, mas mesmo na velhice do corpo físico, quando percebermos que ainda precisamos evoluir em certos aspectos e características que não consideramos mais apropriadas para nós e para os outros, o correto é que o façamos. Até o último dia da encarnação é hora de mudar. Mas grande parte das pessoas acredita que, após uma certa idade, não há nada mais a fazer, esquecidas de que a idade é a idade do corpo físico, ou seja, uma questão da encarnação e não da Essência. Numa encarnação, o correto é, quanto mais velha ficar a nossa casca, melhor ficarmos. Quem estiver com a casca já velha, mas sentir cada vez mais tristeza, mais mágoa, mais desânimo, e mais doenças físicas, está dominado por seu ego e necessita libertar-se dos pensamentos e dos sentimentos que vêm dele. E o que vem do ego? "Eu", "meu" e "minha". É muito mais útil uma pessoa de casca velha passar de segunda a sábado ajudando, atendendo, em alguma obra de caridade, do que ficar em casa, de pijama, vendo televisão, dormindo, deprimindo-se, esperando o domingo para os filhos e os netos (não) virem... E se os filhos e os netos vêm, é para conviver com alegria, para escutarem como foi emocionante sua semana, tudo o que fizeram (para os outros), como vai o seu trabalho, como estão saudáveis, ativos, ou é para os filhos e os netos virem por pena, escutarem queixas?

Mas, como Deus é piedoso, e sempre nos dá uma nova oportunidade, o que não for obtido durante uma encarnação será tentado novamente na próxima, após um trabalho de conscientização no período interencarnações, mas não esqueçamos que reencarnaremos exatamente no mesmo nível em nossos pensamentos e sentimentos e grau de ego, ou seja, com as mesmas tendências e a mesma necessidade de passarmos por situações que as façam aflorar, para serem trabalhadas e melhoradas. E assim vamos indo, encarnação após encarnação, até que nos purifiquemos, até que eliminemos as nossas inferioridades, até que estejamos aptos a prosseguir nossa evolução no Plano Astral. E mais tarde nos demais Planos, rumo ao Núcleo do Universo, à Origem, onde estamos.

Uma Reencarnação é um dia de aula em uma Escola que chamamos erroneamente de "vida", na qual estamos para estudar e aprender, onde ingressamos alunos e saímos professores. As armadilhas nos distraem e nos prendem. Devemos conhecer a nossa estrutura energética e, dos diversos Planos evolutivos, devemos estudar, pesquisar e estar atentos ao que devemos curar em nós. Não devemos culpar nada e ninguém, pelo contrário, devemos agradecer a qualquer pessoa ou situação que nos possibilite perceber que ainda não estamos curados, que ainda não somos perfeitos. Não devemos esquecer que somos uma Consciência divina e que estamos encarnados como um personagem que irá passando por experiências e vivências baseadas no que precisa curar, e o resultado disso dependerá basicamente do grau de correção da nossa visão durante essa permanência terrena.

Somos como um ator que a cada noite vai ao teatro para representar o mesmo papel, esquecendo que na noite anterior já representou aquele papel. Tem o papel do orgulhoso, do autoritário, do magoado, do rejeitado, do coitadinho, do distraído, do preguiçoso etc. Cada noite é uma encarnação. A importância da Psicoterapia Reencarnacionista é abordar essas questões do ponto de vista psicoterapêutico, pois, embora sejam sobejamente conhecidas no meio espírita e espiritualista, geralmente na vida cotidiana são muitas vezes esquecidas. Não estamos criando nada, apenas codificando a Reencarnação em termos psicoterapêuticos, pois até hoje ela foi vista e considerada apenas como uma questão religiosa. Todos concordam que evoluir é sinônimo de aprender a amar, mas para isso precisamos curar em nós tudo o que impede isso, tudo o que vem do nosso ego, desde o orgulho, a vaidade, o egoísmo etc., até a tristeza, a mágoa, os medos, a baixa autoestima etc. Tudo que for negativo obstaculiza o positivo.

Exercícios

1. O que é evolução consciencial?

2. Ela é teórica ou prática?

3. Você sabia que evolução consciencial é sinônimo de melhoria das nossas imperfeições?

4. Como está se saindo nessa Missão?

5. Você sabe que suas imperfeições já nasceram consigo e são o que você veio reformar?

6. Você sabe que suas imperfeições vão aflorando desde a infância que você pediu, pela ação dos gatilhos, e que isso se mantém por toda a vida?

7. Se você morresse hoje, chegaria ao Plano Astral sentindo-se um vencedor ou um perdedor?

8. Como um "vencedor" na vida terrena se sentiria voltando ao Mundo Espiritual e vendo que viveu apenas para si e os seus, que buscou apenas conforto, satisfazer seus instintos, priorizando o materialismo e o comodismo?

9. Como um "perdedor" na vida terrena se sentiria chegando lá em cima e recebendo a informação de que foi um vencedor espiritual?

10. Você sabia que lá em cima não tem futebol? Nem carnaval? Nem feriado, fins de semana e férias?

COMO LIBERTAR-SE

A minha experiência pessoal de libertação dos rótulos, quando eu comecei a me libertar do Mauro Kwitko, teve como consequência direta um aumento do amor e do respeito por todas as pessoas: familiares, conhecidos, amigos ou não. Antes eu me prendia em mágoas e ressentimentos, que vinham do ego do Mauro e me impediam de amar e respeitar. A libertação me fez mais amoroso com todos e bem mais responsável com a minha Essência. Hoje eu sei quem Eu sou e quem o Mauro é, sei que estou pai, que estou filho, que estou homem, que estou brasileiro etc. Antes eu estava iludido e acreditava que era pai, que era filho, que era homem, que era brasileiro. Antes eu acreditava que era o Mauro, hoje eu sei que o Mauro é apenas mais um na minha vida. E procuro fazer com que o Mauro não me atrapalhe.

Devemos nos libertar desses grilhões imaginários, pois temporários, que criam as doenças físicas através da ação deletéria dos pensamentos e dos sentimentos negativos nos órgãos e partes do corpo correspondentes. Devemos nos libertar de nós mesmos, do rótulo do nosso nome e da nossa personalidade aparente e nos conectarmos à nossa Essência. Fico realmente preocupado com o cortejo de pessoas em meu consultório falando de si mesmas e de seus afins, como se tudo aquilo fossem realmente verdades absolutas e eternas. As personas atuantes, nesse cotejo diário com outras personas, adoecendo-se mutuamente, neurotizando-se e algumas vezes psicotizando-se, é um trágico desfile de ilusões, demonstrações de um "amor" ilusório, possessivo, desvirtuado.

Peço que me entendam bem. Os relatos das pessoas no consultório são verdades, a mágoa é realmente dolorosa, a raiva é poderosa, mas são verdades do ponto de vista de suas personalidades inferiores e não de suas Essências. É muito diferente a visão desses nossos dois aspectos: um certo fato ou vivência que pareça altamente traumático e desagradável para nós, enquanto personalidades encarnadas, pode ser uma necessária oportunidade de crescimento e de mudança (retificação de caminho), mas que não é visto assim pela visão míope e imediatista da persona, que raramente enxerga as coisas com profundidade.

Pode ser uma doença, um acidente, um fracasso, uma dificuldade, enfim, alguma circunstância que a personalidade não goste, mas do ponto de vista da sua Essência, em seus projetos de evolução e de aprimoramento, como é vista aquela mesma circunstância? E isso pode ser uma rejeição intrauterina ou na primeira infância, um defeito congênito, uma "perda" afetiva, um revés profissional, financeiro etc. Frequentemente, no caminho da evolução, o desagradável é apenas inevitável e o "injusto" é algo necessário, geralmente um retorno. Mas, como falei antes, a interpretação vai depender de quem encara o fato, ou seja, quem está no comando: a personalidade terrena e sua visão rasteira ou a Essência e sua visão panorâmica. E então a crise pode transformar-se em oportunidade de crescimento, ou não.

É difícil para mim assistir às verdadeiras marés de lágrimas e lamentações, ao desfiar de queixas e mágoas, sem sentir compaixão por esse enfoque equivocado, de um sofredor, mas sofredor de si mesmo, de sua miopia terrena, de sua autocomiseração, de sua falta de liberdade, de sua prisão de muros e grades imaginárias. Todo doente sofre pelo seu egocentrismo, por viver em função de seus problemas e dramas. A personalidade encarnada é egocêntrica, a Essência não. E a doença vem do egocentrismo, portanto a cura da doença é a cura do egocentrismo. Se formos contabilizar em uma consulta quantas vezes a pessoa fala "eu", veremos a extensão da sua doença: a miopia ou, algumas vezes, a cegueira total.

Enquanto nos perdemos em altos ou baixos conceitos de nós mesmos, em egolatrias ou autodepreciações, em ciúmes, invejas, disputas, tristezas, mágoas, ressentimentos, raivas, ódios, procuras vãs, buscas inúteis de falsas recompensas, dinheiro, posição social, conquistas materiais, títulos, consagrações, competições e outras perdas de tempo, as nossas Essências observam tudo isso lá de cima. Elas tentam nos enviar mensagens, mas raramente escutamos, envolvidos que estamos em nossos raciocínios. Mesmo as pessoas espiritualizadas muitas vezes caem dentro da Grande Armadilha sem o sentir.

As famílias de Espíritos encarnados, estruturadas da maneira como estão, sob uma ótica não reencarnacionista, com seus rótulos de pai, mãe e filho como estados reais e absolutos, são a mais forte fonte inicial de competições e disputas, pois geralmente aí estão os reencontros de Espíritos conflitantes em busca de harmonização. Acreditarmos que somos esses rótulos e não percebermos que estamos vivendo esses papéis nesta encarnação muitas vezes faz com que tudo pareça pesado demais! É realmente doloroso e poderoso um conflito entre um pai e um filho, entre uma mãe e um filho, entre irmãos, pois a mágoa, a raiva, a sensação de rejeição, de abandono, nessas interações, são as mais fortes que vivenciamos em uma encarnação.

Vamos falar um pouco sobre outra ilusão que faz parte das armadilhas: a disputa. Ela frequentemente inicia dentro da família, acaba por extrapolar as paredes das casas e alcança as ruas das cidades, os estados e os países. As personas disputam suas primazias em casa, o que se estende à escola, aos clubes esportivos e desemboca nas guerras. A disputa é a mesma, a competição é a mesma, varia apenas na forma e na intensidade. O racismo começa geralmente dentro das casas, embora de uma maneira sutil e aparentemente inocente. E tudo inicia na ilusão das personalidades. Os judeus e os árabes lutam entre si, os norte-americanos e os iraquianos lutam entre si, em muitos países os negros e os brancos lutam entre si, os irmãos em uma família lutam entre si. Qual a diferença? Algumas disputas neurotizam, outras matam. Mas é a mesma disputa. O que os irmãos não percebem é que não são irmãos, estão irmãos, os judeus estão judeus, os árabes estão árabes, os norte-americanos, os iraquianos, os brancos, os negros, todos estão o que pensam ser. Cada pessoa é de uma certa nacionalidade porque reencarnou, desta vez, naquele país. E se tivesse nascido em outro país? O branco que não gosta de negros, se tivesse encarnado negro, não gostaria de brancos. O negro que não gosta de brancos, idem. O que disputam, então? Apenas a supremacia de uma ilusão, e essa é desenvolvida, muitas vezes, dentro das casas pelos Espíritos conflitantes que reencarnam proximamente, é incentivada pela injusta estrutura social piramidal e sua apologia do ter, do prazer, é alimentada pelo esporte comercializado, e desemboca na violência do dia a dia, que culmina com as guerras entre irmãos espirituais, companheiros de jornada que nasceram em pedaços de terra delimitados por fronteiras, cada pedaço com um nome e um idioma próprio, o que faz com que nos afastemos em vez de convivermos, e isso muitas vezes incentivado pelas religiões proprietárias de Deus que se criticam mutuamente, cada uma a dona da verdade. Essa trágica realidade faz com que uma humanidade, que já poderia estar em um estágio mais evoluído, permaneça atolada em uma lama disfarçada de nacionalismo, de patriotismo, num racismo sutil.

É assim que as coisas são e é assim que vivemos. O hábito cria uma mística de que o habitual é o correto. Mas, e se não for? A estrutura "família" deve abrir-se para o transpessoal e isso deve se estender para toda a humanidade. A nossa família é toda a humanidade, os rótulos é que nos separam. A Psicoterapia Reencarnacionista, por lidar com a Reencarnação, atua em prol da união entre todas as pessoas por trás dos rótulos ilusórios, e isso deve iniciar-se pelos rótulos familiares, estender-se para os rótulos regionais e nacionais, a fim de que, um dia, todos os habitantes da Terra considerem-se verdadeiramente irmãos. E isso vai, um dia, fazer terminarem as injustiças, a miséria, o racismo e as guerras.

Nós somos Essências e não personalidades temporárias, somos eternos, e então devemos lutar por causas nobres e construtivas, em benefício de toda a humanidade, em vez de nos digladiarmos através dos rótulos, em defesa dos rótulos e em nome dos rótulos. É possível imaginar um mundo futuro em que as pessoas saberão que não são, apenas estão, e então não mais disputarão disputas vãs, pois não haverá mais motivo para disputar. Mas, para isso, precisamos aprender a amar desinteressadamente. Podemos nos libertar de nós mesmos, nos libertar em relação aos outros, podemos oportunizar a supremacia das Essências. Podemos sonhar com o fim das competições, das disputas, das buscas inúteis, das conquistas vazias, e imaginar uma família harmoniosa, uma sociedade cooperativa, o fim das fronteiras. Mas isso deve começar pela nossa libertação da Grande Armadilha que obstaculiza o caminho que leva ao interior de cada um de nós, onde nos descobrimos semelhantes, irmanados e atemporais. Dentro de nós, por baixo das cascas e das imagens, reside a paz, a quietude e a bem-aventurança. E isso parece-se com Deus, o simbolismo da Verdade, o referencial do Certo, o Amor Universal que dá e não espera retribuição.

Libertar-se exige coragem, pois o começo da relativização traz consigo uma sensação semelhante ao processo de desencarne, porém ainda encarnado. Desencarnar não traz, automaticamente, paz e tranquilidade, apenas libertar-se dos rótulos, dos pensamentos e sentimentos negativos o permite. Muitas pessoas, após desencarnarem, ainda permanecem apegadas a essas ilusões, e esses são os Espíritos sofredores, vingativos, alcoolistas etc. Mas aquelas que se libertam permanecem, claro, com os mesmos pensamentos e sentimentos, mas aos poucos vão percebendo a verdade, e essas se libertam. A persona continua a mesma no período interencarnações, mas recebendo a oportunidade de ver as coisas como realmente são.

Nas Regressões percebemos que desencarnamos, chegamos ao Plano Astral com a mesma maneira de ser e somente aos poucos é que começamos a ir deixando de sentir a tristeza, a mágoa, a raiva, os medos, a solidão etc. É enganoso acreditar que basta desencarnar para ficar em paz, não é assim. Frequentemente é necessário um tempo de atendimento em hospitais e de estudo em escolas do Astral para começarmos a nos sentir bem. Depois de um tempo, maior ou menor, embora lá não exista o tempo como o conhecemos aqui, o triste não sente mais tristeza, o bravo fica calmo, o autoritário torna-se cooperativo, o medroso não sente mais medo, o que se considera inferior deixa de sentir-se assim etc. Mas basta voltar para cá, já dentro do útero, a baixa frequência da Terra provoca o processo inverso e as nossas antigas características inferiores voltam a surgir e as superiores ocultam-se, e vamos sentindo e revelando a nossa Personalidade Congênita e, embutida nela, a nossa proposta de Reforma Íntima. Lá em cima nós revelamos as nossas superioridades e, aqui embaixo, as nossas inferioridades, por isso retornamos para cá, para sabermos o que temos de eliminar, de curar, em nós. Essa micropartícula divina, cada um de nós, está estudando neste planeta e precisa passar por isso, quando está lá em cima, no Astral da Terra, depois de um tempo, quando o nosso personagem terreno vai despertando, passamos a entender bem a questão das ilusões terrenas, dos rótulos, do Karma etc. Então, por que esperar o período pós-desencarne para iniciar o processo de libertação das ilusões, se podemos fazê-lo já? Essa é a proposta da Psicoterapia Reencarnacionista.

Essa novíssima Psicoterapia, criada pelo Mundo Espiritual e trazida à Terra a partir de 1996, pelo Mauro Kwitko, o nome da minha casca atual, traz uma proposta de libertação, mas nós não estamos acostumados à liberdade, pois nossas prisões imaginárias iniciam-se muito cedo. Antes de reencarnarmos, lá no Plano Astral, éramos um Espírito livre e inominado, mas dentro do útero materno já começam os rótulos e as prisões: somos o "nenê" que vai nascer, filho de alguém com alguém, de tal e tal família, de uma certa classe social, em um certo país, uma certa religião etc. Em seguida, nos são dados um nome, um sobrenome e um registro, e todos passam a nos chamar por aquele nome, e passamos então a ser isso. Nós, que havíamos descido livres, estamos, agora, presos nos rótulos, nos nomes e nos registros.

Esse hábito aparentemente inocente é o começo de tudo, pois a partir daí não somos mais uma Essência que reencarnou, mas sim uma persona que, quando muito, de vez em quando, recorda que possui um aspecto espiritual. Acreditamos que somos uma pessoa que possui um Espírito e não o contrário, uma Essência que vive temporariamente em uma "casca", e isso nos coloca diretamente dentro da Grande Armadilha, da qual dificilmente sairemos ilesos.

Muitas pessoas argumentam que isso tem de ser desse modo para que possamos passar por essa encarnação e evoluirmos o nosso ego mesmo assim, e que o processo de "esquecimento" que ocorre por ocasião do encarne é justamente para que as pessoas enfrentem as situações desta vida e as vençam por méritos próprios, e não porque sabem o que vieram fazer aqui. A recordação da nossa natureza espiritual, da veracidade da Reencarnação, a compreensão da Personalidade Congênita, pode evitar, nesta encarnação, a repetição de um mesmo padrão negativo que, geralmente, viemos repetindo há várias encarnações. Isso não interfere no livre-arbítrio, que continua imperando, pois a decisão de mudar, melhorar, resgatar, corrigir-se, é individual e intransferível e, de qualquer maneira, as armadilhas do mundo material continuam por aí, a atrair e enfeitiçar os incautos. O livre-arbítrio continua soberano e toda e qualquer mudança de mentalidade e orientação passa certamente por ele. A Psicoterapia Reencarnacionista quer trazer a luz dos conhecimentos espirituais para a Psicologia, libertá-la de um "início", de um "fim" e de uma falta de sentido para a vida. Queremos auxiliar a abreviar o sofrimento, mantido pela ignorância, recordando a verdade.

Outra questão importante a considerar é a noção de sofrimento e de sacrifício ligada ao Karma. Muitas pessoas dizem que devem sofrer, pagar, aguentar etc., mas estão equivocadas, pois o Karma, pelo contrário, deve ser superado com felicidade, com alegria de viver, com motivação. Ninguém evolui com tristeza, com mágoa, no máximo está aprendendo o que não deve fazer, como não deve ser. Muitas vezes, precisamos sofrer para aprendermos a não fazer os outros sofrerem, ou seja, passamos por situações de abandono, de rejeição etc. porque, em encarnações anteriores, fizemos isso e agora estamos recebendo o retorno para aprendermos a lição. Mas quem permanece no sofrimento além do tempo necessário passa a sofrer em vão, sem que isso sirva para nada, pois não lhe traz crescimento e evolução. Se alguém reencarnou para sofrer por algo, deve procurar sofrer apenas o tempo certo, aprender a lição rapidamente, mudar o que tem de mudar em si e buscar ser feliz, pois só evoluímos com felicidade. Não devemos confundir felicidade com alegria; a felicidade é interna e pode ser silenciosa, a alegria é temporária e tem necessidade de ser demonstrativa e, muitas vezes, mascara um vazio e uma angústia interna.

Alguns pais não respeitam verdadeiramente seus recém-chegados companheiros de jornada e não os veem como seres que estão chegando para tentar aprender suas lições, embora isso, felizmente, esteja mudando. Pelo costume, os filhos são encarados como filhos e não como Espíritos companheiros que estão chegando. A relação pais-filhos, se for uma relação de poder e disputa, está fadada ao fracasso. A observação diária confirma isso. A revolta na adolescência, encarada como normal nessa fase, é uma luta inconsciente pela libertação, uma tentativa algumas vezes malsucedida de abolição dos papéis e da restauração da individuação e do respeito, mas isso quase nunca ocorre, porque já parte de uma premissa falsa, que é a revolta dos "filhos" contra os "pais". Sendo isso uma ilusão, toda essa luta torna-se também uma ilusão. Se os chamados filhos fossem desde o útero encarados do modo correto, como Essências reencarnantes em busca de evolução, tudo poderia ser evitado. A Psicoterapia Reencarnacionista quer relembrar aos pais que estão pais e aos filhos que estão filhos, e se estão próximos é porque Deus quis e Deus nunca erra. Vieram para se reencontrar, por amizade, por amor, ou para resgatar um antigo, secular ou milenar conflito, mas para acontecer esse resgate, essa harmonização, ambos os lados devem entender sua Personalidade Congênita, entender o que são os gatilhos e as armadilhas, olhar para dentro de si, observar-se no seu dia a dia, e focar, então, principalmente, suas próprias imperfeições e inferioridades.

Por exemplo, se um pai fica muito irritado porque seu filho é preguiçoso, o importante para sua evolução é ver a sua raiva e, com calma, ajudar seu filho a curar a preguiça. Se um filho magoa-se muito com sua mãe, porque ela é crítica, ou não carinhosa, o importante, para sua evolução, é ver a sua mágoa, e, com amor, ajudar sua mãe a curar a crítica e a dificuldade de ser carinhosa. Na verdade, nesses conflitos generalizados entre pais e filhos, estamos todos servindo de gatilho uns para os outros, mas quase ninguém enxerga assim, geralmente só vemos os defeitos do outro e acreditamos ter razão para sentir e demonstrar nossos próprios. Um pai, numa consulta, fala "com razão" dos seus pensamentos e atitudes em relação a um filho; o filho fala "com razão" dos seus. Todos têm razão. Os egos sempre têm razão, mas não têm Razão.

Esses conflitos pais-filhos, e todos os outros conflitos decorrentes das ilusões das personalidades, não devem passar do tempo necessário para a harmonização, o resgate. Se duram mais tempo do que deveriam, as personalidades estão perdendo um tempo em que poderiam estar realizando coisas mais importantes, em benefício de si mesmas e das demais. A constatação clínica diária do tempo perdido com mágoa, ressentimento, tristeza, raiva, ódio, inveja, ciúme etc. e a consequente oposição que isso provoca ao objetivo evolutivo da encarnação – que é a cura desses sentimentos – me permitem essa opinião. Para mim, esse sofrimento de muitas pessoas, gerado na ilusão e na ignorância, que pode confundir-se com livre-arbítrio, faz parte do ainda pequeno grau de evolução consciencial da raça humana e, certamente, dentro de alguns séculos, não existirá mais. O psicoterapeuta reencarnacionista deve ajudar as pessoas que vêm consultar nesse sentido e mostrar-lhes que sofrer além do tempo necessário é perda de tempo! E traz doenças como a artrite, a asma, o infarto, o câncer etc.

Um exercício interessante é o de nos imaginarmos constituídos de duas partes: de um lado a nossa Essência, sem nome, sem filiação, sem grilhões, e do outro, a persona, nominada, filiada e presa.

Imaginemos um diálogo entre ambas, em que cada uma apresenta as suas razões e os seus objetivos, a Essência, atemporal, eterna, evolucionista, e a persona, temporária e egocêntrica. Uma quer crescer, a outra quer prazer, uma quer o amor incondicional, a outra quer o amor pessoal, uma propõe a paz, a cooperação e a irmandade, a outra, muitas vezes querendo o mesmo, não o possibilita, pelo contrário, geralmente cria a disputa, a discórdia e a separação. A Essência fala para a personalidade terrena: "Tu estás!", e essa responde: "Eu sou!", e dificilmente se entendem.

Libertar-se exige coragem e a maioria de nós ainda não a possui suficientemente. Estamos quase todos presos em nossos nomes, em nossos sobrenomes, em nossos objetivos pequenos e mesquinhos, em nossa curta e distorcida visão. Mas chegará o tempo, eu tenho certeza, em que essa libertação acontecerá em grande escala, e esse tempo será semelhante ao paraíso descrito nos livros, e não mais nos sentiremos separados uns dos outros, não mais nos sentiremos pessoas com um Espírito, e sim Essências encarnadas. E a união de todas as Essências em busca de um objetivo comum fará encerrarem-se as disputas, as competições e as injustiças.

Os recém-chegados não mais serão encarados como nenês, filhos dos seus pais, netos dos seus avós etc., e sim como novos companheiros de jornada, o que aumentará o respeito sincero e a responsabilidade sadia por eles, da parte de todos que chegaram aqui antes, quanto à sua orientação e direcionamento pelo verdadeiro Caminho. As Escolas serão locais onde se aprenderá a evoluir integralmente e a nos amarmos uns aos outros, um amor humanitário, e a nos respeitarmos mutuamente, e nos ensinarão a colaboração, para que todos tenham uma feliz e proveitosa passagem terrena. Os esportes não mais serão competitivos e sim apenas de finalidade recreativa, de boa saúde, pois já se terá a noção de que uma disputa nunca é inocente e sempre leva a outra e a outra e a outra, até chegar às guerras. Já se saberá que querer ser o primeiro é o mesmo que querer lutar, o querer sobrepujar é o mesmo que guerrear, e o separar para enfrentar, o mesmo que matar. As Escolas ensinarão principalmente o autoconhecimento, a liberdade emocional e o amor incondicional. Os hemisférios direito e esquerdo, finalmente, em igualdade de condições, o masculino e o feminino interno em perfeita harmonia.

Devemos buscar a união de todos em benefício de todos, e isso só será possível quando todos olharmos interiormente e nos enxergarmos como realmente somos: Essências representadas por uma mínima fração em viagem de estudos. Essa passagem terrena é uma Escola e somente no dia em que todos nós formos ótimos alunos, em que tivermos realmente aprendido as lições, o nosso planeta será um lugar de paz, harmonia e beleza. Por enquanto, pelo predomínio das ilusões, pelo poder exercido pelas personalidades, o que se observa é o oposto.

EXERCÍCIOS

1. Devemos nos libertar das coisas ou de nós mesmos?

2. O que é libertar-se de si?

3. Pergunte-se: Eu sou Eu ou o nome da minha casca?

4. Pergunte-se: Quem sente mágoa ou raiva do pai ou da mãe ou de alguma outra pessoa, sou Eu ou o meu ego?

5. Se eu sinto mágoa ou raiva do meu pai (ou da minha mãe) e ele(a) é o pai (ou mãe) da minha casca e não de mim, o que faço com essa constatação?

6. Quando Jesus disse: "Quem quiser me seguir, que abandone pai e mãe!", isso significa que devemos ir embora, abandoná-los, ou perceber que eles e nós somos Espíritos, filhos de Deus, e que devemos nos amar como irmãos?

7. De que maneira a visão não reencarnacionista de nos enxergarmos como nossas cascas e não como Espíritos aumenta as disputas, a miséria, o racismo e as guerras?

O PERDÃO

O perdão é um atributo dos Espíritos Superiores e é uma verdadeira arte conseguirmos, realmente, perdoar alguém. Geralmente, quando nós acreditamos estar perdoando, estamos é tomando a decisão de afastarmos, para o mais longe possível, o objeto de nossa raiva ou mágoa, e, evidentemente, isso está longe do perdão. Muitos afirmam que já perdoaram o seu pai, a sua mãe, o seu ex-marido, a sua ex-esposa etc., mas na verdade apenas decidiram que não querem mais incomodar-se com aqueles desafetos.

Geralmente, a vontade que temos é de nos afastarmos de quem não gostamos, de quem nos fez (ou faz) mal, de nos libertarmos, isso é da natureza humana, mas tal procedimento está muito longe do ato de perdoar. A libertação em relação a outra pessoa está na mente e não no espaço físico, e é a raiva e a mágoa que nos prendem, mesmo que não vejamos quem não gostamos. Para nos libertarmos verdadeiramente de alguém, precisamos curar a raiva e a mágoa em nossos pensamentos e sentimentos, mas para isso é necessário perdoar.

Algumas pessoas, nas consultas, perguntam por que devem perdoar, se aquela pessoa foi tão má, injusta, irresponsável, agiu de uma maneira desleal, lhe prejudicou tanto, do ponto de vista emocional ou material, enfim, por que perdoar, se aquela pessoa não merece? Devemos mostrar-lhes que tudo depende de quem está enxergando e analisando aquela situação, se o seu eu encarnado ou o seu Eu Superior.

É muitíssimo diferente o raciocínio de um e de outro, pois enquanto o eu encarnado apega-se a fatos da vida atual, a conflitos da infância, a acontecimentos recentes, geralmente baseado em dicotomias como "gosto dele(a) ou não gosto", "ele(a) não gosta de mim", "ele(a) me fez(faz) mal" etc., o Eu Superior conhece a história antiga desses conflitos, que geralmente vêm arrastando-se vida após vida, há muito e muito tempo, e sabe que o mais importante não é "gosto ou não gosto", "o que me fez", "o que me faz", e sim a busca da evolução, do crescimento, de cada uma das partes que estão em litígio, que passa pela melhoria dos nossos pensamentos e sentimentos negativos em relação aos nossos desafetos. A maturação do nosso ego, a melhoria, ou cura, das negatividades em nossos pensamentos e sentimentos, é muito mais importante do que o que nos fizeram ou não fizeram, do que nos fazem ou não fazem. Os fatos são os fatos, mas o importante é o que aflora de negativo de dentro de nós.

Nunca devemos esquecer que, para aproveitarmos uma encarnação, os fatos "negativos" são úteis para mostrar as nossas negatividades. Exemplificando: se um pai foi mau e agressivo, autoritário, espancador com um filho, é mais do que compreensível que esse filho sinta raiva e mágoa, afinal de contas é isso que ele pode sentir de um pai que lhe fez isso, ninguém pode lhe recriminar e obrigá-lo a gostar daquele pai, mesmo com argumentos de que isso já passou, seu pai já está mais velho, já mudou etc. Do ponto de vista do seu eu encarnado, sentir raiva e mágoa é o correto, é o justo, qualquer um sentiria isso em seu lugar!

Mas o que o seu Eu Superior pensa disso? Como não é fácil acessar o Corpo Causal (sede do Eu Superior) e escutar os Seus conselhos e orientações, podemos abordar algumas questões. Por exemplo, por que esse Espírito reencarnou como filho daquele Espírito agressivo, o seu "pai"? O que houve entre ambos em encarnações anteriores, ou seja, é a Lei do Retorno (a "vítima" era o "vilão" e o "vilão" era a "vítima") ou é a continuação do mesmo conflito vilão-vítima? O que cada um veio modificar em si nesta atual encarnação? Enquanto o eu encarnado desse Espírito que veio com o rótulo de filho acha-se cheio de razões para sentir raiva e mágoa do Espírito que tem o rótulo de pai, o seu Eu Superior levanta algumas questões que merecem ser analisadas. Em trabalhos de Meditação profunda ou em Sessões de Regressão (quando o Mentor Espiritual oportuniza esse conhecimento, o que é extremamente raro com a nossa Regressão ética), as explicações podem ser encontradas, mas, como são procedimentos ainda pouco utilizados, pode-se partir para raciocínios teóricos que ajudem o eu encarnado a vislumbrar a maneira correta de pensar e de agir, escapando da limitada visão, curta e horizontal, que todos nós comumente utilizamos durante a vida terrena.

Nós não viemos perto de um pai e de uma mãe com os quais não temos nada a ver, pelo contrário, tendemos a nos aproximar de Espíritos encarnados com os quais temos antigas relações, seja de amor ou de conflitos. Isso é inevitável, pelos cordões energéticos que unem as pessoas entre si, o método tradicional da atração, ou por um planejamento regido por nossos irmãos mais evoluídos do Plano Astral, cada vez mais utilizado, embora ainda restrito. Então, ter vindo como "filho" daquele "pai" agressivo não foi um azar, muito pelo contrário, está servindo a uma finalidade e, pelo menos teoricamente, esse Espírito que veio como filho precisa pensar nessas questões para não desperdiçar a sua atual encarnação, baseado nos limitados raciocínios do seu eu encarnado.

Algumas situações podem explicar esse reencontro:

1. Tudo pode ter sido muito diferente, em vidas passadas, com a atual vítima sendo o vilão e o atual vilão sendo a vítima. Isso é quase regra quando ambos são agressivos, bravos, violentos. Eu sempre sugiro a uma pessoa que tem raiva de um dos pais, que foi agressivo com ela na infância, que pense, já que também tem uma tendência a sentir raiva e irritação, no que pode ter feito com essa pessoa, em

outras vidas, séculos atrás, quando certamente era ainda mais raivoso e agressivo do que é hoje... Quem sabe, em vez de filho(a) era marido, patrão, feitor, e agora veio como filho(a) daquele para curar a sua raiva?

2. Se é um Espírito calmo, pacífico, pode ter vindo para aprender a defender-se, a impor-se, a libertar-se, ainda não na infância, quando está à mercê, mas mais tarde, quando cresce e já tem condições de ir fazer a sua vida, de afirmar a sua personalidade. Uma das maneiras de melhorarmos uma tendência de submissão, de não luta, é virmos filho de alguém muito forte e agressivo, o que pode ativar o nosso lado guerreiro. Ou é um Espírito mais evoluído, que veio para ajudar um mais inferior a elevar-se, mas está fazendo isso? Ou está sofrendo?

Então, na Psicoterapia Reencarnacionista, analisamos a personalidade do Espírito que é "filho". Se ele é fraco e passivo, provavelmente veio para aprender a ser forte, libertar-se, lutar por seus direitos, curar-se de sentimentos de mágoa e rejeição, ou seja, reencarnou como vítima e precisa libertar-se desse papel, ou então é um Espírito de ego ancião e precisa agir como tal. Se é violento e agressivo, pode estar certo de que, em outras épocas, fez coisas muito erradas com esse que, atualmente, tem o rótulo de seu pai ou mãe, e o que se apresenta aí é uma tentativa de resgate e harmonização entre eles, pela Lei Universal de Ação e Reação, e uma busca da evolução de ambos, que é a melhoria, ou cura, da agressividade, da violência, da dificuldade de amar, que ambos apresentam.

Em qualquer das situações, o "pai" trouxe aquele Espírito do Plano Astral como seu "filho", para resgatarem-se, harmonizarem-se, e para ambos evoluírem espiritualmente, e o "filho" veio, sabendo quem seria seu "pai", para tentar a mesma coisa. Algum deles está conseguindo melhorar? Estão sendo curadas a mágoa e a passividade ou a violência e a agressividade congênitas? Algum deles está cumprindo suas metas pré-reencarnatórias ou ambos continuam com seus antigos comportamentos?

Se o que está como pai não mudou com a idade, não melhorou, continua violento, agressivo, está ficando velho e não evoluiu, o que deve fazer o que veio como filho? O seu eu encarnado lhe diz para sentir raiva ou mágoa, que ele tem razão, que seu pai foi ruim, bateu-lhe, machucou-o, por que deve perdoá-lo? Mas o seu Eu Superior lhe diz para curar a sua raiva e a sua mágoa, mesmo acreditando ter razão, pois isso fará com que alcance mais evolução, que é a finalidade maior da encarnação. O entendimento da ação benéfica, mas aparentemente maléfica, dos gatilhos colabora muito na chegada ao perdão.

E, então, temos aí o grande trabalho do Espírito encarnado: libertar-se de suas imperfeições, de seus pensamentos e sentimentos negativos, mesmo acreditando que tem razão para senti-los! Se nós seguirmos os conselhos do nosso eu inferior, sempre acreditaremos ter razão para sentir raiva, mágoa, tristeza, ressentimento etc., mas, então, quando iremos nos libertar dessas negatividades, quando iremos crescer? Conclui-se, então, que o importante para o crescimento não é acreditar ter razão, e sim purificar-se.

Se o que veio como filho apresenta uma personalidade não agressiva, pacífica, não deve achar que nas vidas passadas fez muito mal para esse pai e agora está pagando por isso, pois a nossa personalidade é congênita e nós somos como somos, ou seja, o seu pai ou mãe tem sido agressivo e violento nas últimas encarnações e ele tem sido não agressivo e pacífico. Então, por que veio filho de um Espírito assim? Já que o número de Espíritos Superiores encarnados na Terra é pequeno, provavelmente veio para melhorar, ou curar, em si uma secular ou milenar tendência de entristecer-se, de magoar-se, de ser passivo, de ter dificuldade em impor-se. E está conseguindo isso? Está melhorando, ou curando, essas suas características congênitas, e sabe que essa é a sua Missão Pessoal?

Quando um filho pacífico vem com um pai, ou mãe, assim, veio, por vontade própria, para ajudar aquela pessoa, aquela família, dar um exemplo de amor e paciência, de compreensão e tolerância, para Espíritos menos evoluídos, ensinar que devemos ser amorosos uns com os outros, nos respeitarmos, sermos realmente companheiros nessa jornada evolutiva. Mas está exercendo isso? Tem agido como um verdadeiro Anjo da Guarda? Ou caiu na tristeza, na mágoa, na autovitimização, e perdeu-se nas armadilhas da encarnação? Essa Missão é muito arriscada, pois muitas vezes esses Espíritos missionários fraquejam e caem nas malhas dos sentimentos inferiores e levam muitas encarnações para sair delas.

Enfim, o mais importante para o nosso crescimento não é o que nos fizeram, ou nos fazem, e sim a nossa evolução, que é a melhoria das imperfeições do nosso ego, e, então, acreditarmos ter razão para sentir raiva ou mágoa de outra pessoa perde a importância, face à outra tarefa muito mais importante para o nosso Espírito: a busca da evolução. E o perdão é uma maneira muito eficiente de curarmos nossos sentimentos negativos, por isso é tão importante que consigamos desenvolver essa arte. Na verdade, estaremos atingindo dois objetivos ao mesmo tempo: faremos o nosso ego evoluir e conseguiremos nos harmonizar com outro Espírito, com quem temos um antigo conflito. E se a outra pessoa não se harmonizar conosco, não evoluir? Isso é de inteira responsabilidade dela, estará perdendo tempo, deixando de aproveitar uma encarnação para alcançar essas metas, e devemos ter compaixão e lamentar sua falta de visão espiritual. Mas, geralmente, quando uma das partes melhora seus sentimentos e atitudes em relação à outra, pela influência energética positiva, uma melhoria começa, gradativamente, a ocorrer também no mais renitente e, aos poucos, a harmonização vai processando-se e, assim, a evolução de ambos vai ocorrendo.

O perdão beneficia, principalmente, a quem o exerce, e, por extensão, a quem o recebe. Quem mantiver sua raiva, sua mágoa, acreditando que tem razão para senti-las, estará, na verdade, prejudicando-se. Não é fácil perdoar, o mais fácil é afastar-se do objeto de sua raiva e de sua mágoa, não querer encontrar, não telefonar, não conviver. Essa é uma atitude equivocada, típica do eu encarnado, cego e surdo, e que faz perpetuarem-se as nossas imperfeições, prejudicando os nossos objetivos pré-reencarnatórios. Após desencarnar, no Plano Astral, nas Reuniões, nos Grupos de Estudo, será mais um a afirmar: "Ah, se eu soubesse!" e "Ah, se eu lembrasse!". E algum dos Orientadores presentes lhe perguntará: "Mas você não percebeu que bastava perdoar?".

O perdão é uma arte e, portanto, disponível a poucos. Algumas vezes, nas palestras, nas aulas, no consultório, quando se fala na necessidade de perdoarmos os nossos desafetos, visando à nossa elevação, os comentários geralmente são de que somente os Santos e os Mestres são capazes disso. Isso é evidente, mas nós não estamos indo em busca do seu nível, do seu grau? Então, se o nosso eu encarnado empenhar-se nessa difícil tarefa, estará fazendo exatamente o que o seu Espírito espera que ele faça, mas, se não fizer, porque não é Santo ou Mestre, estará retardando alcançar essa meta.

É muito perigoso, para o aproveitamento da encarnação, analisarmos as coisas a partir da infância ou do decorrer da vida, pois não sabemos nada do que já aconteceu antes desta vida, em outras encarnações, quem fomos, quem nossos pais foram, os nossos irmãos, cônjuges etc. Então, o mais aconselhável é olharmos basicamente para a nossa evolução, buscando eliminar os nossos próprios defeitos, nos purificarmos, e não ficarmos presos a pensamentos e sentimentos negativos, baseados numa razão aparente para senti-los. Cada um deve olhar principalmente para as suas próprias imperfeições e tratar de diminuí-las ou eliminá-las! E, sempre que alguém não gostar de nós, nos tratar mal, principalmente se estiver em nossa família, devemos deixar interrogada a causa disso. Se também temos pouco amor em nosso coração, se somos agressivos, o que podemos ter feito para essa pessoa em outras encarnações, que o seu Inconsciente sabe e faz com que ela não goste de nós? E se nós não gostarmos de alguém, como podemos criticar ou condená-lo, se temos tão pouco amor? Quem for realmente reencarnacionista, não pode perder-se nas ilusões dos rótulos e esquecer das ligações dos cordões energéticos, que fazem com que venhamos filhos, quando necessário, de Espíritos conflitantes, e cair no erro de aferrar-se à raiva ou à mágoa de um pai ou de uma mãe, acreditando ter "razão", isso é inadmissível! Somente quem não conheça os meandros da Reencarnação ou não tenha verdadeira convicção sobre isso pode errar assim.

Ser reencarnacionista é buscar, prioritariamente, eliminar seus próprios defeitos e não permanecer focado nos defeitos dos outros. Cada eu encarnado deve cumprir sua Missão, que é colocar-se a serviço do seu Eu Superior na busca da libertação, e o perdão é uma chave poderosa para isso. A regra básica é: o que aflorar de negativo de dentro de nós é o que veio para ser curado, e alcançar isso é infinitamente mais importante do que as coisas ruins que nos fizeram ou nos fazem! Essas coisas "ruins" foram os gatilhos que somente uma encarnação propicia e os Espíritos reencarnam justamente para passar por esses gatilhos.

EXERCÍCIOS

1. Você tem mágoa ou raiva de alguém?

2. Você acredita ter razão para sentir isso?

3. Você sabe o que pode ter feito para essa pessoa em alguma outra encarnação?

4. Você sabe por que Deus lhe aproximou dessa pessoa?

5. Essa é a única pessoa que lhe faz sentir mágoa ou raiva?

6. O que é correto dizer: Eu tenho mágoa (ou raiva) dessa pessoa ou eu sinto mágoa (ou raiva)?

7. Você sabia que, muito provavelmente, a sua Missão pessoal (Reforma Íntima) é diminuir a sua tendência de magoar-se ou de sentir raiva, pois é o que aflora seguidamente de dentro de você?

8. Se você desencarnasse hoje, esses sentimentos inferiores estariam bem menores do que vieram consigo de outras vidas?

9. Se você acredita em Jesus e Ele alertou para perdoarmos 70 vezes 7, está cumprindo esse Mandamento?

10. Jesus ensinou: "Amai a Deus sobre todas as coisas e ao próximo como a si mesmo!". Sentir mágoa ou raiva de alguém é amá-lo?

A REFORMA ÍNTIMA

Muito se fala na Reforma Íntima, mas penso que, até pouco tempo atrás, quando a noção de Reencarnação era apenas uma concepção religiosa, poucas pessoas realmente entendiam o que isso queria dizer para si, individualmente, na prática. O que faltava era a divulgação mais ampla da noção da Personalidade Congênita, embora esse termo esteja em *Obreiros da Vida Eterna*, psicografado por Chico Xavier, na década de 1940. Atualmente, com a nova Psicoterapia Reencarnacionista, cuja base do seu Tratamento inicial é justamente a Personalidade Congênita, o trabalho individual de cada um de nós em relação à Reforma Íntima do seu ego fica bem claro, ao basear-se nisso. Esse trabalho profundo, de conhecimento de suas imperfeições (congênitas) e do modo de eliminá-las, pode ser agora realizado com o apoio psicológico de um psicoterapeuta reencarnacionista.

Durante uma encarnação, quanto menos tempo se perder, melhor. E o que é perder tempo? Quando temos uma tarefa para realizar, quanto mais tempo nos dedicarmos a ela, mais chances teremos de sucesso. A auto-observação quanto à exteriorização de nossos defeitos é imprescindível, e a sublimação no exato momento traz a cura. A Reforma Íntima deve atuar sobre as características ainda imperfeitas que o nosso ego apresenta, que são nossas há muitas encarnações, e que nos diferenciam dos Mestres e dos Seres de luz. Quem reencarnou, por exemplo, com baixa autoestima e um sentimento de inferioridade, que características acredita que deve reformar? E quem veio trabalhar seu autoritarismo, sua agressividade, veio reformar o que em si? E as pessoas que sofrem de mágoa e com tudo se entristecem, necessitam de uma reforma onde? E os materialistas? E os egoístas? E os desonestos? E quem é medroso? E quem é preguiçoso? E quem está perdido e não sabe seu rumo?

Todas as Escolas de Psicologia querem promover uma melhora íntima, mas apenas as que lidam com o ciclo reencarnatório sabem que isso já veio conosco ao retornarmos, e não iniciou na infância, mas, sim, desde aí manifestou-se. Então, percebe-se que a Reforma Íntima é exatamente o que a Psicoterapia Reencarnacionista deseja que cada pessoa realize, durante esta encarnação, ou nas próximas, se não conseguir nesta. Em outras palavras, é a evolução do ego, sua maturação. Se não conseguir reformar-se muito, pelo menos reforme-se o mais que puder, pois estará ganhando tempo e aproveitando essa passagem pela Terra. E podemos melhorar em qualquer idade, mesmo lá pelo "fim", sempre vale a pena, a encarnação só acaba no último momento.

Não devemos esquecer que quem reencarna não é a nossa persona e sim o nosso Espírito, somos apenas o representante visível dele e o encarregado de sua evolução aqui na Terra, desta vez. Sempre é bom lembrar que a "casca" vai ficar aqui na Terra e a persona vai ficar também, enquanto que o Espírito um dia vai embora, para retornar mais tarde, construir uma nova "casca", uma nova persona, e continuar a longa busca da purificação.

Para a busca da purificação, em cada encarnação, é preciso saber onde devemos fazer a Reforma Íntima, entendermos a noção de Personalidade Congênita, e então colocarmo-nos inteiramente a serviço do nosso Mestre interno, que anseia pela limpeza dos pensamentos e dos sentimentos inferiores e negativos, e isso só pode ser feito aqui, no convívio com os gatilhos terrenos. O que obstaculiza essa reforma é a crença de que formamos a nossa personalidade na infância, e que a nossa tristeza, a nossa mágoa, a nossa baixa autoestima, a nossa raiva, a nossa agressividade, vêm lá do "início da vida", por culpa do pai ou da mãe. Que engano terrível! Como pessoas reencarnacionistas podem acreditar nisso? Acreditam, então, que ao reencarnarem eram puros e perfeitos e que seu pai ou sua mãe, a sua infância, gerou as suas inferioridades? O reencarnacionista que acreditar nisso precisa estudar um pouco mais sobre Reencarnação.

A Reforma Íntima é a finalidade maior de uma encarnação, mas poucas pessoas estão suficientemente atentas a isso e realmente engajadas nesse trabalho. E isso porque nunca, até hoje, a noção de Personalidade Congênita tinha sido realmente entendida. A maioria de nós perde-se nas armadilhas de uma encarnação, e perde tempo culpando os "vilões", esquecendo de olhar para o seu próprio telhado de vidro. Mas, cada vez mais, as pessoas estão chegando em nosso consultório para tratar os seus defeitos congênitos, as imperfeições do seu ego, a finalidade da sua encarnação, a sua Missão evolutiva. Não estão querendo mais perder tempo queixando-se e conflitando-se com o pai, com a mãe, com o ex-marido etc. Já entenderam que o importante não são os fatos da vida e sim o que emerge de negativo de dentro de cada um de nós diante desses fatos. Aí estão as impurezas, e aí estão as mágoas, as raivas, as Depressões etc. Quem atentar mais para o que emerge de inferior de dentro de si diante dos gatilhos do que para esses, acelerará a sua evolução e estará promovendo a sua Reforma Íntima com mais competência.

Se relembrarmos o que nos aconteceu desde a infância até hoje, e percebermos a maneira emocional como reagimos a isso, ficaremos impressionados ao verificar como sempre reagimos do mesmo modo aos eventos que nos desagradam. Ou ficamos tristes, ou magoados, ou irritados, ou nos sentimos rejeitados, ou sentimos medo, ou nos sentimos inferiores, ou nos sentimos superiores etc. E aí está o que viemos curar na Terra, essa imperfeição, e se espera que a "casca" atual seja competente nessa tarefa, pois, se traz isso consigo intensamente, as "cascas" das vidas passadas foram incompetentes para eliminar esse defeito. Mas, se as pessoas culpam outros por suas imperfeições, quando irão curar-se?

Quem sofre de tristeza veio eliminar a tristeza, quem traz mágoa veio descartar essa tendência, quem vem com baixa autoestima veio mudar essa maneira distorcida de enxergar-se, quem se acha superior veio para enxergar melhor, o irritado, impaciente, veio aprender a ter calma, quem tem medo veio para adquirir força, e assim por diante. Isso é tão óbvio! Por que as pessoas, então, ficam perdendo tempo (e a encarnação) dizendo "Foi por causa do meu pai", "Foi a minha mãe", "Isso veio da infância" etc.?

Deveriam dizer: eu sou assim, meu ego está nesse estágio evolutivo, como posso mudar isso? De que maneira posso me reformar? Como aproveitar essa encarnação com sucesso consciencial? Mas, infelizmente, poucas pessoas pensam assim e, então, as suas encarnações são sucessivamente repetitivas e mal-aproveitadas. Lembrem-se: a Personalidade Congênita é a chave inicial de um real aproveitamento da encarnação, a próxima chave abre a porta da libertação do comando do ego sobre Si.

Exercícios

1. Você entendeu que a noção da Personalidade Congênita lhe mostra as suas inferioridades, que lhe acompanham há várias encarnações, e que nelas está a sua proposta de Reforma Íntima?

2. Antes de ler este livro, você não tinha muito claro qual era a sua proposta de Reforma Íntima. Mas sabia que tudo é uma continuação, ou seja, hoje é a continuação de si mesmo da encarnação anterior. E agora?

3. Você já entendeu que é assim porque nasceu assim. Está cada vez melhor? Magoa-se cada vez menos? Sente cada vez menos raiva? Tem cada vez menos medo? A sua vaidade está cada vez menor?

4. Como você pode, agora, ajudar seus amigos e familiares a saberem qual a sua proposta de Reforma Íntima?

5. Quando você desencarnar e chegar ao Plano Astral, e fizer uma avaliação desta encarnação, se sentirá um vencedor?

A VIDA

Atualmente, e cada vez mais, as pessoas nos nossos consultórios querem conversar sobre o que é a vida, sobre o que estão fazendo aqui, para o que vivem, e a maioria questiona-se qual a sua Missão. A Missão ou o objetivo de qualquer pessoa que por aqui esteja é apenas um, qual seja, a autoevolução. E isso significa a melhoria das nossas características pessoais, morais e éticas, a partir de uma elevação do nosso nível de consciência.

Quase todas as pessoas afirmam saber disso, raríssimas discordam, mas, se todas ou quase todas sabem disso, acreditam realmente que devem evoluir e se afirmam boas pessoas, honestas, bem intencionadas, então por que os consultórios estão cheios, por que tantas doenças físicas, por que tanta rinite, asma, câncer, AIDS, infartos, úlceras, reumatismos, derrames cerebrais, por que tantos distúrbios emocionais e mentais? Algo está errado, pois a teoria e a prática não estão combinando.

Somos pesquisadores do Inconsciente. Existem muitas maneiras de se perder na vida, algumas tão disfarçadas e de aparência tão inocente que nem parecem inconvenientes. Alguns hábitos, procedimentos ou costumes, pessoais, familiares e sociais, estão tão arraigados ao nosso cotidiano que nem de longe percebemos que nos são prejudiciais e, por outro lado, coisinhas aparentemente irrisórias, bobagenzinhas descartadas, teriam a capacidade de nos colocar no rumo certo.

O meu nome é Mauro Kwitko, sempre afirmei isso, antigamente eu era capaz de jurar que era o Mauro Kwitko, pois fui registrado assim, está em todas as minhas identidades, sempre que me inscrevo em algo, coloco esse nome, todos me chamam assim. Não há dúvidas, eu sou o Mauro Kwitko! Certo? Errado. Na realidade, Eu *estou* no Mauro Kwitko. Essa é a grande diferença entre saber-se o que é a Vida e o não saber-se. Quando eu acreditava que era o Mauro Kwitko, não sabia o que era a Vida, quando descobri que *estava* no Mauro Kwitko, descobri o que é a Vida. Complicado? Nem tanto, vamos lá. Antes de eu "nascer", o que havia? A minha Essência. Qual era o seu nome? Ela era o Mauro Kwitko ou viria a ser o Mauro Kwitko? Obviamente, a segunda opção. Em Regressões a algumas encarnações passadas, eu me vi como um negro, como um oficial romano, como um escritor russo, e eu era o Mauro Kwitko? Certamente não, mas era Eu, com certeza. A minha Consciência habitava "cascas" diferentes, de nomes diferentes, em épocas diferentes, e o que havia de comum em todas elas? Apenas a minha verdadeira identidade, a minha Essência, a minha Consciência, que as religiões chamam de Espírito. Mas eu não estou falando de Religião, e sim da verdadeira Psicologia (*Psyché* = Alma, *Logia* = Estudo).

Então, eu sou o Mauro Kwitko? Claro que não, eu sou anterior ao Mauro Kwitko, e posterior também. Eu sou eterno, a "casca" Mauro Kwitko é temporária. E isso muda tudo, pois se o Mauro Kwitko é temporário, tudo nesta atual passagem terrena, que diz respeito a ele, é então o quê? Os meus filhos Hanna, Rafael, Maurício e Igor não são, eles estão a Hanna, o Rafael, o Maurício e o Igor; minha mãe não era a Paulina, ela estava a Paulina; meu irmão não é o Airton, meu pai não era o Rafael, e assim por diante. E então eu estou o pai da Hanna, do Rafael, do Maurício e do Igor; a que estava Paulina, estava minha mãe; o que está Airton, está meu irmão; o que estava Rafael, estava meu pai etc. Somos todos personagens temporários, com rótulos temporários, mas com uma missão única e em comum: a evolução do nosso ego, que é feita através de nossos personagens, que estamos. E vocês, leitores, são? Não, vocês estão.

Se não somos o que pensamos ser, também não somos os rótulos que supomos ter. No dia em que desencarnamos ("morte"), nos libertamos do veículo físico e, com isso, do aparente absolutismo das relações familiares, como estão estruturadas, desde a relação da nossa Essência com as ilusões da nossa personalidade inferior, até as relações ilusórias com tudo o mais, incluindo as pessoas. Então, se tudo é temporário, com exceção da Essência, então tudo é quase uma fantasia, quase uma ilusão, a não ser que enxerguemos a realidade. Devemos, pois, nos libertar, e a Psicoterapia Reencarnacionista apregoa a profunda libertação dos grilhões das ilusões da personalidade inferior, por essa se acreditar absoluta, sendo, na realidade, temporária, tendo a duração de uma encarnação e um período interencarnações, até a próxima encarnação, até a próxima persona, que é a continuação da atual.

Se somos na realidade a nossa Essência e se estamos quase todos doentes, do ponto de vista emocional, mental ou já físico, se estamos aqui apenas para evoluir consciencialmente, ou seja, aperfeiçoarmos nossas características pessoais, através da ampliação da nossa visão, e a maioria de nós não o consegue, ou só o consegue em parte, então estamos errando em alguma coisa. E que coisa é essa? A Psicoterapia Reencarnacionista quer mostrar que esse grande erro é acreditar que somos o que não somos, ou seja, acreditarmos nas ilusões da nossa personalidade inferior e não acessarmos nossas metas e objetivos pré--reencarnatórios. O terrível engano é vivermos para o temporário quando deveríamos viver para o eterno. E que diferença isso faz?

Podemos iniciar por algumas coisas básicas:

1. A personalidade inferior geralmente vive em função de algumas palavras como "eu", "meu" e "minha", enquanto a Essência quer viver para o "nós" e o "nosso".

2. A personalidade inferior é egocêntrica, a Essência quer o coletivo.

3. A personalidade inferior geralmente vive para os seus interesses e os de seus familiares e amigos, a Essência quer viver para os interesses da humanidade.

4. A personalidade inferior quer dinheiro, conforto, fins de semana e férias, a Essência quer trabalhar pela paz, pelo amor, pela harmonia e pela beleza.

5. A personalidade inferior vive sabendo que vai morrer, pois nasceu, a Essência sabe que é imortal, que já viveu antes em outras personas e que vai habitar outras mais tarde.

6. A personalidade inferior é limitada, míope, autocentrada, possessiva, auto e heterocastradora, materialista e imediatista; a Essência é infinita, possui a verdadeira visão, é expansiva, amorosa, universal.

7. A personalidade inferior cria e mantém a doença, a Essência tem a cura.

Um hino espiritual, que trouxe recentemente – *A alegria de ajudar* –, diz assim:

Alegria de ajudar
Alegria de servir
Para ser aqui na Terra
Um canal do Superior

Não querer nada para si
Semear Paz e Amor
Para ser filho de Deus
Para ser um doador

Acordar os seus irmãos
Despertar a sua Luz
Replantar aqui na Terra
A Força de Jesus.

Quem deve estar no comando da nossa passagem terrena? Quem tem a real capacidade hierárquica de dirigir este barco? Quem deve ser o líder? A Essência, certamente. Mas quem é que usurpou esse direito, quem insurgiu-se, rebelou-se, aquartelou-se e assumiu o poder? A personalidade inferior e suas ilusões. Não pode, então, ser motivo de assombro observar-se a proliferação das doenças tanto em nível pessoal como social e planetário. Está no comando quem não tem condições e, lá nos porões, trancafiado numa cela escura e isolada, está o verdadeiro Mestre, a nossa Sabedoria Interna, sentado no chão, lendo seus livros, meditando, aguardando. A Psicoterapia Reencarnacionista quer relembrar à personalidade inferior que existe um caminho que leva a essa cela interna, de modo que, profundamente envergonhada, dirija-se à porta, abra-a, pegue a mão de sua Essência, abrace-a, chore realmente arrependida, traga-a para cima, coloque-a no trono que é seu de direito e para o resto de sua encarnação passe a servi-la como um fiel e dedicado escudeiro, um verdadeiro mestre de obras a serviço dos grandes ideais de seu Mestre Interno, a sua Verdade eterna.

Como está o seu trabalho? Quais são os seus planos, suas metas, seus objetivos? Para o que vive, para o que trabalha, a que visa, o que pretende alcançar, aonde quer chegar? Como vai a sua encarnação, como tem se portado, em que está empenhado em melhorar, como vai a sua evolução, a sua purificação, o quanto a sua personalidade inferior tem se dedicado a isso? E a cela do seu Mestre Interno, ainda lembra o caminho que leva até lá? Tem-lhe visitado ultimamente, tem-lhe levado comida, água, roupas limpas, sabonete, xampu? Como ele está de saúde, tem ido ao médico, e os seus dentes? Tem cortado as unhas? Não são essas coisas que fazemos o tempo todo conosco e com os nossos filhos e parentes? Por que não o fazemos com a nossa Essência? Não está na hora de descermos e buscá-la, trazê-la para cima, a alojarmos no quarto de hóspedes, colocarmos geladeira, *freezer* e televisão para ela, a levarmos ao cinema, teatro, *shows* musicais? Tudo isso que fazemos conosco e com os nossos não devíamos fazer também com a nossa Essência? Por que a negamos? Por que a desprezamos?

Talvez uma reunião com a família e os amigos para apresentá-la, perguntar sua opinião sobre alguns assuntos, escutá-la, ouvir atentamente suas ideias, fazer-lhe perguntas, ela sabe coisas das quais esquecemos e certamente tem a solução para os nossos mais intrincados problemas. E colocá-la na direção da casa, da nossa vida, pedir-lhe que ajude a todos a descerem aos porões em busca dos Mestres Internos de cada um, que lá estão, no escuro, meditando, aguardando pacientemente. E, quem sabe, nos reunirmos todos, pais e filhos, amigos e parentes, numa grande celebração à beira do mar, ou num jardim de flores, ou à sombra de uma árvore, e conversarmos sobre os grandes mistérios, a finalidade da Vida, os objetivos da existência, a temporalidade e a responsabilidade das nossas personalidades inferiores, orientados pelas nossas Essências?

A Psicoterapia Reencarnacionista, que é a Terapia da Finalidade e do Aproveitamento da Encarnação, quer mostrar o quanto temos sido egoístas e irresponsáveis, e promover esse encontro. A partir do momento em que a personalidade inferior e o Eu Superior se reencontram, se religam, e por méritos hierárquicos o verdadeiro líder assume o comando, as coisas começam a mudar em nossa vida. Os valores paulatinamente vão se modificando, os objetivos e as metas, tão ansiosamente buscados, mudam de importância, pois o que interessa à personalidade inferior pode parecer extremamente supérfluo e fútil para a sua Sabedoria Interna e coisas miúdas, antes ignoradas, banais, passam a assumir proporções enormes, pois o que interessa fortemente à Essência, às vezes, parece bobagem para a personalidade inferior, presa em suas ilusões terrenas.

Quando o egoísmo vai sendo derrotado pelo altruísmo, quando o eu começa a impregnar-se do nós, quando a concepção equivocada de nascimento, vida e morte começa a estender-se para o eterno, quando muitas vezes o que é agradável e desejável para a minha personalidade inferior percebe-se prejudicial para a minha Essência, ou, então, o benéfico para minha Essência percebe-se aparentemente prejudicial para a minha personalidade inferior, enfim, quando os muros da nossa cidade aquartelada vão ruindo, quando começamos a perceber os nossos erros e equívocos, quando começamos a pensar no que estamos fazendo e para que, aí a integração verdadeira entre o que pensamos ser e o que somos realmente começa a se concretizar. A reconexão entre o eu inferior (temporário) e o Eu Superior (eterno) é o que propõem todas as religiões, e o religar-se com o Superior, com Deus, passa por encontrar o seu Propósito naquela cela, e entender o significado e os objetivos de uma reencarnação, vivida por uma persona aparente e passageira, iludida e infantil.

Quando nós reencarnamos, viemos com planos e metas traçadas, sabemos por que estamos necessitando dessa nova passagem por aqui, por um plano dimensional denso, e, portanto, de um corpo físico que nos sirva de veículo nessa passagem. Sabemos o que temos de aprender, o que temos de corrigir, o que devemos melhorar, o que precisamos alcançar, onde queremos chegar. Sabemos que encontraremos situações difíceis pelo caminho e que elas é que nos possibilitarão evoluirmos e alcançarmos nossos objetivos. Sabemos quem são os nossos denominados pais, onde estamos chegando e por quê, e temos consciência de um projeto idealizado por nós mesmos para a nossa passagem por aqui.

Mas, a partir do momento em que o espermatozoide do nosso eleito pai fecunda o óvulo da nossa eleita mãe, começam os problemas. Durante o tempo em que estamos formando o nosso veículo físico dentro do útero materno, a partir de um molde psicobiológico, temos plena consciência do que acontece com os nossos pais, do que acontece entre eles, e deles em relação a nós. Nos relatos das regressões, quando de passagens pela vida intrauterina, percebemos claramente que o "nenê", dentro do útero, percebe o que os pais e outras pessoas falam, o que pensam e sentem. Relatam o que a mãe está dizendo e até o que ela está pensando, relatam o que o pai está fazendo, se estão querendo ou não aquela gravidez, descrevem a casa, os quartos, as pessoas que lá habitam etc. Algumas vezes me dizem que estão sentados no sofá ao lado dos pais, estão no colo da futura avó, e isso ocorre porque o corpo físico está se formando dentro do útero, mas a Consciência (Espírito) está lá fora, em corpo astral. Então, é fácil concluir que o comportamento e a personalidade dos futuros familiares, seu relacionamento, questões afetivas, financeiras etc., estarão sendo registrados no Inconsciente daquele ser cujo corpo físico está se formando dentro do útero, que aos poucos vai perdendo a lembrança da sua origem, da sua Essência, e vai incorporando gradativamente as ilusões da personalidade temporária, o embrião da sua personalidade inferior. Vai esquecendo o seu plano pré-reencarnatório com aquele pai, com aquela mãe, com aquela família, com aquela situação, e começa a passar o comando para o seu ego, que tem a ilusão de que as coisas estão começando, esquecido de quem é realmente e de quem foram eles em tempos outros.

Um mau relacionamento entre os pais, rejeição de algum deles ou de ambos, situações de dificuldades, agressividade etc., tudo é registrado ainda quando estamos dentro do útero e fica em nosso Inconsciente, reforçando certas características negativas congênitas da nossa personalidade e as nossas maneiras de reagir às situações futuras. Essa talvez seja a principal causa das chamadas psicoses, em que a pessoa permanece fixada em um comportamento regressivo, muitas vezes autoincorporando-se em uma personalidade sua de alguma encarnação passada, como uma recusa em viver, por medo, aliado, claro, a fortíssimos traumas de encarnações passadas e à ação deletéria de Espíritos obsessores. O autismo pode ter uma explicação semelhante, ainda mais profunda, uma recusa em encarnar. Mas, se o trauma não é tão forte e assustador, e o que trazemos em nossas características de personalidade também não, geram-se as neuroses características de todos nós, os "normóticos", os normais-neuróticos.

Certamente, um nenê, ou, melhor dito, um Ser (Espírito) em um corpinho de nenê, quando nasce, não é um livro em branco, ele traz uma bagagem enorme de outras passagens por este e outros planos dimensionais, e traz também uma bagagem daqueles meses de vida intrauterina. O somatório disso tudo, mais o que vai percebendo e assimilando nos primeiros tempos aqui fora, e mais tarde, irá definir a nossa personalidade, que é semelhante à das encarnações anteriores, ou seja, uma continuação, piorada ou melhorada pelas atuais circunstâncias. As memórias pretéritas, as memórias da vida intrauterina e as dos primeiros anos de vida extrauterina permanecem no Inconsciente e somente o que acontece mais tarde passa a ficar registrado no Consciente. Como isso que jaz oculto reforça uma maneira congênita de pensar, sentir e agir, gera-se uma estrutura tão complexa que, devido à insegurança existencial decorrente, as ilusões da personalidade inferior tornam-se mais e mais fortes e acabam dominando a situação. Nós passamos a funcionar como se fôssemos realmente isso que parecemos, todos nos chamam por aquele nome, em casa, na rua, no colégio, nos documentos de identidade e, pronto!, está constituída a Grande Ilusão.

Todos vocês, que agora percebem as ilusões da sua personalidade inferior, começam a entender por que andam se desviando, para mais ou para menos, pela vida, quer o percebam, quer não, e por que não estão evoluindo mais rapidamente do que deveriam, enredados nesses conflitos cotidianos de personalidades temporárias? A solução é ver por trás das ilusões, reencontrar-se com suas metas pré-reencarnatórias e permitir que o verdadeiro líder assuma o comando. Isso é fácil? Não, por causa das armadilhas.

Exercícios

1. Você acredita em Reencarnação. Você chama esta encarnação de vida ou de mais uma passagem pela Terra?

2. Você quer aproveitar a vida, aproveitar a encarnação ou ambos?

3. O que é aproveitar a encarnação?

4. O que é desperdiçar uma encarnação?

5. O que seu ego quer que você faça?

6. O que seu Eu Superior quer que você faça?

7. Você está vivendo esta encarnação como seu Espírito quer que viva?

8. Se você fosse seu Mentor Espiritual, o que pensaria a seu respeito?

9. Quantas vezes você fala "eu" por dia?

10. Quando nós falamos "nós", estamos falando de todo mundo ou só da nossa família, dos nossos amigos, dos nossos colegas?

A MORTE

Não existem nascimento e morte, esses conceitos foram criados e são mantidos pelas Igrejas que não lidam com a Reencarnação. Esses aparentes limites existem para a ilusão da nossa personalidade inferior, enquanto que para a nossa Essência são apenas a chegada e a saída daqui. A chegada plena de esperanças, planos e projetos, e a saída, frequentemente, repleta de frustrações e fracassos. A não crença na Reencarnação é um dos principais fatores obstaculizantes à evolução do ser humano no sentido de sua libertação do imediatismo, do egoísmo, do materialismo, frutos da consequente tendência de viver apenas o hoje, essa vida, sem uma visão histórica de antes e depois, sem uma perspectiva mais ampla. E essa visão limitada e limitante, infelizmente, é reforçada pela Psicologia oficial, que analisa e trabalha o "início" da vida dos pacientes até o "fim", pois é herdeira das ideias das religiões dominantes, não reencarnacionistas. Os psicólogos e os psiquiatras que acreditam na Reencarnação já têm uma alternativa: a Psicoterapia Reencarnacionista.

É interessante praticarmos uma meditação e nos imaginarmos já desencarnados, lá no Mundo Espiritual, e promovermos uma avaliação da nossa vida terrena e da nossa trajetória nesta derradeira passagem. Na realidade, é assim que acontece quando desencarnamos, a não ser que permaneçamos ainda ligados a este Plano Terreno, tentando obter algo ou conectados a situações daqui que pareçam ainda importantes. Mas, na maioria dos casos, após a morte do nosso veículo físico, entramos em contato com Amigos Invisíveis que vêm nos buscar e, após subirmos, em conversas com Orientadores nos hospitais ou em outros locais do Plano Astral, nós fazemos essa autoavaliação.

Pessoas que passaram pelo fenômeno de quase morte, em situações traumáticas como acidentes, coma etc., referem que, quando estavam saindo do corpo, viram passar em sua mente, em poucos segundos, toda a sua vida, como se fossem *flashes* rapidíssimos, e então perceberam em quais estados emocionais ou mentais estiveram mais fixados nesta existência, o que fizeram, o que deixaram de fazer etc. Quando voltaram, ao se refazerem do trauma ou por procedimentos médicos, passaram a ter certeza de que a Consciência não é um atributo do corpo físico, pois a maioria deles viu seu corpo deitado na cama, estirado na estrada etc., e percebeu-se pairando acima, ou seja, estavam fora do corpo, porém vivos! Muitos passam pela experiência de se sentirem conduzidos por um túnel em altíssima velocidade e muitos também contam o que viram no "lado de lá": paisagens, pessoas, antepassados etc. A Religião Espírita, em vez de Consciência, diz que é o Espírito que sai do corpo, mas é a mesma coisa.

Após o nosso desencarne, quando nos dirigimos para outros locais, no Plano Astral, realmente percebemos o quanto caímos nas armadilhas terrenas, o quanto fizemos pela evolução da nossa Essência, o quanto deixamos de fazer, em que acertamos, em que erramos, em que nos perdemos. As expressões mais comuns são as ditas por nós: "Ah, se eu soubesse..." e "Ah, se eu lembrasse...", e uma proferida por um Ser do Plano Astral: "Não te preocupes, tu terás uma nova oportunidade!". Então, para lembrar a todos: Nós estamos na nova oportunidade! Se vamos fazer depois essa autoavaliação e esse *mea culpa*, por que não fazer agora, quando temos a chance de retificar o nosso caminho aqui, de corrigir as nossas atitudes aqui? É muito triste, após irmos embora desta Terra, percebermos que caímos nas armadilhas e deixamos de cumprir o que havíamos nos proposto antes de descer, e mantivemos as nossas antigas mágoas, ressentimentos, tristezas, sensação de inferioridade, medos ou os nossos antigos orgulhos, vaidades, apego aos bens materiais. Enfim, todas essas questões ligadas ao nosso ego, às ilusões da nossa personalidade inferior, enquanto os verdadeiros valores da nossa realidade infinita foram deixados de lado, por ignorância, por descuido, por cegueira. E constatarmos, então, que repetimos o mesmo erro de encarnações anteriores: reencarnarmos para melhorar características inferiores nossas e não fazermos isso por acreditarmos que elas surgiram aqui, sem atentarmos que já vieram conosco ao descermos.

Devemos lembrar que as coisas não começam na infância e que as nossas imperfeições brotam de dentro de nós e não dos fatos da vida. As chaves para o real aproveitamento de uma encarnação são: a noção da Personalidade Congênita e o entendimento da Lei do Karma. Devemos recordar frequentemente que um dia deixaremos este corpo físico e esta dimensão física, e que as nossas relações afetivas e familiares, como estão estruturadas, através de rótulos, são apenas desta encarnação (em outras encarnações são através de outros rótulos). O que levaremos conosco no dia em que partirmos? Tudo que é sólido permanecerá por aqui, ou seja, nosso corpo físico e tudo o mais visível. Na verdade, nada é sólido, mas, para fins didáticos, neste livro eu dividirei as coisas em duas categorias: o que é visível ("sólido") e o que é invisível. Quando subirmos, apenas nos acompanharão os nossos sentimentos (no corpo emocional), os nossos pensamentos (no corpo mental), os nossos atos e memórias, enfim, tudo que é invisível. As boas ações irão conosco, as más também, o amor, a caridade, os gestos de fraternidade estarão conosco ao lado dos ódios, das raivas, dos gestos violentos, dos egoísmos. Os bons e os maus pensamentos e os bons e os maus sentimentos lado a lado, confrontando-se.

Qual será a nossa autoavaliação, então? Evidentemente, será o que estiver prevalecendo, e aí virá a sensação de vitória ou de derrota.

É muito triste a constatação do erro, uma encarnação transformada numa sequência de atos equivocados, a nossa atuação regida por uma persona que, embora real por natureza, vive de maneira ilusória, presa nas armadilhas, por não perceber-se temporária, por não conectar-se aos seus verdadeiros propósitos e metas.

Está tudo perdido? Claro que não. Existem muitas dimensões para onde iremos após a morte do corpo físico, e o que determinará isso é o nosso padrão emocional e mental e a frequência vibratória decorrente. No mundo visível, os opostos se atraem, no mundo invisível, o semelhante atrai o semelhante. Nada é religioso, nada é oculto nem misterioso, tudo é explicado pela Física, principalmente pela moderna Física, a Quântica. Não devemos confundir Reencarnação com Religião nem rotular os contatos com seres de outros Planos ou dimensões como misticismo, ocultismo, pois estamos entrando na Ciência do futuro. De acordo com a nossa frequência ao desencarnarmos, poderemos subir rapidamente para a Luz, se estivermos leves, ou mais lentamente, se estivermos um tanto pesados, ou poderemos não chegar lá, se estivermos muito pesados. Para subirmos, quanto mais leves, melhor, e leveza significa bom caráter, amabilidade, sensibilidade, pensamentos positivos, bons sentimentos, boas ações, altruísmo, espiritualidade. A tristeza pesa, a mágoa pesa, a raiva pesa, o materialismo pesa, o egoísmo pesa muito.

Após a "morte", não viramos uma "nuvenzinha" ou algo fantasmagórico, pelo contrário, mantemos nossos outros seis corpos, perdemos apenas o corpo físico e o duplo etérico, portanto mantemos os sentimentos, os pensamentos, as memórias e a nossa personalidade. Permanecemos exatamente como somos, em todos os aspectos, menos o corpo físico, veículo para a nossa manifestação na Terra. A personalidade inferior é ilusória na sua maneira de enxergar-se e de se relacionar com tudo que cerca enquanto está por aqui, e essa ilusão é decorrente da falta da verdadeira visão, que por sua vez é decorrente da falta de autoconhecimento, que por sua vez é decorrente de antigas ideias religiosas que vêm bloqueando a evolução consciencial do ser humano. A maioria de nós apenas conhece seu corpo físico e muitos até acreditam que os pensamentos e os sentimentos estão no cérebro. Como podem entender a "vida" e a "morte" com esse pouco conhecimento?

Muitas pessoas perguntam-se como é a vida depois da morte. Na verdade, essa pergunta está errada até em sua formulação, pois não existe morte, então não existe vida depois da morte, o que existe é um eterno *continuum*, somos sempre nós, a nossa Essência, a nossa Consciência, estejamos neste Plano Terreno ou não. Quem entender isso perderá o medo da morte e ao mesmo tempo aumentará a sua responsabilidade com a "vida", isto é, a responsabilidade da sua personalidade encarnada com a sua encarnação. A nossa Essência confia em nós e fica "torcendo" por nós, como se fosse uma torcida organizada na arquibancada. Ela, às vezes, pode "entrar em campo" apenas como o técnico o faz à beira do gramado, transmitindo orientações, mas quem está jogando é a nossa personalidade inferior. Mas poucos jogadores escutam o técnico. Obedecer, então...

Uma questão fundamental é de que maneira sairemos daqui, ou seja, em que estado mental e emocional, em que frequência vibratória. Os níveis dos nossos pensamentos, sentimentos e ações é que determinam a nossa frequência e como a nossa vida terrena vai transcorrendo. Isso explica a "sorte" e o "azar". O mais importante de tudo é a nossa frequência, durante a vida ou após a "morte". Uma frequência elevada nos sintoniza com coisas boas, com seres elevados, com a felicidade, com o bem, mas uma frequência baixa, ao contrário, nos sintoniza com coisas ruins, com seres inferiores, com a tristeza, com o mal. Chegará o dia em que a Física explicará tudo o que as religiões estão tentando explicar.

Após a saída da nossa Consciência do veículo físico ("morte"), ela vai para o corpo emocional, que apresenta uma certa frequência, em função dos nossos sentimentos, e é essa frequência que determinará o nosso destino pós-desencarne. Existem várias opções de destino e, no final das contas, aquela velha história de céu e inferno não está tão longe assim da realidade, apenas não é tão dicotômica, pois existem inúmeras possibilidades de "céus" e de "infernos". O nosso destino, após a morte do corpo terreno, vai depender de nós mesmos, ou seja, de como vivemos enquanto aqui estivemos, o que depende de como pensamos e de como sentimos e da nossa maior ou menor capacidade de amar. Devemos cuidar do nosso corpo emocional (sentimentos), pois é para lá que iremos após a morte do nosso veículo físico. Nós nos sentimos onde a nossa Consciência está: no corpo físico enquanto encarnados acordados, e no corpo emocional quando estamos dormindo ou após a morte do corpo físico.

Então, vale a pena, sim, ser feliz, ser útil, ser altruísta, ser honesto, ser trabalhador, ser espiritualizado, e não vale a pena ser infeliz, ser egoísta, ser apegado aos bens materiais, ser desonesto. Percebe-se, então, como as ilusões atuam, pois algumas pessoas, que são símbolo do sucesso pessoal ou profissional, como estarão se sentindo após seu desencarne? E outras pessoas, humildes, quietas em seu trabalho, aparentemente fracassadas pelos padrões materialistas do mundo terreno, como estarão depois? Por isso, é muito difícil julgar alguém pelos critérios materialistas e pelos padrões socialmente aceitos e incentivados. Muitas vezes, é mais arriscado nascer-se em uma família rica do que em uma pobre, como também ser bonito fisicamente, pois as armadilhas do mundo material estão sempre à espreita das desatenções a fim de capturar os incautos e os desavisados. O "orai e vigiai" fala disso. Orar não é apenas pedir que Deus ajude ou proteja, mas também contatar o seu Deus interno, a sua Essência, e vigiar é estar atento aos nossos instintos, às nossas inferioridades, às armadilhas e às tentações do mundo material.

Não é apenas pelo procedimento nesta atual passagem terrena que o nosso destino estará traçado após o desencarne. Na verdade, tudo é uma questão de "crédito e débito", energeticamente falando, e não do antigo ponto de vista religioso baseado na culpa e no temor. Nós abandonamos este corpo físico melhores ou piores do que quando chegamos, dependendo de como pensamos, sentimos e agimos.

Uma pessoa que nesta vida portou-se de maneira equivocada, do ponto de vista moral e ético, mas possui suficiente "crédito" de outras existências pretéritas, não terá o mesmo destino de outra que não o possui. É importante que isso fique bem claro, senão cairemos no critério dualístico de que quem faz o bem vai para o "céu", quem não faz vai para o "inferno", e não é assim.

Evidentemente, quem acrescentar positividades aos seus corpos emocional e mental, por bons sentimentos e bons pensamentos, certamente terá esse seu mérito reconhecido, não por alguma entidade julgadora, uma imagem de um Deus criado pelos homens e que não existe, mas pelas leis da Física, e será conduzido vibracionalmente, automaticamente, para regiões onde a frequência vibratória é compatível com a sua. É importante que a noção de continuidade permaneça forte em nosso raciocínio, porque não se pode avaliar uma atuação apenas nesta vida como determinante do destino pós-morte física. Nós somos a mesma Consciência, a mesma Essência, e cada vida terrena é como um dia, e então pode-se ter um dia em que se praticam más ações, mas se em dias anteriores o conjunto das boas ações predominou, o resultado final, vibratoriamente falando, é que contará.

Não existe julgamento de quem quer que seja a nosso respeito, tudo é consequência de nossa frequência vibratória, estejamos aqui ou do "lado de lá". Não existem juízes ou julgadores, apenas nós mesmos, a nossa frequência vibratória e o que sintonizamos. O chamado Umbral (Inferno) são regiões de baixa frequência onde estão os seres que vibram nessa frequência. As experiências nesse local são muito desagradáveis e sofridas, mas, em algum tempo, essas Consciências desencarnadas podem ascender a níveis superiores de frequência, por méritos próprios e/ou por trabalhos de resgate dos planos espirituais superiores.

Algumas pessoas, após o desencarne, ainda permanecem por aqui, tornando-se os chamados Espíritos obsessores, presos a outras pessoas, a valores materiais ou a vícios. Querem continuar junto de suas posses, querem vingar-se de seus desafetos, querem seguir ao lado de suas paixões. Geralmente, eles se tornam motivo de transtorno para os encarnados que com eles se relacionam e um trabalho de conscientização e esclarecimento se faz necessário para que eles percebam a oportunidade de evolução que tiveram com o desencarne, desligando-se das ilusões deste passageiro plano material. Eles precisam entender a realidade da Reencarnação e a relatividade e temporalidade de sua atual personalidade inferior. Desencarnaram, mas não se libertaram das ilusões. Outros permanecem por aqui, não por má intenção, mas sim pelo desejo de cuidar de entes queridos, familiares ou amigos que julgam necessitar de sua atenção. Também devem ser conscientizados e encaminhados para dimensões compatíveis com o seu estado desencarnado. Geralmente têm um bom destino.

É importante termos bem clara a noção de que a morte do corpo terreno não determina o final da existência, pois nada muda, a não ser a ausência do corpo físico. Os sentimentos e os pensamentos permanecem exatamente como eram, ou seja, segue tudo igual, somente o corpo material não é mais necessário, pois abandona-se a trajetória terrena. Nós não viramos uma "nuvenzinha" ao desencarnarmos, pelo contrário, nós não mudamos, intrinsecamente, em nada! O corpo físico é apenas o veículo utilizado pela nossa Essência na trajetória terrena e a sua morte não nos altera em nada, ou seja, a morte existe somente para o veículo, não para a Essência.

Então, não devemos temer a "morte", muito pelo contrário, devemos pensar nela com lucidez, para irmos retificando a nossa trajetória, corrigindo e purificando os nossos pensamentos e sentimentos. Devemos viver esta vida terrena com a morte do corpo presente, não como algo mórbido, e sim como um alerta para não nos esquecermos da responsabilidade, enquanto Personalidade Inferior, em relação à nossa Essência e à transitoriedade. A morte física é o retorno ao Plano Astral e o ideal é que essa volta seja feliz e vitoriosa. Mas não é o que se observa na prática, em que a maioria dos retornos é acompanhada de doenças graves, sofrimento, depressão, mágoa, raiva etc. Quem ficar com o seu corpo físico velho e saudável, feliz, realizado, ativo, bondoso, dócil, manso, e morrer bem, sem sofrimento, chegará lá em cima como um vitorioso.

EXERCÍCIOS

1. Você tem medo da morte?

2. Será que, após morrer, você vai ficar na Terra para beber alcoólicos, fumar cigarro, usar drogas, cuidar das suas coisas, vingar-se de alguém?

3. Para onde você quer ir após morrer seu corpo físico?

4. Você quer voltar para o Mundo Espiritual saudável, bem ou mal, doente, em uma maca?

5. Como estão os seus pensamentos?

6. Como estão os seus sentimentos?

7. Como estão as suas atitudes?

8. Como estão as suas palavras?

9. Como está a sua frequência vibratória?

10. Você é honesto?

11. Você fala a verdade?

12. Você é digno de Deus?

13. Você quer ir para o Inferno (Umbral)?

AS CRIANÇAS

Nós, reencarnacionistas, devemos enxergar as nossas crianças, os nossos filhos e os filhos dos outros do ponto de vista reencarnacionista e não baseados nos rótulos ilusórios das "cascas".

Com a prevalência em nosso planeta, por enquanto, de uma Psicologia não reencarnacionista que nos enxerga somente a partir da infância, que chama equivocadamente de "o início da vida", e com o engano das ilusões dos rótulos, os nossos filhos são considerados "nossos" "filhos". Quem está realmente atento ao fato de que são Espíritos que estão retornando? E que vêm com uma historicidade muito antiga de vivências e experiências? E quantos aqui chegam e são abortados, rejeitados, abandonados, maltratados, quantos vivem situações de abuso físico, abuso sexual, falta de estudo, falta de um verdadeiro lar?

Tenho um certo conhecimento a respeito das leis do Karma, sobre os resgates, sobre a oportunidade que certas condições traumáticas do início dessa vida representam para o aprendizado de antigas lições, e sei que muitas vezes necessitamos passar por carências e traumas, que visam a servir de estímulo para o nosso crescimento e evolução consciencial e para a ampliação da nossa capacidade de amar. Mas penso que, se nós lembrássemos vivamente que, entremeado naquele corpinho de nenê, de criança, existe um Espírito retornando cheio de esperança, ansioso por essa nova oportunidade, que está voltando para cá, indefeso, frágil e extremamente vulnerável, características do filhote do homem, ou então com medo dessa nova experiência e, às vezes, até relutante, teríamos muito mais cuidado e preocupação com o que fazemos, ou não fazemos, com eles.

Todos sonhamos com o dia em que a humanidade atingirá um estágio maior de sabedoria e a Terra deixará de ser um "campo de testes e de provas" e atingirá um grau mais elevado, o que pode ocorrer ainda neste milênio. Devemos todos nos empenhar no projeto de evolução da humanidade e, para isso, é fundamental que passemos a enxergar os Espíritos recém-chegados ("crianças") como alunos que entram em uma Escola, e nós, que estamos aqui há mais tempo, devemos atuar como seus professores, orientadores. Mas, para isso, é necessário que realizemos primeiramente em nós um profundo trabalho de crescimento e desenvolvimento, que atinja a nossa sociedade como um todo, em seus valores morais, sociais e culturais, para que possamos enxergar igualmente os nossos filhos e os filhos dos outros, as crianças ricas e as pobres, os nascidos no nosso país ou nos outros, os de "casca" branca, preta ou amarela. Quando conseguirmos vislumbrar Espíritos encaixados dentro desses pequeninos invólucros, escondidos sob tantos rótulos ilusórios, poderemos ser seus instrutores espirituais aqui no planeta.

Como somos egoístas! Mesmo nós, vestidos de espiritualistas, de evoluídos, de sábios, como tendemos a pensar que a responsabilidade é das autoridades, é dos outros, que não somos culpados de nada, que em nada colaboramos para que exista e perpetue-se essa miséria, essa injustiça cometida contra esses pequenos corpinhos que perambulam pelas ruas, pelas sinaleiras, que nos chamam de tio, de tia, e aos quais, de vez em quando, magnanimamente, oferecemos algumas moedas ou uma bala, um pirulito, ou um brinquedo que o nosso filho, limpinho e perfumado, bem cuidado e alimentado, não quer mais.

Como somos hipócritas! Fingimos acreditar que não temos tempo para nos juntarmos e acabarmos com esse atestado de nossa pobreza espiritual, de nossa tacanhice moral, fazendo discursos em frente à televisão, nos indignando com os políticos, com as notícias, criticando os "culpados", estatelados no sofá, ao som dos jogos dos computadores e dos videogames dos "nossos" filhos, sofrendo pelos que não são nossos, são dos outros, num contraste que evidencia claramente os responsáveis por tudo isso: todos nós.

Mas isso vai melhorar, claro que com o decorrer dos séculos, mas vai mudar, eu tenho certeza! Um dia, o "Reino dos Céus" estará aqui, e nesse dia nós estaremos nos dedicando prioritariamente aos outros, à saúde e ao conhecimento, e não mais, como hoje, preferencialmente, a nós mesmos e aos nossos, ao superficial e ao temporário. A cura da humanidade é a cura do egoísmo e da ignorância de cada um de nós.

A aplicação da Psicoterapia Reencarnacionista não pode ser feita com a criança, e sim com seus pais, principalmente baseando-se as conversas na Personalidade Congênita (do filho e dos pais) e nas leis que regem a nossa aproximação, constituindo o que se chama de "família". A nossa verdadeira família é toda a humanidade, a nossa família terrena é um agrupamento de Espíritos reunidos por Deus com algumas finalidades, mas sempre visando à evolução de cada um, individualmente. Atentando para a Personalidade Congênita, os pais podem entender com mais clareza para o que cada um deles reencarnou e para o que seu filho reencarnou, e muitas vezes dá para começar a entender por que estão próximos. Entre as Leis de Atração entre os Espíritos encarnados existe a Lei da Similaridade, em que os Espíritos se atraem por semelhança de características de personalidade e de hábitos, costumes e vícios, advindos de encarnações passadas. Então, observamos um pai e um filho autoritários, agressivos, prepotentes, observamos uma mãe e um filho submissos, tristes, magoados, observamos as tendências de honestidade, de desonestidade, de alcoolismo, de drogadição, de tabagismo, de espiritualidade, de materialismo, de autodestrutividade, de bondade etc. Enfim, isso que se diz: "Puxou o pai" ou "Puxou a mãe", ou "Puxou a família do pai" ou "Puxou a família da mãe", não é bem assim, é mais profundo, na verdade, são Espíritos que "se puxaram", se atraíram por similaridades. E por que se aproximaram? Bem, saber mesmo, só Deus é quem sabe, mas podemos conjeturar que é por merecimento, por necessidade, para enxergar um no outro os defeitos, para resgatar coisas do passado, e assim por diante.

Enquanto a noção não reencarnacionista diz que um filho é de uma certa maneira porque seu pai é assim, ou sua mãe, ou porque fizeram isso ou aquilo, ou não fizeram isso ou aquilo, nós afirmamos que cada filho é como é porque nasceu assim, essa é a compreensão da Personalidade Congênita. E, além de ela explicar muitas incógnitas, ajuda a todos nós a percebermos com mais clareza para o que cada um reencarnou, dentro da proposta de Reforma Íntima.

Um exemplo: há alguns anos, um pai e uma mãe me trouxeram seu filho de uns 8-9 anos que, segundo eles, era terrivelmente autoritário, prepotente, agressivo, depreciativo com eles, com os pobres e até racista, não gostava de negros, mexia com eles, zombava etc. Alguém diria: "Como pode uma criança tão pequena ter ficado assim? Que exemplo os pais ou a família estão dando para ela?". Já haviam levado seu filho a vários profissionais e sempre o tratamento vertia para essa busca, quem ou o que deixou essa criança assim? Mas o seu irmão maior não era assim, pelo contrário, era calmo, humilde, carinhoso, atencioso; por que um era de um jeito e o outro de outro? Isso parece inexplicável para quem não é reencarnacionista, mas enquanto eu escutava a história e observava a criança, já percebia muita coisa... Perguntei aos pais se eles acreditavam na Reencarnação, me responderam que sim, frequentavam Centro Espírita, faziam o Evangelho no lar. Pedi para o pai levar a criança à sala de espera e perguntei para a mãe: "Acreditando na Reencarnação, quem a senhora acha que seu filho era na vida anterior a esta?". Ela respondeu imediatamente: "Ah, doutor, devia ser um nobre, dono de um castelo". Perguntei: "E a senhora, quem era lá?". Ela disse: "Eu devia ser a faxineira, pelo jeito que ele me trata". Mandei o pai entrar e contei-lhe do que estávamos falando, e perguntei: "E o senhor, quem era?". Respondeu: "Eu devia cuidar dos cavalos dele, até hoje eu adoro cavalos!". E a criança olhando com aquele ar superior... Perguntei para o menino: "Fulaninho, o que você pensa do seu pai e da sua mãe?". Ele me disse: "Eles precisam me obedecer, eu mando neles, devem fazer o que eu quero!". Então, falei, olhando para os pais, que observavam tudo com ar quase incrédulo: "Bem, o dono do castelo aí está, reencarnado como filho da faxineira e do cuidador de cavalos". A mãe começou a chorar e me disse: "Doutor, então não é culpa nossa ele ser assim, nós não estamos errando com ele, dando muita balda, falta de limites, como sempre nos dizem?". Respondi a ela: "Não, ele é assim porque nasceu assim. E o importante é vocês saberem, já que receberam essa Missão divina de serem seus pais nesta atual encarnação, o que ele veio mudar, transformar, qual sua proposta de Reforma Íntima, e isso aplica-se também ao senhor e à senhora. O que a senhora deve mudar em si?". Ela disse: "A submissão". Perguntei: "E o senhor?". Respondeu: "O complexo de inferioridade". Então, falei a eles: "Cada um de vocês já sabe agora para o que reencarnou, e o que deve fazer de agora em diante".

Isso é Psicoterapia Reencarnacionista para crianças, conversas com os pais sobre Reencarnação, sobre Personalidade Congênita, sobre o que é uma família do ponto de vista reencarnacionista, quais nossas Missões (pessoal e coletiva) aqui encarnados, e como podemos realmente aproveitar a encarnação.

E você, caro leitor, tem filhos ou lida com crianças? Sabe para o que cada uma delas reencarnou? Sabe para o que você reencarnou? É tudo tão simples, o que complica é uma visão psicológica que não lida com a Reencarnação, pois é vinculada ao conceito não reencarnacionista das religiões prevalentes aqui no Ocidente.

Exercícios

1. O que é uma criança?

2. Por que seu filho ou filha é assim?

3. Você lembra que trouxe seu filho ou filha do Mundo Espiritual para a Terra?

4. Você é o pai ou mãe ou um Irmão Espiritual dele(a)?

5. O que será que vocês foram em outras encarnações?

6. O seu filho ou filha é um Espírito superior a você? Você aproveita isso para aprender com ele(a)?

7. O seu filho ou filha é um Espírito inferior a você? Você age como um Espírito superior a ele(a)? Será que é superior mesmo?

8. Agora que você entendeu a noção de Personalidade Congênita, sabe para o que seu filho ou filha reencarnou. Está ajudando-o(a) a alcançar essa meta?

OS ADOLESCENTES

Enquanto que no tratamento psicoterápico de crianças o raciocínio reencarnatório somente pode ser aplicado nas conversas com seus pais, através da noção da Personalidade Congênita, das relações carmáticas, da relatividade dos rótulos, da finalidade da encarnação etc., ao lidarmos com adolescentes, podemos falar abertamente com eles sobre o Espírito, sobre a "casca" e o aproveitamento da encarnação.

O principal trabalho psicoterápico com adolescentes é o da descontaminação! Numa sociedade como a nossa, uma sociedade-passatempo, francamente estimuladora dos falsos valores, que faz uma apologia escancarada do fútil e do superficial, do imediatismo e do prazer temporário, sensorial, é de fundamental importância que os nossos jovens, que geralmente estão caminhando cegamente para dentro das armadilhas, percebam o que é real e o que é ilusório, o que é verdadeiro e o que é falso, o que é digno de sua atenção e o que deve ser descartado.

Os adolescentes de hoje vivem uma época maravilhosa quanto ao acesso às coisas espirituais, esotéricas, místicas, bem ao contrário do tempo em que eu era jovem, quando me interessava por Astrologia, por alimentação natural, pelos mistérios, pelas profundezas do conhecimento, e era visto então como um cara estranho, que vivia trancado no quarto devorando livros e mais livros, tocando violão. Mas o famoso dito "Nada como um dia depois do outro" demonstrou mais uma vez a sua veracidade, e hoje, passadas algumas décadas, o Esotérico e o Espiritual explodem em sua grandeza, ainda não completamente, mas já sinalizando o caminho para o Homem do próximo milênio, que vai indo para dentro de si mesmo, cada vez mais para dentro, rumo à Perfeição, ao seu Deus interior.

Mas, ao mesmo tempo em que as vitrines das livrarias transbordam de mensagens espiritualistas, que clínicas e cursos dos assuntos energéticos proliferam de uma maneira impressionante, seja na área do autoconhecimento, seja na das Terapias Alternativas, quando os canais das televisões abrem espaço para o debate e a divulgação dessas antigas verdades, quando as revistas e os jornais rendem-se ao crescimento inevitável do interesse das pessoas a esse respeito, quando tudo sinaliza para a chegada da Nova Era, o velho paradigma, teimosamente, insiste em fazer de conta que isso é apenas uma moda passageira, algo que irá passar.

Mas não, a Era de Aquarius chegou, é o amor humanitário que está chegando e, indiferente aos que não acreditam nessas coisas, isso estabeleceu-se definitivamente, de um modo irreversível. E assim como é impossível impedir a chegada do amanhecer, o novo dia da humanidade começa a raiar no horizonte, sinalizando o desabrochar do novo Homem, mais sábio, mais profundo, mais engajado, mais consciente do seu papel transformador, de sua responsabilidade consigo mesmo, com os outros e com todo o planeta.

E quando um adolescente começa a pensar no que vai ser na vida, em que vai trabalhar, o que vai fazer para ganhar dinheiro, é muito importante que primeiro passe um pano e retire a poeira mofada dos velhos valores que lhe obscurecem a visão. Precisa ser estimulado a realizar um profundo trabalho interno de limpeza e descontaminação de tudo que lhe poluiu desde que retornou a este mundo, das mensagens subliminares, consumistas e sexuais dos programas "infantis" das televisões, que seus pais lhe incentivavam a assistir, quando era apenas uma criancinha, da violência dos "inocentes" jogos eletrônicos que estimularam seus instintos inferiores, dos sutis decretos consumistas que lhe dizem o que deve ou não usar, o que está ou não na moda, da obscura imposição, aparentemente vinda de lugar nenhum, que lhe diz o que deve ou não fazer, o que é certo ou errado, conveniente ou não, adequado ou não.

Inserido numa sociedade que prioriza o passar o tempo, o bem-estar, o viver sem rumo e sem finalidade, que cria e adora falsos ídolos, falsos heróis, tão instantâneos e sem conteúdo como ela própria, em que as Escolas trabalham prioritariamente o hemisfério esquerdo, estimulando em seus alunos apenas o lógico e o racional, sem perceber o quanto é perigoso acreditar-se demais nesse hemisfério, e as diversões são apenas isso, diversões, as noites são para curtir, as férias são para curtir, a vida é para curtir, e durante o dia – que saco! – tem que estudar, como querer que nossos adolescentes tornem-se adultos que irão melhorar o mundo? O mais provável, e é o que se verifica, é que alguns adultos parecem mais crianças ou adolescentes do que realmente adultos.

Mas, de qualquer maneira, e apesar de tudo, o mundo vem melhorando, passando por cima das forças que querem nos idiotizar, nos robotizar, nos manipular como a um rebanho cordato e passivo, graças ao enorme impulso criativo inato do ser humano e à energia transformadora que ecoa por todo o planeta, que faz com que aos poucos a raça humana vá evoluindo e chegando cada vez mais perto de um nível superior de consciência. Mas que podíamos ir mais depressa, ah!, claro que podíamos, mas a Inquisição ainda não acabou, ela agora traveste-se, não "purifica" mais no fogo, mas ainda acredita que tem o poder, não percebeu que não é dona de mais nada, além dos seus ranços acadêmicos e de seus raciocínios machistas e separatistas.

Uma boa tática que recomendo aos adolescentes que desejam aproveitar a sua encarnação é evitar cair em estados negativos de pensamentos e sentimentos a respeito de seu pai, sua mãe e outros familiares. Tenho tratado psicoterapicamente muitos jovens que se queixam, e com razão, do seu pai ou da sua mãe serem agressivos, ausentes, materialistas, autoritários, pouco carinhosos etc. Após conversarmos sobre a finalidade da encarnação, a Personalidade Congênita e a ilusão dos rótulos, recomendo a eles que "não se estraguem", ou seja, que se comprometam mais com o seu Espírito, no seu objetivo pré-reencarnatório de autoevolução e purificação, do que com outro Espírito encarnado, tenha o rótulo familiar que tiver, perdendo-se em mágoa, raiva, tristeza, autodestruição etc. A prioridade deve ser dada à purificação das próprias características negativas, à responsabilidade e compromisso de sua "casca" com seu Espírito.

Um filho que sentir mágoa e ressentimento em relação a seu pai, por ser ausente, não participativo, ou agressivo, autoritário, apesar de ter razão nesses sentimentos, não deve estragar a sua encarnação por causa disso. Deve comprometer-se com o seu projeto evolutivo, raciocinando que a mágoa vem de dentro de si, que o ressentimento também vem do seu pensamento, que a raiva que sente lhe faz mal, enquanto há tanta coisa boa para fazer, tanto esporte, música, cinema, teatro, praia, além de que, talvez, tenha resgates cármicos de outras épocas.

Um filho que se queixa de seu pai ou de sua mãe sabe o que pode ter feito para eles em outras encarnações? Sabe se não fez até algo pior? Sempre que uma pessoa no meu consultório, adolescente ou não, queixa-se do seu pai ou da sua mãe, e me diz ser reencarnacionista, eu me pergunto: E por que Deus escolheu para ele(a) esse pai ou essa mãe? Por que estão próximos? Quando dá uma brecha, eu pergunto isso à pessoa. Muitas pessoas querem fazer Regressão para descobrirem isso, e nós sempre explicamos que a Regressão em nosso consultório é dirigida pelos Mentores de cada um e nós nunca incentivamos o reconhecimento nas regressões para não infringir a Lei do Esquecimento. Mas, se os Mentores quiserem que a pessoa reconheça, ela reconhecerá, mas isso é muito raro, o Mundo Espiritual não gosta de se envolver nos Karmas entre as pessoas, preferindo, nas Sessões de

Regressão, nos desligar de fatos traumáticos e nos dar lições a nosso respeito. Mas muitos Terapeutas de Regressão incentivam esse reconhecimento, e isso é uma seríssima infração à Lei do Esquecimento.

Devemos priorizar mais o Espírito do que o eu encarnado, colocando este sob a orientação daquele e, então, sentimentos negativos, como, no exemplo, mágoa e ressentimento, devem ser melhorados, de preferência eliminados, mesmo que o adolescente sinta e acredite ter razão de senti-los, para que não atrapalhem a sua atual encarnação e o seu Espírito possa aproveitar essa passagem para evoluir. Evolução é limpeza dos sentimentos, mesmo com esse pai, com essa mãe. Quem tem pai e mãe é o eu encarnado e não o Espírito, ou seja, isso faz parte das ilusões dos rótulos, pois na verdade pais e filhos são Espíritos encarnados, e quando apresentam dificuldades de relacionamento entre si, devem procurar harmonizar-se, pois quase certamente já vêm conflitando-se há muito tempo e, então, aí está um dos seus objetivos pré-reencarnatórios.

Tenho visto jovens, que referem mágoa em relação a um dos seus pais, descobrirem, nas Sessões de Regressão, que já eram pessoas magoadas lá atrás, ou seja, que a sua mágoa é congênita, já vem de outras encarnações, então por isso reagiram com mágoa aos fatos da atual encarnação. E viram que a principal finalidade dessa sua atual encarnação é, justamente, a melhoria, ou a cura, deste sentimento. É um grande erro alguém cair na mágoa, que veio para curar e não está curando, e com isso estragar a sua encarnação. Qualquer pessoa que sinta uma relação conflituosa com seu pai ou sua mãe deve olhar por trás desses rótulos, e pensar que, se existe desconforto na relação, uma raiva, uma mágoa, um medo, e são dois Espíritos que estão se encontrando, isso deve ser antigo, deve vir lá de trás. E então tentar resolver este conflito, melhorar a relação, botar em ação uma prática constante de busca de harmonização com aquele irmão de jornada, o que passa, obrigatoriamente, pela melhoria dos seus próprios defeitos.

Uma boa maneira de alcançar isso é olhar os pontos positivos do nosso conflitante, em vez de ficarmos presos apenas ao que não gostamos nele(a), como se fôssemos os donos da razão, os perfeitos, os apóstolos da virtude, esquecendo o que nos disse o Divino Mestre: "Não fazei aos outros o que não queres que te façam!". Todos amam Jesus, mas quem realmente pratica isso? E quem ama ao seu próximo como a si mesmo? Quantos tratam os outros como querem ser tratados?

Numa consulta com um jovem que está sintonizado, por exemplo, na raiva, na revolta, na aversão, eu sugiro que, mesmo tendo razão, que seu pai ou sua mãe "mereçam", não estrague a sua encarnação, não prejudique a sua evolução por isso, e que pense que provavelmente precisou passar por essa situação, a fim de poderem aflorar esses sentimentos, que são seus, que brotaram de dentro de si, para tratar deles, para amenizá-los ou até, se possível, eliminá-los. Uma situação que o eu encarnado entende como negativa e prejudicial pode ser potencialmente positiva para o Eu Superior, dentro do seu projeto de evolução. O mais importante para a evolução não é o que nos fazem, mas o que aflora de negativo de dentro de nós, isso é o que devemos eliminar.

E até parece que somos puros, perfeitos, condenando nosso pai, nossa mãe, nosso ex-marido, nossa ex-esposa etc., como se não fôssemos ainda tão inferiores, tanto ou mais do que eles. Um atestado da nossa inferioridade espiritual é justamente ainda possuirmos esses sentimentos negativos, pois se fôssemos Espíritos superiores teríamos o amor suficiente para entender os outros, para compreender, para perdoar. Se cada queixoso ou raivoso olhasse para dentro de si, analisasse os seus próprios defeitos, sentiria vergonha de queixar-se ou de sentir raiva de alguma pessoa que lhe tenha feito mal. E o mal que fazemos aos outros? E o mal que fizemos em encarnações passadas? Apenas alguém completamente puro e perfeito poderia ter o direito de criticar, de apontar o dedo, de atirar uma pedra, mas um ser desse grau evolutivo não critica, não aponta o dedo, não atira uma pedra! O consultório de um psicoterapeuta é um desfilar de pessoas imperfeitas falando, com mágoa ou com raiva, das imperfeições de outras.

Mas, voltando aos adolescentes, e o álcool? E as drogas? Bem, aí está outra questão que devemos abordar. Geralmente, o exemplo para seu uso é dado pelos próprios pais, em sua casa, nas festas, com seu cigarro, seu uísque, sua agressividade, sua ausência, sua falta de orientação espiritual, o incentivo dos falsos valores, da materialidade, da futilidade, gerando em seus filhos uma falta de sentido para a vida. E os jovens, que naturalmente anseiam por uma finalidade, que buscam um caminho, criam-se recebendo exemplos de desperdício da encarnação, seja dos seus pais, seja da televisão, seja dos programas "jovens" das rádios, de todos os lados sofrem o bombardeio da nossa sociedade-passatempo. Os mais sensíveis não resistem e querem fugir nessas "viagens", e aí são chamados de drogados.

Devemos ficar atentos ao exemplo que estamos dando para nossos filhos. É realmente positiva a nossa mensagem? Estamos mostrando o valor da honestidade, da moral, da ética, do amor, da doação? Estamos realmente caminhando em linha reta, com simplicidade, igualdade, sinceridade, fraternidade, justiça, ou estamos, na verdade, passando a esses irmãos que chegaram depois de nós um exemplo de hipocrisia, de raiva, de impaciência, de tristeza, de desânimo, de falta de perspectiva, de vícios como beber, fumar, e outros menos explícitos?

Tenho tratado de muitos jovens que bebem, que se drogam, e na maioria das vezes são Espíritos bons que não estão se adaptando a este lugar, e frequentemente não receberam uma orientação moral e espiritual, por parte dos seus pais, a respeito da finalidade da encarnação, de todas essas questões que a nova Psicoterapia Reencarnacionista vem agregar à Psicologia e à Psiquiatria. Muito pelo contrário, quase que a totalidade dos jovens que estão se perdendo por aí recebe de seus pais um mau exemplo, seja no aspecto moral, seja na visão materialista da realidade, seja na falta dos verdadeiros valores do amor e da caridade.

Mas existem alguns jovens que se drogam, que estão se autodestruindo, que são Espíritos que ainda não têm condições de entender o lado espiritual da existência, e nesse caso a nossa sociedade materialista estimula ainda mais os seus aspectos inferiores. Mas a maioria dos adolescentes que atendo são Espíritos sensíveis, em bom grau de evolução de seu ego, mas que estão desorientados, pois, desde a infância, receberam uma orientação contrária aos verdadeiros ideais espirituais. Foram sendo, aos poucos, contaminados com informações vazias e superficiais, em casa, nas Escolas, nos clubes, nos meios de comunicação, e essas contaminações atuaram de tal maneira que desenvolveram neles a vontade de destruir-se, de ir embora daqui, desse mundo construído por seus pais, e, para sermos sinceros, não podemos mesmo afirmar que nos orgulhamos de nossa obra.

Nós somos os verdadeiros responsáveis por essa epidemia de drogas entre os jovens, e para acabarmos com isso devemos, antes de tudo, modificar o nosso interior, fazer um *mea culpa*, reconhecer os nossos erros, nossos equívocos, na educação que temos dado a eles. Hoje em dia, muitos pais não bebem e nem fumam, e assim estão dando um bom exemplo para seus filhos.

Sou contrário ao uso de drogas, mas não aceito a condenação dos jovens que as usam. Enquanto a nossa sociedade for uma droga, o nosso telhado de vidro não autoriza a nos arvorarmos em defensores da moral e dos bons costumes. Eles necessitam de orientação a respeito da Reencarnação, devem ser instruídos sobre a evolução, saber da inferioridade do nosso Plano, aprender que são a "casca" que recobre um Espírito que está passando um tempo aqui, e que, em vez de se perderem nas armadilhas dessa sociedade terrena, devem colaborar com as forças do Bem que estão aos poucos desativando essas armadilhas, através da implantação no nosso planeta do Reino dos Céus.

Os meus filhos, na medida em que vão crescendo e começando a pensar na profissão que irão seguir, eu oriento que, em primeiro lugar, encaminhem-se para uma atividade que lide com o que eles mais gostam de fazer, pois aí passarão a vida trabalhando no que lhes entusiasma, no que lhes motiva. Somente assim terão motivação para pular da cama de manhã, passar o dia inteiro trabalhando, com alegria, com amor, e esforçando-se sempre e sempre para evoluir, para crescer. Em segundo lugar, lembro a eles que a finalidade única de uma encarnação é a autoevolução, um trabalho a ser realizado pela "casca", e então devem ficar atentos a isso, na obediência aos ditames superiores, na limpeza das suas inferioridades. E, em terceiro lugar, peço-lhes que, para ajudarem ainda mais sua elevação, enderecem o seu trabalho, o seu esforço, a sua dedicação, principalmente para os seus irmãos de jornada, para o bem dos outros, para a evolução da humanidade.

Eu não lhes falo de ganhar dinheiro, de bens materiais, de posição social, de inflarem o seu ego, de competirem com os outros, pelo contrário, eu tento mostrar a eles como realmente aproveitar a sua atual encarnação. Claro que cada um vai aproveitar essa orientação de acordo com o seu grau evolutivo, mas estou fazendo a minha parte, passando a eles uma educação evolucionista. Desde pequenos, eles veem o seu pai trabalhar o dia inteiro, muitas noites e alguns fins de semana, mas nunca me queixo ou reclamo de trabalhar tanto, pelo contrário, como amo o que faço, estou sempre disposto e motivado, com isso estou dando um exemplo de dedicação e amor ao trabalho. Procuro transmitir a eles uma orientação espiritualista, baseada na moral, na honestidade e na conduta reta.

Você sabia?

1. Você que é jovem e acredita em Reencarnação, sabe qual a missão do Espírito no auge de sua capacidade física e de indignação com as injustiças do mundo?

2. Você sabia que a imagem de "jovem" veiculada pela mídia faz parte de uma estratégia de *marketing* que visa a vender produtos supérfluos e retirar do jovem a capacidade de indignar-se com as injustiças sociais e engajar-se na melhoria da vida no nosso planeta?

3. Você sabia que a comercialização da "imagem jovem" aumenta a dificuldade de as pessoas mais velhas aceitarem-se como são e serem aceitas e admiradas?

4. Você sabia que as letras de muitas músicas norte-americanas falam de coisas negativas, incentivo à violência, ao uso de drogas, e que cantamos sem saber o que estamos cantando?

5. Você sabia que os seus Mentores Espirituais querem que você se purifique e para isso você não deve beber alcoólicos, fumar cigarro nem usar drogas?

6. Quanto tempo você disponibiliza para seu prazer e lazer e quanto para ajudar as pessoas?

7. Você é um jovem egoísta?

8. Você é um jovem honesto?

9. Você é melhor do que os adultos que critica?

OS ADULTOS

A maioria das pessoas que me procuram no consultório são adultos, já estão com uma família formada, ou a primeira não deu certo, estão na segunda ou na terceira, têm uma profissão, e outras características sociais dessa faixa etária. Uma grande parte delas está frustrada e refere uma insatisfação, um descontentamento, que é projetado no casamento, na sua atividade profissional, ou, algumas vezes, não conseguem entender o que lhes está incomodando, apenas sentem que não estão satisfeitos. O que observo, quase como regra geral, mesmo nos adultos reencarnacionistas, é que não estão realmente direcionados para a principal finalidade da encarnação – a maturação do seu ego –, e sim para atividades terrenas, corriqueiras, cotidianas, num viver meio às tontas, sem um rumo definido, sem um sentido existencial. Muitas pessoas vão vivendo, acordam de manhã, vivem os dias, as noites, comem, trabalham, divertem-se, dormem, amam, correm, lutam, vão sobrevivendo, a vida vai passando, sem um planejamento coerente com um propósito maior, pois os seus sonhos e ideais, geralmente, não estão conectados com os anseios superiores do seu Espírito. O resultado dessa desconexão com o Eu Superior são vidas terrenas às tontas, com sucessos e fracassos terrenos, com vitórias e derrotas terrenas, sem a participação efetiva do seu Orientador Interno, do seu Eu divino, que saberia guiá-los pelas armadilhas e pelos labirintos da encarnação.

Mas como acessar esse guia interior, se a maioria das pessoas acredita que ele está fora de si, nos Centros, nas igrejas, nos cultos, nos livros, no "céu"? As crianças, que estão recém chegando, já vão sendo desviadas do caminho, os adolescentes lutam para reencontrar esse caminho, frequentemente sem sucesso, pois os fizeram esquecer dele, e os adultos, que poderiam já estar lá na frente, trilhando-o vitoriosamente, comumente estão muito ocupados, correndo para lá e para cá, sem saber exatamente para onde, e não têm tempo para isso. Pergunte a um adulto para o que está vivendo e você receberá muitas respostas, mas raramente a resposta correta: Estou vivendo para a minha evolução!

E o que é viver para a evolução? Os adultos que leram este livro até aqui já sabem a resposta: é melhorarem suas características negativas congênitas de personalidade, harmonizarem-se com Espíritos conflitantes (que geralmente estão por perto) e trabalharem para ajudar os outros. Você que me lê neste momento, está fazendo isso? O seu dia a dia é uma Escola onde está sendo aprovado com louvor? Em suas autoavaliações, está cada vez melhor, sentindo-se mais puro, mais evoluído, mais próximo do nível dos Mestres Espirituais? O seu corpo físico está funcionando bem, sem gastrite, sem rinite, sem asma, sem reumatismo, sem câncer? Não está dormindo demais, vendo televisão demais, divertindo-se demais, perdendo tempo demais? Não fuma? Não bebe? É correto nos intoxicarmos com pensamentos poluentes, com sentimentos poluentes, com álcool, com nicotina, com drogas? Aquela "casca" que nasceu gorduchinha, rosadinha, cheia de esperanças, esperava que aos 40, 50, 60 anos estaria quase que aos pedaços, barriguda, flácida, neurótica, doente? Foi para isso que foi feita? O nosso Espírito esperou tanto tempo lá no Astral o momento de voltar para cá, é justo a sua "casca" realizar um trabalho oposto, perdendo-se na preguiça, no passatempo, na bebida, no cigarro, nas drogas, no materialismo, no egoísmo, na tristeza, na raiva?

A nossa encarnação deve ser analisada como um todo, desde o dia em que voltamos para cá até o dia da volta, e então devemos ter em mente quanto tempo nos resta, para realizar o trabalho que nosso

Espírito espera de nós. Graças à evolução da Medicina, o ser humano está desencarnando cada vez mais tarde, e isso vai ampliar-se ainda mais. Calculando uma idade média de desencarne aos 80 anos, quem tem, por exemplo, 50 anos, tem ainda uns 11 mil dias para evoluir a cada dia, o que é tempo de sobra. Quem tem 60 anos, ainda tem uns 7 mil dias para isso, não é bastante tempo? Quem tem 70 anos, tem uns 3.600 dias, com certeza é tempo suficiente. Quem já chegou nos 80, vá em frente, vá evoluindo cada vez mais, pois o verdadeiro reencarnacionista olha sempre para a frente, rumo ao infinito, rumo à Perfeição. Só devemos olhar para trás para aprender com nossos erros e tratar de corrigi-los, nunca nos prendermos lá atrás.

A maneira reencarnacionista de enxergar uma encarnação é olhar-se de cima e não horizontalmente. Por exemplo, se uma pessoa está com 40 anos (o que significa que sua "casca" atual está com 40 anos), se olhar de maneira horizontal, pode dizer: "Já estou com 40 anos!", e concluir que está ficando velho(a), que o tempo passou, que o que não fez não dá mais para fazer, não dá mais tempo etc. Se olhar de cima, pode dizer: "Estou reencarnado há 40 anos, estou chegando na metade, ainda tenho toda a metade desta encarnação para evoluir", e perceber, então, que para o que veio para fazer, mudar, melhorar, em si, ainda dá tempo: 40 anos x 365 dias = 14.600 dias!

Eu digo para as pessoas adultas que estão descontentes e pensam em mudar de profissão, de atividade, que devem mudar se entenderem, após examinar bem, que realmente não estão no caminho certo. Sempre é hora de mudar para melhor, corrigir o rumo, retificar o caminho, e então uma mudança sempre é bem-vinda, desde que preencha os requisitos da evolução. Mas o mais importante não é em que trabalhamos, e sim como trabalhamos. O mais importante não é o que somos, e sim quem somos. Os rótulos, os títulos, os diplomas, ficarão aqui esquecidos quando partirmos, pois apenas o nosso Espírito empreenderá a viagem de volta, sem nada material acoplado a ele, e se sentirá realizado ou frustrado, agradecido à sua descartada "casca", ou não.

Além do trabalho interno de evolução, de purificação, os adultos devem conscientizar-se do compromisso que têm com seus filhos, no sentido de mostrar-lhes o caminho certo, a linha reta, a responsabilidade com seus atos, com suas palavras. Os pais, e os demais adultos, devem servir como um farol, orientando essas naus que vagam pelos mares revoltos e enganosos da nossa sociedade materialista, fútil, apelativa, procurando, com muito amor, com muita luz, encaminhá-las a um porto seguro, com a segurança da orientação superior, com a proteção do Amor Divino.

EXERCÍCIOS

1. Você já está na metade da encarnação. Está aproveitando a vida para evoluir?

2. O seu trabalho contribui para a humanidade melhorar?

3. Você está cada vez mais puro, mais limpo?

4. Você fuma cigarro? Bebe alcoólicos?

5. Você briga no trânsito?

6. Você acha que a pessoa que torce para outro time de futebol é sua inimiga?

7. O mesmo tempo que você dedica a ver televisão, a torcer para seu time, a dormir nos fins de semana, dedica a ajudar os pobres, os necessitados?

8. Você é mais honesto do que os políticos que tanto critica? Se você estivesse lá, não faria conchavos, trocas, não aceitaria propinas, não se deixaria subornar, não empregaria seus parentes?

9. Se você morresse hoje, de repente, e chegasse no Céu, estaria satisfeito consigo mesmo pelo que fez para o mundo melhorar?

10. Você sabe o que são as armadilhas da vida terrena?

11. Você se considera um exemplo de pessoa espiritualizada em busca da Purificação?

OS PAIS

Sem dúvida nenhuma, a maior responsabilidade que assumimos com outro Espírito numa encarnação é trazê-lo do Astral para a Terra. E, ao tomarmos essa decisão, cada um de nós deve ter em mente que, escondido por trás do rótulo "pai" e do rótulo "mãe", aquele a quem chamamos de "filho" é, na realidade, um companheiro de jornada, alguém que nós trouxemos lá de cima, que geralmente sabemos quem é, de antigas encarnações. Pode ser um amigo que vem chegando para continuarmos a caminhada juntos ou um antigo conflito que veio para perto de nós para nos harmonizarmos e, com isso, crescermos.

Esse Espírito certamente tem a ver conosco, estamos unidos por sentimentos superiores ou inferiores. No primeiro caso, tendemos a nos dar bem, no segundo caso, é quase inevitável desencadear-se um conflito, maior ou menor, entre nós. E nesse conflito podemos perceber em nós o que temos de mudar, de eliminar, como, por exemplo, a impaciência, a crítica, a raiva.

Os pais têm a oportunidade de melhorar no contato com seus filhos e de ajudar esses Espíritos a cumprirem sua missão. As negatividades dos nossos filhos podem aumentar ou diminuir desde a infância, de acordo, principalmente, com a nossa atuação. Devemos desenvolver mais amorosidade, mais firmeza, mais atenção a eles, mais orientação positiva, dar o bom exemplo, mostrar o caminho do bem, e estarmos atentos ao que surge de negativo de dentro deles desde pequenos. Um filho vem com uma tendência a ser autoritário, outro a ser submisso, um vem com uma tendência materialista, outro de ser "aéreo", um é egoísta, outro desde cedo gosta de bebida alcoólica, cigarro, enfim, o papel dos pais numa encarnação é de fundamental importância na evolução dos seus filhos, no sentido de ajudá-los a crescerem, eliminarem suas imperfeições.

Mas raramente nós lembramos que o nosso filho, por trás da sua "casca", é um Ser espiritual, como nós que descemos antes, e que está agora chegando para cumprir as suas Missões, entre elas, muito frequentemente, a busca de um resgate e harmonização conosco. Como nós também um dia chegamos para os nossos pais, e eles também chegaram, e os antes deles, e outros antes etc. E continuaremos todos chegando, em "cascas" diferentes, em locais diferentes, em épocas diferentes, e assim iremos indo, sempre para a frente, sempre em frente. O progresso é a meta de todo ser vivo, o retorno à Purificação é o objetivo.

Na verdade, o que é um filho? Por trás desse rótulo, naquele corpinho de 3 kg, indefeso e à mercê, está um velho amigo e companheiro ou alguém com o qual temos tido problemas e conflitos há algumas encarnações. Pode ter sido nosso pai ou nossa mãe, pode ter sido nosso marido ou esposa, nosso filho ou filha etc., mas sempre está chegando perto de nós por divergência ou por afinidade. E, principalmente, está chegando para crescer, como nós e todos os que aqui estão. Nunca deve ser esquecido que a finalidade única da Reencarnação é a evolução. Mesmo dois Espíritos inimigos, se reencarnam perto, é para oportunizar a evolução de ambos, mas quase inevitavelmente terminam por perder-se na raiva e na mágoa, e, com isso, não alcançam a meta almejada antes de descer.

As reencarnações ocorrem naturalmente pela ação do Superior, com as pessoas ligadas entre si, negativa ou positivamente. Existe um retorno da Harmonia Universal aos nossos pensamentos, nossos sentimentos e nossas ações concretas, atuais e passadas. O conhecido "nós atraímos", funciona desde antes de chegarmos aqui embaixo, já vem na aproximação com nossos pais, familiares e outras pessoas que vão entrando em nossa vida, durante a encarnação. E também somos atraídos.

Nós devemos aceitar nossos filhos do jeito que forem, mesmo que revelem, desde pequenos, ou mais tarde, defeitos e características de personalidade que nos incomodem ou incomodem os outros, e mesmo que sejam imperfeições muito sérias. Geralmente está ocorrendo a lei de ação e reação, implicitando uma tentativa de resgate e harmonização conosco, visando à elevação dele e à nossa. Ou, então, se formos Espíritos com um ego um tanto mais elevado, podemos estar recebendo uma incumbência de auxiliar um irmão de ego menos evoluído, em seu caminho de ascensão.

Alguns pais me confessam, por vezes envergonhados, que o seu filho ou filha apresenta desvios de conduta, mostrando, por exemplo, uma personalidade fútil, volúvel, agressividade, egoísmo, racismo, delinquência, hipersexualidade etc., e perguntam-se em que erraram na sua educação, o que fizeram de errado para que eles sejam assim? Por que ficaram assim? Dentro do pilar básico da Psicoterapia Reencarnacionista – a Personalidade Congênita –, eu digo aos pais que eles já possuíam, ao reencarnar, essas características de personalidade, que estão se evidenciando. O que pode ter havido entre eles em encarnações passadas? Por que estão próximos? Observamos frequentemente que um filho com tendência agressiva tem um pai ou uma mãe também com essa característica, então devemos sempre pensar o que já houve antes entre eles, em outras épocas, com rótulos diferentes. Como pode ter sido numa vida passada, quando o atual filho era o pai e o pai de hoje era o filho? Um pai ou uma mãe com características de agressividade e violência devem sempre questionar-se o que podem ter feito para o Espírito que hoje é seu filho em encarnações passadas. A Lei do Retorno é infalível.

Mas, dentro da Terapia, no aqui e agora, devemos estudar bem as relações familiares, na infância e atualmente, dos pais entre si, com os filhos, analisar o que os pais praticaram, ou praticam, as condutas equivocadas e inadequadas, desde a gestação até hoje, como agressividade, rejeição, abandono, falta de um bom exemplo, falta de diálogo etc., pois as características negativas congênitas dos nossos filhos, principalmente os problemáticos, pioram com esses gatilhos. E, pelo contrário, tendem a melhorar com o amor, o carinho, a atenção dos pais e de outras pessoas envolvidas, embora, geralmente lá pelo meio da encarnação, lá pelos 30 ou 40 anos, é que a grande crise de consciência irá manifestar-se, oportunizando a mudança. Mas, muitas vezes, ela não ocorre, e então fica para a próxima.

Nós, pais, devemos ter firmeza e paciência com os defeitos dos nossos filhos, dar amor, dar o bom exemplo, e esperar que a vida vá ensinando a eles as mudanças necessárias. O que nunca devemos fazer é dar mau exemplo! Como querer mudar uma personalidade agressiva de um filho agredindo, batendo? Como ajudar um filho triste, desanimado, com um modo de ser deprimido, preguiçoso, desmotivado? Como querer que um filho seja caridoso, espiritualizado, em um ambiente egoísta, superficial, materialista? Como criticar um filho que usa drogas se o pai bebe "socialmente", a mãe fuma cigarro, frequentam e promovem festas nas quais as pessoas bebem, fumam, desfilam futilidade, superficialidade... O filho, olhando isso tudo desde pequeno, também vai beber e fumar e drogar-se "socialmente", somando a jogada de *marketing* que visa a eternizar a adolescência, o modelo jovem norte-americano das televisões e da internet, no qual quanto mais idiota melhor, quanto mais bobagem, mais gíria, mais malandragem, mais esperteza, menos estudo, menos trabalho, menos responsabilidade, melhor, e então se forma o círculo terrível das drogas, da maconha para viajar, do álcool para viajar, do *ecstasy* para viajar, da cocaína para viajar... Enquanto todo mundo só quer viajar, ajudar o mundo a melhorar, trabalhar na caridade, ajudar a acabar com a miséria, isso é para os poucos Espíritos encarnados que enxergam realmente. Muitos aqui vivem dando risada, mas lá em cima poderão chorar, quando se depararem com a realidade, arrependidos, envergonhados. Mas, quando voltarem novamente, mais adiante, vão continuar achando que a vida é para ser "aproveitada".

Durante a gestação de um filho, os pais devem ter o maior cuidado com o que pensam, o que sentem, o que falam, como agem em relação ao filho que está construindo seu corpo físico lá dentro da barriga, pois observo nas Regressões a capacidade que o Espírito tem de perceber, sentir, seu ambiente familiar, em minúcias! Isso é um cuidado extremamente importante que devemos ter, pois os pensamentos, sentimentos e atos dos pais e demais familiares, quando negativos ou assustadores, permanecerão em seu Inconsciente, somando-se ao que já vem trazendo consigo, de antes, e poderão, então, amplificar-se as tendências congênitas que o nosso filho tenha, de sentir-se rejeitado, de raiva, de autodestruição etc.

No meu livro *20 Casos de Regressão*, apresento alguns relatos da vida intrauterina que não deixam dúvida quanto a isso. As informações durante as Regressões são questões muito poderosas, que estão funcionando dentro de nós, em outra faixa vibratória, além do cérebro, no Inconsciente.

Já vi muitas vezes em Regressão que um comportamento delinquente, marginal, uma tendência a atos antissociais, e até criminosos, é o mesmo praticado por aquele Espírito nas últimas encarnações, e justamente a finalidade desta nova encarnação é a busca da melhoria dessas questões. Em algum momento, na infância ou na adolescência, elas irão revelar-se, e a Psicanálise e a Psiquiatria tradicionais iniciarão uma busca no "início" da vida, na personalidade dos pais, no ambiente familiar, nas relações familiares etc. para encontrar a "causa" de tais condutas. Frequentemente, isso foi incrementado por uma ação irresponsável dos pais, ou de um deles, mas algumas vezes surgiu mesmo com os pais sendo responsáveis, atenciosos, amorosos.

A "causa" é a Personalidade Congênita, enquanto que os fatores externos podem ser agravantes ou curadores, e evidentemente as ações dos pais e da família é que serão decisivas para começar a melhorar as tendências congênitas, ou para mantê-las e até piorá-las. Por isso, sempre devemos orientar e conscientizar os pais sobre como lidar com seus filhos, sejam eles como forem, com amor, com paciência, com compreensão e, principalmente, com muita amizade e companheirismo. O que nós, pais, devemos dar aos nossos filhos é o bom exemplo, mostrar o caminho reto, a ação correta, e esperar que eles assimilem aos poucos, cuidando, claro, das contaminações da nossa sociedade.

Ao contrário das críticas que nos fazem, de que só lidamos com as vidas passadas e com o "espiritual", a Psicoterapia Reencarnacionista lida intensamente com a infância e com os fatos da vida atual, pois é na encarnação que o Espírito evolui, então, como não iremos valorizar a vida atual? Nós somos o resultado da nossa Personalidade Congênita e da infância na vida atual, e não uma consequência da nossa infância, como se tivéssemos nascido puros e perfeitos e algo ou alguém nos "estragasse".

Muitas vezes encontramos, nas conversas com os pais, referências de rejeição à gravidez, tentativas ou pensamentos de abortamento, carências, abandonos, agressividade entre os pais durante a fase intrauterina, alcoolismo, drogadição, visão materialista da vida etc., que parecem ter provocado o surgimento daquelas condutas patológicas em um filho(a). Mas não é assim, na verdade, esses fatores patogênicos serviram de gatilho, causaram o afloramento do que já vinha de negativo na sua personalidade, fizeram vir à tona justamente o que veio para ser curado, ou melhorado, nesta nova tentativa. E, muitas vezes, agravaram-nas.

O ideal seria que nós tratássemos muito bem os nossos filhos, com respeito, com amor, desde o útero e após sua saída, durante sua estada perto de nós, mas muitos pais, covardemente, batem neles, gritam, xingam, ofendem, maltratam, lidam asperamente, na verdade mostrando, assim, as suas próprias imperfeições e defeitos, que necessitam curar. Cada ser humano faz brotar no outro as características internas, negativas ou positivas, e, assim, nós podemos reforçar o que nosso próximo tem de negativo, com as nossas próprias negatividades, ou ajudar a curar as suas imperfeições, fazendo aflorar o que eles têm de positivo.

O amor dos pais é a grande alavanca para ajudar a curar as negatividades do ser que estão trazendo do Astral, e na sua atitude e postura, com o seu filho ou filha, sejam como forem, os pais poderão colaborar intensamente para que possam realmente aproveitar esta passagem terrena.

Os pais precisam ficar atentos a duas coisas:

1. O que pensam, sentem e fazem, para não prejudicar o seu projeto de cuidar e ajudar aquele irmão que receberam.

2. O que seu filho(a) mostra de negativo congenitamente, para perceber qual a sua proposta evolutiva, o que veio purificar.

Embora essas noções reencarnacionistas sobre as relações entre pais e filhos sejam estudadas nas religiões reencarnacionistas, agora, com a Psicoterapia Reencarnacionista, começam a ser analisadas do ponto de vista psicoterapêutico. Então, aos pais que estiverem lendo este livro, que acreditam que erraram com seu filho(a) durante a gestação, nos primeiros anos de sua vida extrauterina, ou mesmo agora, eu digo que a grande vantagem da encarnação ser longa é que isso nos dá muitas oportunidades de corrigirmos nossos erros, de retificarmos nossa conduta, de corrigirmos o que fizemos de errado. Qualquer hora é a hora de passarmos a fazer as coisas certas! E o amor por um filho é sempre a melhor solução. Quem acredita que deu pouco até agora, que passe a dar o dobro para compensar. Quem bateu, agrediu, comece a alisar, a acariciar. Sempre é tempo para revisar o que erramos.

Mas não se culpem demasiadamente, acreditando que aquele filho(a) ficou assim por sua causa, que, se não o tivessem rejeitado, pensado em abortar, se tivessem sido mais carinhosos, atenciosos, se não tivessem dado um exemplo de alcoolismo, de agressividade, de materialismo etc., tudo seria diferente. Talvez em intensidade, mas os defeitos e imperfeições trazidos dentro de nós transparecem, mais cedo ou mais tarde. O importante é que tenhamos a disposição de sermos colaboradores na purificação almejada pelo nosso filho(a) e não mantenedores ou reforçadores das suas imperfeições congênitas.

O que mostram de defeitos, de dificuldades, de características negativas, em maior ou menor grau, já é seu há muito tempo e é o que vieram tratar na atual encarnação, e se erramos com eles, e se estamos errando, agravando suas imperfeições, sempre é tempo de corrigirmos nossa conduta e de realmente cumprirmos nossa Missão de pais, aceitando-os como são e tentando, amorosamente, auxiliá-los a cumprir a sua Missão purificadora.

Se eles vieram até nós, atraídos por conflitos conosco, por desavenças muito antigas, então está na hora de acabarmos com isso, reconciliarmo-nos e, se possível, até nos amarmos. Se não der para chegar a tanto, pelo menos devemos tentar chegar o mais perto possível disso. Quem conseguir amar alguém, ou pelo menos gostar, quando antes sentia uma repulsa, além de estar se libertando, e libertando um outro ser, está ampliando a sua capacidade de amar, e com isso melhora o seu Karma e aumenta a sua luz.

Ser pai e mãe é uma grande prova, pois aí podemos mostrar se somos, realmente, capazes de amar, ou não. É na prática que mostraremos, para nós mesmos, quem nós somos, e um filho "problemático" muitas vezes aí está, entre outras coisas, para nos ajudar a evoluirmos, a termos mais paciência, mais compreensão, mais capacidade de doação. Mas é preciso estar atento para a busca da sua evolução, e a dos outros, para ter o discernimento de perceber isso.

Amadurecimento do ego é a ampliação da nossa capacidade de amar. A quem não nos incomoda, a quem admiramos, é fácil, mas e a quem apresenta imperfeições graves, age errado, comete deslizes? Uma boa maneira de os pais perceberem o que devem melhorar em si é ver o que aparece de negativo em si no contato com um filho "problemático". Em vez de só criticá-lo, olhar para si mesmo. Ao apontar-lhe o dedo, perceber os demais dedos apontando para trás...

Exercícios

1. Você é pai (ou mãe) dos seus filhos ou está pai (ou mãe) deles?

2. Você sabe por que os trouxe do Mundo Espiritual para serem seus filhos?

3. Deus está satisfeito com você?

4. Se na próxima encarnação você vier filho(a) de um filho(a), ele(a) gostará de você?

5. Você dá um exemplo de pessoa espiritualizada que não bebe alcoólicos, não fuma cigarro, não mente, não é materialista?

6. Você ajuda seus filhos a evoluir seu ego?

7. Você merece que seus filhos o amem?

8. Você gostaria de ser seu pai (ou sua mãe)?

9. Você é um bom filho(a) dos seus pais?

OS VELHOS

Devido à prevalência da Medicina orgânica que trata apenas do corpo físico, esquecendo a origem das doenças, que está nos pensamentos e nos sentimentos, e a uma visão limitada que estipula a morte do corpo físico como o fim da vida, grande parte dos nossos velhos, com o perdão da palavra, estão uns "cacos". Poucas pessoas de 70 ou 80 anos estão realmente saudáveis, fisicamente, emocionalmente, espiritualmente. Quando encontramos alguém assim, nos admiramos por seu aspecto jovem, por sua disposição, por sua alegria e otimismo. Ou seja, o que deveria ser a regra é a exceção. Hoje em dia, já se sabe que as doenças do corpo vêm de dentro das pessoas, da sua personalidade, da sua vida. As antigas Medicinas, que estão voltando, como uma alternativa para a Medicina oficial, estão desempenhando um papel importantíssimo nesse sentido, o de resgatar a humanização, a visão integral do ser humano. Os seus métodos vêm do conhecimento milenar da cultura oriental, enquanto que a nossa Medicina tradicional é uma herdeira direta da Ciência materialista, reducionista, que não acredita em nada que não vê, e mesmo com a Física Quântica apontando o caminho do "invisível", permanece na postura do avestruz, escondendo a cabeça, ridicularizando, negando, combatendo o que veio, na verdade, para lhe ajudar a evoluir, a libertar-se.

E os nossos velhos, após uma vida inteira tratando o seu estômago, os seus pulmões, o seu fígado, a sua bexiga, a sua próstata, as suas articulações, o seu coração, e não as suas mágoas, as suas tristezas, as suas frustrações, as suas raivas, estão aí, sobrevivendo, acreditando que estão sendo tratados, quando, na verdade, apenas estão sendo mantidos vivos. A Alopatia não é uma Medicina curativa, nunca foi e nunca será, justamente por sua visão materialista, que enxerga apenas o corpo físico, acreditando que a doença está nele e é causada pelas bactérias, pelos vírus, pelo frio, sempre por algo externo. É uma Medicina salva-vidas, apropriada para isso, para as urgências e emergências, e aí ela é soberana! Felizmente, existe e está evoluindo cada vez mais. Mas para tratar um ser humano, para cuidar dele, para manter a sua saúde, para evitar a doença, para ir fundo, aí entram a Psicologia e as Medicinas holísticas, energéticas e as espirituais.

O que vemos no consultório são pessoas velhas, com doenças físicas também velhas, que vêm de situações traumáticas de suas vidas passadas, somadas aos traumas de sua infância atual, do seu casamento fracassado, de uma atividade profissional não gratificante, das preocupações com os filhos, com dinheiro, do medo etc. E daí vêm a asma, os distúrbios digestivos, os problemas cardíacos, o reumatismo, o câncer, e tudo o mais que aparece na "casca", que não está cumprindo sua Missão, que não se colocou verdadeiramente a serviço da evolução do seu ego, um serviço que necessita ser realizado com alegria, com entusiasmo, com prazer, e nunca com mágoa, com tristeza, com raiva, com ansiedade.

Em certos casos, o que pode ser feito é tirar a lição e tentar, na próxima encarnação, não repetir o mesmo erro, não sendo novamente triste, magoado, autoritário, agressivo etc. Em alguns casos, pode-se remediar um pouco, tratando os pensamentos e os sentimentos negativos, com alguma repercussão positiva no físico. Eventualmente, acontecem melhoras, e até curas maravilhosas, mas sempre associadas a uma conscientização profunda, a um entendimento elevado do que é a encarnação, da relação da "casca" com o Espírito, da responsabilidade verdadeira, do seu compromisso.

Na evolução da humanidade, tudo deve servir de estímulo para a melhoria e o aprimoramento, e, então, constatando a dificuldade da Medicina orgânica em tratar o ser humano como um todo, em procurar curar a doença em sua origem, o que sinaliza para a necessidade da associação da Medicina tradicional com a nova-antiga visão das Medicinas energéticas, potencialmente curativas, e isso é o que propõe o Holismo. Nós, que atuamos nas Terapias energéticas, alternativas, estamos trabalhando no embrião da Medicina do futuro, quando os médicos e os terapeutas estarão capacitados a entender e tratar a Bioenergia, a energia humana. A doença física é uma alteração energética, de acúmulo ou deficiência, e isso vem dos pensamentos e dos sentimentos, o que afeta os chacras e atinge os órgãos.

Os nossos velhos, infelizmente, tiveram que passar por isso, mas os futuros velhos poderão evitá-lo e não chegar à reta final da encarnação em tão más condições. Daí o nosso compromisso com a evolução da Medicina, da Psicologia e da Psiquiatria, pois se enxergarmos e cuidarmos do aspecto espiritual, dos pensamentos, dos sentimentos e do físico das pessoas, nessa ordem, aí, sim, poderemos dizer que estamos cuidando delas. Tratar apenas do físico é um processo paliativo, caridoso, digno e honrado, mas é apenas ajudar a sobreviver.

E o que devem fazer as pessoas que estão com o seu corpo físico numa idade mais avançada? Quem for reencarnacionista, deve olhar para a frente e esforçar-se para purificar ao máximo o seu corpo e a sua mente, entendendo que a encarnação só acaba quando acaba, que toda melhoria alcançada é benéfica, que toda evolução soma pontos, que cada degrau que subir estará lhe aproximando mais do alto, e então não deve esmorecer, entregar-se, e sim manter-se no caminho, firme e forte. Quem errou, não erre mais; quem pecou, não peque mais; quem se perdeu, procure encontrar-se, e quem se iludiu, descubra a Verdade, e ela está no Espírito, na busca do retorno à nossa Perfeição.

A idade é apenas a idade do corpo físico atual, o tempo contado do momento em que nosso Espírito voltou para a Terra, desta vez. Isso faz parte do rol das ilusões das "cascas", e muitas pessoas julgam-se e aos outros pela idade, chamam-se de crianças, adolescentes, adultos, velhos etc. Dentro de cada um de nós existe um Espírito, antigo, e que está indo em busca da maestria.

Espíritos de "casca" velha, não entreguem os pontos antes da hora, aproveitem seus últimos 5 a 10 mil dias aqui na Terra, para evoluírem mais e mais, tudo o que não conseguiram até agora. Nada de aposentar-se da vida, nada de dormir muito, ver muita televisão, ficar esperando a visita dos filhos e dos netos, nada de morrer por aqui! Vamos estudar, vamos trabalhar, vamos ajudar os pobres, os necessitados, os carentes, esqueçam essa bobagem de "fim da vida" e entreguem-se, de corpo e alma, literalmente, à sua finalidade evolutiva.

Sejam fiéis aos seus propósitos evolucionistas e dediquem-se a essa encarnação, com otimismo, com vontade, com força, com amor e fé! Isso é saber "envelhecer", tornar-se cada vez mais sábio, mais profundo, mais verdadeiro. Estamos aqui para aproveitarmos a encarnação no sentido da evolução. Numa encarnação, quanto mais velho se fica, melhor devemos ficar, do ponto de vista físico, psicológico e espiritual. Uma coisinha aqui, outra ali, uma enferrujadinha, são coisas normais, mas ir ficando velho e ficando pior é o contrário do que viemos fazer aqui nesta Terra. Peço a Deus que me ajude, a cada ano que passa, a ficar melhor, sob todos os pontos de vista. A "casca" mais velha, o Espírito cada vez melhor, assim é que deve ser. Agora, o que vemos por aí? As "cascas" ficando velhas e os Espíritos (pensamentos e sentimentos) cada vez piores, mais doenças, mais frustrações, mais mágoas, mais depressão.

EXERCÍCIOS

1. Você que está ficando velho, está velho ou é a sua casca que envelheceu?

2. Você está cada vez melhor?

3. Você acha que tem 60, 70 ou 80 anos? Você tem centenas de milhares de anos, essa casca atual é novinha, só tem 60, 70 ou 80 anos.

4. Digamos que a sua casca esteja com alguns problemas. Você está cada vez melhor dentro dela?

5. Você lembra que chegou nesta Terra cheio de planos e metas evolutivas? Está cumprindo?

6. Você gosta de viver ou preferia morrer?

7. Quantos dias será que ainda ficará aqui na Terra? Faça um cálculo: 10 mil, 15 mil ou 20 mil dias? Isso é pouco para melhorar, evoluir e ajudar o mundo?

8. Como pode aproveitar para ajudar o mundo a melhorar?

9. Você sabe que as doenças físicas vêm dos sentimentos e, esses, vêm dos pensamentos, como pode melhorar as suas doenças?

10. Quanto tempo você fica em casa dormindo, vendo televisão, entediando-se?

11. Por que você acreditou que um velho tem de aposentar-se (da vida)?

12. Será que você poderia trabalhar em uma Instituição de ajuda, de caridade?

13. Daqui a alguns anos você vai para o Céu. Vai subir feliz e satisfeito consigo?

14. Depois que você subir, o que dirão de você? "Era um bom homem (ou mulher), pena que..." ou "Coitado do fulano (ou beltrana), como sofreu..." ou "Ele(a) foi um exemplo de força, de coragem, de amor!"?

A SAÚDE

Um grande avanço no sentido da real compreensão do ser humano, em suas questões de saúde e doença, veio junto com a ampliação do critério de saúde. Há pouco tempo chamava-se de saúde à ausência de sintomas desagradáveis em nível físico, como dores, limitações, sensações etc. Mais modernamente, ampliou-se essa definição para a também ausência de sintomas desagradáveis em nível psíquico, como ansiedade, raiva, tristeza etc. Para a Medicina oficial, apenas do corpo físico, o correto, o foco, é fazer desaparecerem, da maneira mais rápida possível, os sintomas e os sinais desagradáveis do corpo do paciente pelo uso de medicamentos químicos (como corticosteroides, antibióticos, anti-inflamatórios etc.), que apenas impedem os sintomas e os sinais de se manifestarem, ou se extirpando a parte afetada.

Para a Medicina Psíquica, o importante é que o paciente liberte-se ou melhore da ansiedade, da tristeza, da mágoa, da raiva etc., atualmente com o uso frequente de substâncias químicas. Ambas as maneiras de encarar e tratar os doentes, dentro do seu ponto de vista, estão corretas, e são muitíssimo úteis, quando não imprescindíveis. Embora, na Medicina física, na maioria das vezes, sejam apenas ações paliativas, não se pode negar sua eficiência nas urgências e emergências, onde ela reina soberana. Mas, para curar realmente, numa ação mais profunda, ela não é apropriada, devido ao seu foco apenas físico.

Para a Psicoterapia Reencarnacionista, o critério de saúde amplia-se enormemente, pois implica o compromisso da personalidade terrena com a sua Essência, ou seja, a nossa responsabilidade em relação ao projeto encarnatório evolutivo do nosso Eu Real. A ausência de sinais ou sintomas físicos ou psíquicos, ou a não percepção deles, não implica saúde, pelos critérios transpessoais. A visão do ser humano transcende a persona, aprofunda-se em seus aspectos espirituais e no grau de aproveitamento de sua encarnação, a partir dos objetivos evolucionistas. A visão habitual de saúde ou de doença extrapola, então, o corpo e o psiquismo, e os critérios abordados para o diagnóstico e o prognóstico passam a ser as motivações existenciais, a compreensão da existência encarnada e das armadilhas. A avaliação é feita dentro de um critério personalidade terrena/Essência e o seu grau de oposição-conflito/cooperação-harmonia.

Algumas vezes, encontramos pessoas que quase não apresentam manifestações desagradáveis nos níveis físico e psíquico, sendo aparentemente saudáveis. Vistas, porém, pela ótica dessa Terapia da finalidade da encarnação, podem estar em um estágio em que os sinais e os sintomas ainda não apareceram, mas não tardarão, pois, avaliando-se pelo raciocínio espiritual, observam-se egoísmo, egolatria, tendência materialista etc. É o caso, às vezes, de pessoas "bem-sucedidas" e "saudáveis", com amplo predomínio de sua persona. Mas, em breve, surgirão em nível físico as manifestações de seus erros e enganos psíquicos e espirituais.

Enquanto os desequilíbrios se encontram no nível psíquico ou dentro daquela categoria de sintomas não detectáveis pelos exames diagnósticos, são de prognóstico mais favorável, desde que abordados adequadamente, ou seja, a partir do enfoque da busca das causas dessas manifestações e da necessidade, por parte daquela pessoa, de correções na sua maneira de ser e nas posturas de vida. Quando as manifestações passam do corpo mental para o corpo emocional, deste para o duplo etérico e daí para o físico, ou seja, os erros e os enganos, a ignorância e a miopia existencial somatizam-se, condensam-se, fixam-se no corpo visível, e então o prognóstico torna-se mais sombrio e o tratamento mais difícil. E aí pode ser necessária a Medicina oficial, do corpo físico, que lida com as consequências, não com as causas. Quando chega nesse ponto, muitas vezes, o veículo precisa ir para a oficina, e o motorista deve meditar.

O mais importante é encarar e tratar as pessoas a partir dos seus aspectos mentais (pensamentos), emocionais (sentimentos) e espirituais, o que abrange a sua visão a respeito da vida, suas interpretações, seus equívocos, sua própria existência e objetivos. A maioria das doenças físicas tem origem nas relações conflitantes com os pais ou outras pessoas na infância ou durante a vida, o que geralmente já vem de encarnações passadas, e por isso estamos propondo essa nova maneira de enxergar a realidade espiritual do ser humano, a partir da priorização das nossas Essências e da noção de temporalidade das nossas personas e suas relações. A Psicoterapia Reencarnacionista é a terapia da libertação das ilusões e das armadilhas da encarnação.

Devemos sempre recordar que os membros da nossa família são Consciências (Espíritos) reencarnantes próximas com finalidades cármicas (lições não aprendidas) e que os rótulos que assumimos são apenas rótulos temporários, são papéis. O mau aproveitamento da encarnação e muitas doenças psíquicas e físicas decorrentes, geralmente, vêm da não compreensão disso. Devemos lembrar agora o que estamos fazendo aqui, por que viemos nessa família, com esse pai, essa mãe, por que encontramos esse marido, essa esposa, por que trouxemos do Astral esse filho etc. Devemos lembrar que reencarnamos para evoluir, desenvolver, purificar nossos pensamentos e sentimentos, e qualquer pessoa ou situação que nos faça aflorar características, sentimentos ou pensamentos negativos são gatilhos necessários para nos mostrar o que temos de curar em nós, sendo, portanto, benéficos. Mas a nossa personalidade terrena geralmente as encara como injustas ou cruéis, e aí começam as doenças.

Os principais critérios a avaliar em uma pessoa são a sua capacidade de amar e de doar-se, e isso é feito a partir dos sinais e sintomas físicos e do nível dos seus pensamentos, sentimentos e atos. O doente geralmente é egocêntrico, pois vive em função de seus problemas, e isso reflete uma visão distorcida a respeito da encarnação e, consequentemente, de si próprio. O egocentrismo traz a separatividade, que, por sua vez, traz a doença.

É interessante e conveniente que o tipo de doença e o local do corpo onde ela se instala sejam observados em profundidade. A visão oficial não cogita do porquê da manifestação desagradável estar instalada nos pulmões, no fígado, nos rins, nos olhos, nos ouvidos, na garganta, nas articulações etc. É casualidade? Alguém padecer de dificuldades, carências ou hipertrofias em um certo órgão, e não em outro, não quer dizer nada? São sempre as bactérias e os vírus? O que são as chamadas doenças autoimunes? São autoagressões, a pessoa agredindo-se, e isso não quer dizer nada? Por que ela quer se agredir? E as doenças de causa desconhecida? Geralmente, consequências de situações de outras encarnações. Tudo isso, visto pela ótica do homem integral (corpo-mente-espírito), tem uma correlação perfeita, a ponto de o terapeuta e o doente concluírem, depois de algum tempo de abordagem diagnóstica, que a manifestação patológica só poderia instalar-se ali mesmo. Tudo é evidente, desde que pesquisado corretamente, ou seja, além do corpo físico e além da personalidade aparente. Mas, para isso, a Medicina do corpo físico precisará libertar-se de seus dogmas, mudar de paradigma e evoluir.

Devemos relacionar a nossa personalidade com a nossa vida atual, desde a infância, ou com a vida intrauterina, se for o caso, com suas dificuldades, traumas, dramas antigos e atuais, suas relações afetivas do passado e do presente, sua visão sobre a vida e a morte, sobre a finalidade da existência, seus planos e suas metas, sempre nos enxergando como um Espírito encarnado em busca de evolução. Devemos procurar entender por que apresentamos uma patologia nos olhos ou nos ouvidos ou no fígado ou no coração ou nos rins ou nas articulações ou nas mãos ou nos pés, entender a repercussão das nossas questões mentais e emocionais no físico. Aí começa o nosso tratamento.

Por exemplo, é redundante, mas devemos lembrar que os olhos servem para enxergar, os ouvidos para escutar, a garganta para engolir etc. Pela Medicina oriental, entende-se a relação dos rins com o medo, dos pulmões com a tristeza e o abandono, do fígado com a raiva, do coração com o desamor, da bexiga com a mágoa etc. E para que servem as mãos, se não for para fazer as coisas que se deve fazer, tocar as pessoas, endereçar-se? E os braços, se não servirem como alavancas para a defesa dos seus direitos, da manifestação da sua vontade? E as pernas, se não nos levarem para onde queremos ir? E os pés, se não nos ajudarem na sustentação diante das dificuldades da vida? Nas costas, podem esconder-se os dramas ocultos ou as cargas e as sobrecargas. As articulações endurecidas, o que são, se não o endurecimento, a rigidez? Os problemas digestivos, como as gastrites e as úlceras, finalmente começam a ser encarados como consequência do estresse, de um modo de viver equivocado, da ansiedade existencial, da dificuldade de enfrentar as vicissitudes da vida moderna, mas, apesar de os médicos já saberem disso, os tratamentos continuam sendo para o estômago, para o intestino. E o dono do estômago e do intestino, como é que fica?

Um tratamento correto deve iniciar entendendo o que estamos pensando errado, o que devemos mudar na nossa maneira de pensar, retificar o raciocínio equivocado, reformarmos nossos pontos de vista, reformularmos nossas concepções, lembrarmos que tudo se relaciona com tudo, que tudo tem uma causa e que essa causa está nas características da nossa personalidade, na nossa vida e na nossa visão de vida. Mas sempre lembrando que a doença está em nós, em nossas características de personalidade, em nossos pensamentos, em nossos sentimentos, em nossas atitudes, sem culpa, sem mortificação, mas com responsabilidade por nós mesmos, com a nossa saúde. Tratarmos apenas o nosso físico, sem atentarmos para a causa subjacente, sem cuidarmos do responsável pela "doença", que somos nós mesmos, é uma visão equivocada imediatista, infelizmente generalizada, mas que, agora, começa a mudar. O mais importante em nossa cura é um trabalho de conscientização, porque a doença vem do equívoco, da visão errada.

É chegada a hora de todos nós, pessoas interessadas em nossos semelhantes, abrirmos nossos olhos e nossas percepções para a realidade que se avizinha, que se chama holismo, ou seja, encarar o ser humano como um todo. Holismo quer dizer todo, ou seja, não é algo contra algo, oficial *versus* alternativo, alternativo *versus* oficial. Conclamo meus colegas médicos, de todas as especialidades, os psicoterapeutas e os terapeutas alternativos de todas as linhas, para que se unam em torno do objetivo principal da nossa atividade, que é o doente. Podemos antever um tempo em que o médico não será mais alopata ou homeopata, em que não se submeterá mais a nenhum rótulo paralisante, os psicoterapeutas dialogando entre si, cada qual transmitindo os seus conhecimentos e as suas novas descobertas a seus colegas, sem mais preconceitos ou ironias, os doentes recebendo atenções conjuntas para os seus diferentes corpos, seus diversos aspectos patológicos, equipes tratando do corpo físico, das emoções, dos pensamentos, dos aspectos espirituais dos pacientes, as clínicas e os hospitais contando com o auxílio dos médicos e dos curadores desencarnados, todos nós trabalhando, lado a lado, ombro a ombro, fraternalmente, amorosamente, em benefício daqueles que sofrem, daqueles que são o motivo do nosso exercício profissional de amor e doação.

Imagino os terapeutas do futuro conhecendo as mais variadas formas de tratar os doentes e suas doenças, através de uma visão bioenergética e integral, cada sofredor recebendo o que necessita naquele momento, sejam medicamentos químicos, sejam substâncias energéticas, seja um carinho, seja um conselho, seja uma cirurgia. Podemos imaginar o fim das disputas, das descrenças, das ironias, das visões limitantes, entre todos nós, curadores, em benefício de quem não tem nada a ver com isso: os doentes.

E aí, nesse tempo, poderemos dizer que o nosso planeta e a humanidade estão se curando, e será um tempo de bonança e prosperidade, com o fim das disputas e das competições e com a generalização da fraternidade entre as pessoas. Aproxima-se o tempo em que o Reino dos Céus descerá para a Terra, trazendo consigo o Amor.

EXERCÍCIOS

1. Você achava que saúde era apenas algo referente ao seu corpo físico. Agora aprendeu que a saúde também está nos seus pensamentos e sentimentos. Como eles estão de saúde?

2. Você sabe que as partes do seu corpo que estão doentes têm a ver com a sua função. O que você aprende com isso para melhorar essas partes?

3. Você entrega a sua saúde apenas para o médico ou terapeuta ou se responsabiliza por ela? Quem é que pode lhe curar?

4. O que os outros podem fazer para mim e o que somente eu posso fazer por mim?

5. Você aprendeu que a doença vem do ego e que o ego é egocêntrico. Como pode curar a sua tristeza, a sua mágoa, a sua raiva, a sua irritação, o seu medo?

6. Você acredita em Reencarnação, você vê a sua infância como um reencarnacionista?

7. Você acredita em Reencarnação, você vive os seus dias saudavelmente, em busca da Purificação?

8. Você reza todos os dias, pedindo a Deus que lhe ensine a ter saúde?

9. O que Ele/Ela lhe ensina?

10. O que é saúde?

A DOENÇA

Muito se tem falado hoje em dia sobre a origem real das doenças físicas, ou, melhor dito, as manifestações patológicas que surgem no nosso corpo físico. Alguns médicos da Medicina tradicional ainda relutam em aceitar e integrar ao seu cotidiano novas maneiras de pensar a doença, movidos por um receio difícil de entender; teimosamente, preferem deixar isso completamente de lado, ou a cargo dos psicólogos e psiquiatras. Mas outros já estão se abrindo para a Medicina do futuro e estão estendendo seus raciocínios para a integração Espírito-mente-corpo, a união das várias maneiras de ajudar um doente.

Mas, embora mesmo entre os leigos já se acredite na gênese ou, pelo menos, na grande influência do nosso jeito de ser em nossas doenças físicas, poucas pessoas entendem como isso acontece. E os raciocínios simplistas são de que o nervosismo tem relação com a gastrite, os problemas afetivos com o infarto do miocárdio etc. Mas de que modo os nossos jeitos de ser, os nossos pensamentos e sentimentos, a nossa maneira de viver a vida podem provocar doenças físicas? Para isso é preciso que conheçamos a nossa estrutura energética, os fluxos de energia entre os diversos corpos sutis, os acúmulos e bloqueios energéticos. Vamos ver o que é isso.

A Física Quântica já provou que a matéria é apenas uma condensação de energia, ou seja, energia vibrando numa certa frequência que possibilita ao olho humano visualizá-la, o que implica dizer que a diferença entre algo visível e algo invisível é apenas a sua frequência vibratória, e então nós vemos o que é "visível" e não vemos o que é "invisível". Tudo resume-se à capacidade de percepção do olho humano e, claro, ao desenvolvimento da percepção visual de cada um, daí existirem os videntes, que veem o "invisível".

Mesmo sendo de amplo conhecimento que a matéria é uma condensação energética, a maioria das pessoas tem enorme dificuldade de integrar o conhecimento de que nós somos um mecanismo energético, com diversas estruturas interagindo entre si: vórtices (chacras), canais, cores, enfim, uma circulação "invisível" em incrível movimentação, em constante modificação. Conhecendo esses corpos e os vórtices através dos quais tentam manter uma regulação energética entre si e, principalmente, entendendo as repercussões de problemas em sua estrutura em nível de corpo denso, pode-se começar a assimilar realmente o que significam as "doenças" que surgem nesse corpo visível. É tudo uma questão de "limpeza" ou de "sujeira" em nível energético e de circulação rápida ou lenta, livre ou bloqueada, nos corpos mental e emocional e sua repercussão no duplo etérico, e daí para o corpo físico.

É como a diferença entre um curso de água que flui livre, rapidamente e sem bloqueios, de um outro que flui lentamente, com bloqueios e dificuldades de escoamento. É mais ou menos assim que acontece em nível energético nos nossos corpos. Quando a Energia flui livremente, quando não há toxinas e impurezas que lhe obstaculizam o fluxo, ou, pelo menos, quando a circulação energética não tem bloqueios importantes, o ser humano encontra-se num estado que deveria ser o normal e usual para todos, mas isso é raro. A maioria de nós possui essas toxinas, impurezas, obstáculos e bloqueios importantes em sua circulação energética, mas de onde vêm? Dos nossos pensamentos e sentimentos, quer tenham se originado nessa encarnação, quer tenham vindo integrados a esses corpos das nossas outras encarnações. E o que eles provocam? Uma diminuição da velocidade de fluxo da circulação energética, uma dificuldade de escoamento, zonas de difícil passagem, áreas de acúmulo energético. E onde? Nas partes do corpo que possuem uma sintonia com os pensamentos e sentimentos prejudiciais, daí a relação com locais e órgãos do corpo físico, como o coração, o fígado, os rins, o estômago, as articulações, as mãos, os pés etc.

Então, o fato de uma pessoa "nervosa" sofrer do estômago segue um caminho mais ou menos assim: os seus pensamentos e sentimentos "nervosos" afetam a circulação energética na área do chacra umbilical (plexo solar), por sua relação com a emocionalidade, que, por sua vez, afeta o funcionamento dos órgãos dessa região regulados por esse chacra. Os pensamentos e os sentimentos de uma pessoa triste e sofrida afetam a circulação energética do chacra cardíaco e, consequentemente, o funcionamento dos órgãos regulados por esse chacra, como o coração, os pulmões e as mamas. Os órgãos mantêm uma relação direta com a nossa maneira de ser e de viver e então temos a raiva afetando o fígado, a raiva contida, guardada, endurecida, gerando os cálculos biliares, o medo afetando os rins, a mágoa afetando a bexiga, a rigidez afetando as articulações etc.

Os nossos pensamentos e sentimentos, as nossas características de personalidade, o nosso modo de viver e – muito! – a nossa alimentação são os causadores das chamadas "doenças físicas". Então, é óbvio que os tratamentos tradicionais, endereçados apenas ao corpo físico, seus órgãos e partes, não podem ter uma ação realmente curativa, e é o que se observa na prática médica tradicional, ortodoxa. Mas não queremos com isso criticar a Medicina tradicional, pelo contrário, reconhecemos nela uma eficiência inigualável nas urgências e emergências. Pretendemos apenas endereçar aos seus praticantes uma mensagem de ampliação de seus conhecimentos, rumo ao "invisível", aos métodos energéticos de investigação e cura, que são o ofício das terapias "alternativas". Não se trata de negação ou combate ao pensar ortodoxo, e sim uma nova onda de aprofundamento, de continuação de seus postulados, um sopro novo que abre enormes possibilidades ao médico e aos terapeutas em geral. É uma continuação, uma ampliação do conhecimento, e não uma negação ou uma disputa.

Sendo as doenças provocadas originalmente nos nossos pensamentos e sentimentos, a verdadeira cura tem que se endereçar a esses efeitos primários, e isso pode ser feito de várias maneiras: os tratamentos psicológicos, tradicionais ou mais modernos, a utilização de estímulos energéticos endereçados a essas estruturas também energéticas, como a Terapia Floral, a Homeopatia e outras Medicinas energéticas que atuam diretamente nos corpos sutis sem o uso de medicamentos vibracionais, como o Reiki e tantas outras. É voz corrente que se deve tratar as causas e não as consequências, e a evolução desse conceito de cura irá acompanhando o desenvolvimento do ser humano.

À medida que a humanidade for evoluindo em seu aspecto intrínseco consciencial, esse crescimento irá influir em todas as áreas da abrangência humana e, sem dúvida, também na Medicina e nas Psicoterapias. Por enquanto, para o atual nível de evolução consciencial da raça humana, a Medicina alopática é a mais indicada, justamente por sua atuação apenas no corpo físico, não necessitando, em sua prática, da colaboração dos doentes em seu tratamento e cura. Mas ela não oportuniza a verdadeira cura por não buscar as causas, tratando apenas as manifestações exteriores, visíveis, da doença.

A doença deve ser vista como a consequência de um equívoco, de um erro, e apenas a correção pode propiciar a verdadeira cura. Esse erro, na maioria das vezes, vem de uma falta de sintonia da nossa personalidade encarnada com a nossa Essência, ou seja, os raciocínios, o modo de sentir e de agir, enquanto aqui encarnados, não têm uma concordância com o nosso bem supremo. Essas "infrações" repercutem energeticamente nos corpos sutis e daí repercutem no corpo físico. A cura real, íntima, vem da retificação dessas questões patogênicas, e isso pode ser atingido por um trabalho profundo de autoconhecimento, de interiorização, e por um aprofundamento nas questões espirituais.

Se a doença vem da raiva e atinge, por exemplo, o fígado, a vesícula biliar ou o cérebro, a cura da raiva pode ocasionar a cura da repercussão física, mas, principalmente, curar o corpo emocional e o corpo mental, e isso é o mais importante, pois são esses corpos que permanecerão conosco depois do desencarne e ao reencarnarmos novamente. Isso é uma verdadeira cura, enquanto que uma "cura" dos órgãos afetados ou uma extirpação cirúrgica são um modo caridoso de tratar, mas paliativo. Nunca devemos nos esquecer de que o único corpo descartável que possuímos é o corpo físico, que deve ser bem tratado e cuidado, mas não pode constituir-se no enfoque principal dos métodos de cura. Os corpos que permanecerão conosco devem merecer a nossa atenção, no meu modo de ver, até mais do que o corpo visível.

Se a doença vem da mágoa, do ressentimento, da tristeza, dos medos, da falta de confiança, do orgulho, da vaidade etc., é isso que deve ser curado. Dependendo da expectativa do profissional de cura, o enfoque visará a "curar" apenas o corpo físico ou os corpos mais sutis com repercussão no físico.

Os terapeutas espiritualistas, médicos ou não, não devem perder de vista o objetivo da encarnação, que é a autoevolução, que consiste principalmente na cura ou na melhoria das nossas inferioridades, evidenciadas em nossos pensamentos e sentimentos e em características de personalidade. Por isso, é inadmissível que os profissionais de cura que vivenciam a realidade espiritual da Reencarnação deixem de enfocar e dar a devida importância a essas questões profundas e permanentes, dirigindo-se apenas ao descartável. Deve-se cuidar do automóvel, mas sem esquecer jamais que o motorista é infinitamente mais importante!

A grande causa da doença na humanidade encarnada é esquecer que está aqui de passagem, em busca da melhoria de certas características que ainda necessitam do confronto com as situações da vida encarnada para a sua exteriorização. E, então, viver como se realmente tivéssemos nascido (a chegada) e fôssemos morrer (a saída), sem saber que as nossas maneiras de pensar e de sentir já são nossas há muito tempo, desde antes de aqui chegarmos, e que, quando são negativas e prejudiciais, estão nos revelando claramente o que descemos para curar, faz com que a personalidade encarnada viva quase de uma maneira ilusória, apegada à superficialidade das coisas, interessada mais em aspectos fúteis e vazios, temporários e sem importância, quando deveria endereçar sua atenção e seu foco existencial ao verdadeiro objetivo de sua breve estadia neste plano terreno: a correção de suas imperfeições.

Esse erro de enfoque faz com que geralmente o que viemos para curar (a raiva, a tristeza, a mágoa, o egoísmo etc.) permaneça em nossos corpos emocional e mental, e, pior, muitas vezes até amplificados por novos erros e enganos. A doença do ser humano é a mesma doença da humanidade, a falta da verdadeira visão sobre suas questões profundas e transcendentais. E, a par dos enormes benefícios da Medicina alopática, ela tem um aspecto muito prejudicial, em nível consciencial, que é alienar o doente de seus processos patológicos, transformando-o numa vítima da doença e não num participante ativo de todo o processo. Não é uma questão de culpa por sua doença, e sim de responsabilidade. O doente revela-se em sua doença, ele e a sua doença são a mesma coisa. Por isso, a cura das doenças do Homem virá junto com a cura da distorcida visão da humanidade, em relação a essas questões. A seu tempo, em alguns séculos, isso irá se formatando e teremos um dia um novo Homem encarnado sobre a Terra, construindo um mundo de amor, de paz e de progresso, criando consigo a verdadeira justiça, a fraternidade e a igualdade. Nesse dia, as doenças físicas serão raras, pois estarão praticamente curadas no nível sutil, no nível dos pensamentos e dos sentimentos.

EXERCÍCIOS

1. Você sabe que a matéria é energia condensada e que as doenças são materializações dos nossos erros. Qual é o seu erro?

2. Você aprendeu que você e a sua doença são a mesma coisa. Como você pode curar a sua doença?

3. Algumas pessoas sábias dizem que a doença da humanidade é o egoísmo. Você é egoísta?

4. Você se acha mais do que os outros?

5. Você se acha menos do que os outros?

6. Você se acha o máximo?

7. Você se acha um coitadinho?

8. Você gosta de ser impaciente e irritado?

9. Você gosta de ser triste?

10. Você vive a sua vida conduzido por um piloto automático?

11. Quase todos os dias você toma um remédio ou tem de beber bebida alcoólica ou fumar um cigarrinho para se acalmar ou se alegrar?

12. Você realmente quer se curar?

OS NÍVEIS DE CURA

Muito se discute hoje em dia sobre as diversas maneiras de tratar os doentes em seus problemas físicos, emocionais e mentais. Pelo caráter competitivo do ser humano, gerado em parte pelo seu ainda baixo nível evolutivo consciencial e incentivado pela estrutura tradicional social, os médicos, os psicoterapeutas e os terapeutas em geral estão mais empenhados em demonstrar a supremacia de suas técnicas e métodos do que em se conhecerem. Existe um desconhecimento de parte a parte dos critérios alheios. Muitos médicos e psicoterapeutas tradicionais condenam ou ridicularizam os chamados métodos alternativos sem se empenhar em conhecê-los pelo menos superficialmente. Do outro lado, os chamados terapeutas alternativos condenam a Medicina alopática e os psicoterapeutas mais ortodoxos, como se eles fossem prejudiciais e danosos aos pacientes.

Não concordo com essa atitude, como não concordo com nenhuma forma de competição. Na minha maneira de ver, trata-se apenas de diferentes níveis de expectativas, de enfoques e de intenções. Cada médico ou terapeuta trata os seus pacientes de acordo com a sua maneira própria de encarar a vida e os aspectos da vida, ou seja, a questão da cura, para cada profissional, diz respeito ao seu próprio modo de ser.

Uma visão mecanicista, organicista, implica uma maneira de enxergar e tratar os problemas dos doentes a partir somente do seu corpo físico, pois é o único visível, e todo o enfoque terapêutico é endereçado para os órgãos, os sistemas e as reações químicas pertinentes ao funcionamento desse corpo. Para a Medicina tradicional, o ideal de cura é fazer desaparecerem os sinais e os sintomas observáveis e, portanto, curar o ser humano é curar o seu corpo físico. Como as doenças são atribuídas a causas externas, geralmente às bactérias e aos vírus, a caça a esses agentes patogênicos ocupa grande parte da visão alopática. O ser humano é considerado quase como uma vítima desses vilões microscópicos e a autorresponsabilidade pelos seus males começa timidamente agora a ser cogitada, através dos mecanismos psicossomáticos. O homem é o seu corpo físico.

Existe sinceridade na maneira como os médicos alopatas atuam, eles realmente acreditam no que praticam e buscam fazer o melhor por seus pacientes. Não penso que no tempo em que atuava como pediatra alopata eu prejudicava os meus pacientes ou que a minha atuação não os ajudasse. Pelo contrário, em inúmeras situações salvei vidas e em muitas ocasiões realmente ajudei os doentes. Embora tenha que reconhecer que, se naquela época eu conhecesse a Homeopatia, a Terapia com os Florais e a realidade espiritual, teria sido um muito melhor médico, sem dúvida nenhuma. Na época em que era pediatra alopata, eu também acreditava que asma não tem cura, que amigdalite crônica tem que operar, que otite crônica tem que colocar dreno, que prisão de ventre tem que ser tratada com laxante, que enurese noturna tem que ser tratada com Tofranil, que Terror noturno era uma patologia etc. Hoje eu sei que tudo isso pode ter cura com as terapias energéticas, a Homeopatia e a Terapia Floral, por exemplo, e procedimentos curativos espirituais. Os pesadelos nas crianças merecem uma avaliação em Centro Espírita ou Espiritualista.

A partir da visão pessoal de cada um de nós, estabelece-se um grau compatível de exigência e expectativa e, portanto, o que é chamado de cura ou de melhora, para cada um, tem como referência esse enfoque. Afastar os sintomas desagradáveis de uma amigdalite aguda com o uso de antibióticos é chamado de cura e a remoção das amígdalas pela recorrência de infecções devido ao tratamento ser endereçado apenas às bactérias é chamado de solução. A utilização de medicamentos que diminuam a acidez gástrica é chamada de tratamento para a gastrite, como também o uso de tranquilizantes para acalmar o paciente que sofre desse mal. O uso de anti-inflamatórios e corticosteroides nos reumatismos e outras manifestações autoimunes tem o objetivo de fazer desaparecerem os sinais e os sintomas nas articulações e nos órgãos afetados, enquanto que as causas são consideradas desconhecidas ou atribuídas a micro-organismos. As dores são tratadas com medicamentos para dor, as cólicas com medicamentos para espasmos, a febre com medicamentos para febre, a prisão de ventre com laxantes ou reguladores intestinais, as diarreias com constipantes etc. O doente tem a sua vida e os seus aspectos existenciais afastados de qualquer raciocínio diagnóstico, o que interessa é fazer o sintoma e o sinal desaparecerem o mais rapidamente possível. Esse procedimento alopático não ajuda as pessoas? Ajuda, e muito. O meu questionamento é quanto à profundidade dessa ação, quanto ao descomprometimento da pessoa com a sua doença e quanto à sua responsabilidade na perpetuação de seus males. O que deve ser evitado é a cronificação devido a um tratamento apenas superficial e imediatista. A associação de várias Medicinas é muito bem-vinda.

A visão psicológica tradicional, por sua vez, considera o ser humano quando nasce como um livro em branco, que começa a ser escrito a partir de sua fase gestacional, dentro do útero materno. Considera esta vida apenas, esta única encarnação, não lida com a bagagem trazida de outras existências, não se ocupa do caminho evolutivo reencarnatório dos pacientes e suas antigas relações com os seus hoje denominados pai, mãe, irmãos e demais relações, o que limita as interpretações dessas questões conflitantes. Todo e qualquer aspecto da personalidade dos pacientes, seja uma tendência agressiva ou autoritária ou autodestrutiva ou uma timidez, uma baixa autoestima, ou sentimentos como mágoa, ressentimento, raiva etc., têm de originar-se no início da vida, nada existia antes disso... Atualmente, já se permite pensar em tendências ligadas à genética e procuram-se os genes responsáveis por certas características (alcoolismo, suicídio etc.). Ainda não é conhecida a pré-genética.

Com a tendência medicamentosa da Psiquiatria, tudo deve ser medicado, tudo deve desaparecer sob a ação química dos medicamentos modernos. As alterações das reações químicas é que geram os quadros psiquiátricos e, se são afetadas beneficamente por substâncias químicas, tudo pode ser resolvido assim. Existe também sinceridade nesse raciocínio e, como afirmei antes, pode-se ajudar muitos doentes com esses métodos. Uma melhora de um quadro psíquico, mesmo que seja pelo uso de substâncias químicas que atuam em um nível superficial do problema real, ou seja, nas reações químicas ou na carência de certas substâncias, é capaz de possibilitar ao doente um alívio que lhe permita enxergar as coisas de outro modo, vislumbrar uma luzinha lá no fim do túnel e até decidir mais firmemente sair daquela situação aparentemente imobilizante.

A questão é que essas reações químicas ou a carência de certas substâncias de ação em nível cerebral, ao que é atribuída a causa das manifestações patológicas psíquicas, na verdade são apenas consequências de ações profundas dos próprios pensamentos e sentimentos do paciente em seu psiquismo profundo.

Tudo se inicia nos corpos mental e emocional, ou seja, no que se pensa e no que se sente, e apenas mais tarde isso irá se refletir no funcionamento do corpo físico e nas reações químicas, inclusive em nível cerebral. Mas não concordo com a visão estigmatizada e superficial que faz com que tudo se resuma a um enfoque de atuação química. Pela minha experiência e pela de muitos terapeutas alternativos, a utilização de medicamentos energéticos (estímulos vibracionais) endereçados aos pensamentos e aos sentimentos (também estruturas energéticas) e a ação de técnicas bioenergéticas que também atuam nesse nível fazem com que a maioria dos pacientes melhore bastante e inúmeros alcancem a cura. A diferença é que a atuação é endereçada às causas e não às consequências, ou seja, parte-se do princípio e não do fim.

O que a novíssima Psicoterapia Reencarnacionista pensa? A partir do seu enfoque reencarnacionista e evolucionista, essas questões relativas à saúde e à doença, ao bem-estar e ao mal-estar, transcendem o grau de exigência e expectativa das maneiras tradicionais de tratar e até, por que não, de muitas das Terapias Energéticas. Com a extensão da concepção do Homem para suas encarnações passadas, tudo aumenta de significado, pode-se agora investigar realmente o Inconsciente, e o doente está no início, no meio e no fim de tudo que lhe acontece. Os vilões externos passam a não ter tanta importância na gênese dos males, sejam micro-organismos, sejam mesmo pessoas, e as ajudas externas começam a perder seu prestígio em nome da necessidade de uma maior consciência e mudança interna. Nada mais é injusto, nada mais é casual, tudo tem um objetivo e uma finalidade. O que aquela pessoa traz de suas encarnações passadas, suas relações cármicas, seus pensamentos, seus sentimentos, sua maneira de enxergar a vida, seus objetivos existenciais, seu caráter, sua índole, seus atos, seus planos, suas metas, enfim, tudo no paciente, visível, e principalmente invisível, é extremamente importante. A pessoa é vista a partir dos seus aspectos mais profundos e espirituais, e a reconexão com a sua Essência torna-se o motivo principal do tratamento. Retificar o seu caminho evolutivo é a meta.

As relações afetivas e familiares devem ser tratadas e bem elaboradas para que não atrapalhem os nossos objetivos espirituais de evolução, e sempre com a clara consciência de que são relações entre Espíritos encarnados e nunca sob o peso terrível dos rótulos paralisantes.

A Psicoterapia Reencarnacionista não contrapõe-se ou renega qualquer tipo de procedimento que vise a melhorar a qualidade de vida das pessoas, seja com que técnicas ou medicamentos for. Tudo que nos alivie os sofrimentos, que nos traga mais alegria, que nos possibilite circular melhor por essa vida, deve ser utilizado. Essa nova Escola pretende ajudar a ampliar o nível de consciência para além do que é visível, para além do que se tem considerado como os limites da existência humana, para além do ego, queremos ir realmente Inconsciente adentro, como o Dr. Freud sinalizou.

O mais importante não é fazer desaparecerem os sinais e os sintomas desagradáveis, e sim entender por que eles surgiram, de onde e com que finalidade. A doença é vista como uma mensagem do nosso Eu Superior para nos mostrar que algo está errado em nossa maneira de viver, que estamos equivocados em nossos pensamentos e em nossos sentimentos. O local do corpo, a época do surgimento, o aspecto, os sintomas e as sensações locais nos dizem de uma forma às vezes bem clara o que realmente aquilo significa, qual é a mensagem profunda que permeia aquela doença ou manifestação.

O terapeuta é um investigador e deve aprofundar-se juntamente com o doente, em direção ao âmago da questão. Encontrar a causa é a meta, entender os processos que geraram as manifestações desagradáveis é o objetivo, e retificar o caminho, de volta ao verdadeiro propósito de vida, é a finalidade. Tudo que se fizer por ele em nível superficial, que o alivie, que o ampare quando necessário, pode ser utilizado de uma forma caridosa, mas que isso nunca impeça ou mascare a busca profunda da origem dos seus males ou que o isente da responsabilidade por sua vida, entregando-a a outras pessoas, seja um médico, um terapeuta ou um espiritualista.

Nós somos os responsáveis pela nossa saúde ou nossa doença, pela nossa alegria ou nossa tristeza, pelo amadurecimento do nosso ego ou não. Fazer com que os doentes assumam a sua cura é o principal objetivo. Encontrar os erros, os equívocos, e retificá-los, é a meta. A cura vem pela autorresponsabilidade com a sua doença e acontece somente pela retificação do nosso Caminho, pelo alinhamento da persona com a Essência.

Acreditamos que os casos de Fobia, o Transtorno do Pânico, as Depressões severas com origem em encarnações passadas, as Dores Físicas crônicas, sem explicação, que também, na sua maioria, vêm de vidas passadas, são tentativas do nosso Espírito de limpar-se dessas "impurezas" em seu caminho de retorno à Purificação. Esses sintomas, chamados de "doenças" ou "transtornos", são como um furúnculo, algo que o corpo quer botar para fora, aí aparece, incomoda, dói. Não é voz corrente que o corpo sempre quer botar para fora o que lhe incomoda? No caso desses traumas antigos, de encarnações passadas, é a mesma coisa, uma busca de "limpeza", mas como ela pode ser feita com antidepressivos, com ansiolíticos, que abafam aqui em cima, mas tudo continua acontecendo lá embaixo? Temos de abrir o Inconsciente e deixar sair. Essa é a Terapia de Regressão, que eu preferiria chamar de Terapia da Recordação, mas lembremos que ela deve ser comandada pelo Mundo Espiritual, com Ética, o que ainda não ocorre com uma parte dos Terapeutas de Regressão.

EXERCÍCIOS

1. Você quer curar essa sua doença física crônica. Ela está curando com remédios ou está apenas amenizada? O que essa doença lhe diz?

2. Você conhece seus pensamentos e sentimentos doentios. Será que, se você melhorá-los, essa doença pode melhorar também?

3. Você tem algo a perder em tentar?

4. Muitas pessoas dizem que a mágoa adoece, que a raiva adoece, que beber faz mal, que fumar faz mal, você concorda com isso? Mesmo?

5. Por que, muitas vezes, você pensa uma coisa e faz outra?

6. Por que, muitas vezes, você não consegue ser como gostaria realmente de ser?

7. Você admira tanto certas pessoas, por que a dificuldade de ser como elas?

8. Você precisa se espiritualizar mais ou já está bom assim?

9. Você consegue perceber o que, na vida, é bom para o seu Espírito e o que é bom apenas para os desejos e necessidades do seu ego?

10. Do ponto de vista espiritual, você é forte ou fraco?

11. Em relação a essa encarnação, você está vencendo ou perdendo? No primeiro caso, continue; no segundo caso, ainda tem vários milhares de dias...

A DOENÇA MENTAL – UMA VISÃO REENCARNACIONISTA

Segundo o Dr. Bezerra de Menezes, a maioria das doenças mentais é causada pela ação dos Espíritos obsessores, e isso é comprovado nos Centros Espíritas e Espiritualistas, onde a ação desses seres é observada. Mas a atual Psiquiatria, acreditando-se científica, renega essas informações ao campo do sobrenatural, do religioso, negando sua existência ou minimizando sua atuação. A Psiquiatria, cada vez mais, lida apenas com o cérebro e com os desequilíbrios dos neurotransmissores, numa atitude característica da Medicina Alopática, de utilizar medicamentos químicos para órgãos isolados, o que lhe dá uma boa atuação em nível de paliação, mas não em nível curativo. Essa Medicina psiquiátrica que diz que a doença mental está no cérebro é da linha da Medicina orgânica, que diz que a rinite é uma doença do nariz, a asma é uma doença dos brônquios, a gastrite é uma doença do estômago, a artrite é uma doença das articulações etc. Já sabe, mas tem ainda dificuldade em lidar com o Psicossomatismo. Agregando, atualmente, a Medicina Homeopática e a Acupuntura, a Medicina Alopática decretou o seu futuro, que é de ser, dentro de algumas décadas, uma Medicina de uso exclusivo nas urgências e nas emergências, onde ela reinará soberana por mais algum tempo, até que, um dia, será deixada quase que totalmente de lado. A evolução do conhecimento humano está passando da Química para a Física e o futuro são as Medicinas Energéticas.

Na doença mental, com o retorno da lembrança da existência da Reencarnação na memória do ser humano, o rápido diagnóstico de esquizofrenia, paranoia, depressão, transtorno bipolar etc., aos poucos, começa a ser questionado em todo o mundo por profissionais de cura, oficiais e alternativos, que não querem mais lidar com a doença mental como apenas um desequilíbrio dos neurotransmissores. E as nossas vidas passadas? E a ação dos Espíritos obsessores? Para auxiliar nessa expansão da Psicologia e da Psiquiatria rumo à Reencarnação e às influências espirituais, surge a Psicoterapia Reencarnacionista, que propõe a fusão das Instituições oficiais com esses conceitos.

A doença mental ganha, assim, uma enorme expansão em seu diagnóstico, em sua análise, e em seu tratamento. Todos nós estamos sintonizados em situações traumáticas do nosso passado transpessoal, mas os "piores momentos" são os que mais nos influenciam. Situações de vidas passadas podem estar "adormecidas" dentro do nosso Inconsciente e despertar mediante um estímulo específico, que pode ser um trauma psíquico, um filme, um livro, uma viagem, o nascimento de um filho etc. E, aí, passamos a viver numa outra encarnação, concomitantemente a essa... Surgem as ideias estranhas, crenças difíceis de entender, Manias, Fobias, Medos inexplicáveis, rituais, pesadelos, visões, audições, e se a pessoa for consultar um psicólogo ou um psiquiatra que não entende de Reencarnação, poderá receber um diagnóstico, baseado nos seus sintomas, dentro dos critérios do DSM (Diagnóstico de Saúde Mental). Com o diagnóstico, receberá um "tratamento" com psicotrópicos, que, além de não curarem, apenas amenizarem, trarão seus terríveis efeitos colaterais. A pessoa acredita que está doente, bem como seus familiares e amigos. O profissional que a atende aumentará a dose dos psicotrópicos, tentará outros psicotrópicos, fará associações deles, algumas vezes poderá usar eletrochoque, e assim começa o calvário de milhões de pessoas internadas em hospitais psiquiátricos, a maioria delas considerada incurável. Enquanto isso, os Espíritos obsessores estão ali, ao lado, achando graça daquilo tudo, tudo está correndo exatamente como eles querem.

O quadro característico da doença mental mais conhecido, e temido, e que mais provoca internações, são as alucinações.

Vejamos como a Psiquiatria vê as alucinações e, depois, como nós as vemos.

1. A VISÃO PSIQUIÁTRICA

Ocorre uma alucinação quando o paciente percebe um estímulo que não existe. As alucinações são analisadas pela Medicina como a projeção dos impulsos e das experiências interiores, em termos de imagens perceptuais, para o mundo externo, uma forma primitiva de adaptação em que um material muito importante da vida interior do esquizofrênico toma a vividez das alucinações, em que o material inconsciente e as tendências mal-adaptadas criam percepções sensoriais simbolizadas, em resposta a necessidades e problemas psicológicos. Por exemplo, os desejos repudiados e os sentimentos de culpa se projetam em forma de alucinações auditivas que acusam e criticam, e o enfermo, devido ao seu ego desorganizado, é incapaz de reconhecer a origem e o significado das suas alucinações, e então crê na autenticidade dessas imagens projetadas, aceita-as e reage de acordo com o que aceitou como realidade. Ele não consegue distinguir entre as experiências objetivas e as subjetivas, do que resulta sua tendência a alterar a realidade com alucinações e ideias delirantes.

Segundo essa concepção, as percepções auditivas visam a proporcionar consolo, companhia, conselhos, juízos e até satisfação sexual. Os pacientes podem identificar essas percepções alucinatórias como a representação das vozes de pessoas importantes em sua vida (progenitores, parentes ou amigos), e tais vozes podem servir como substituto a essas pessoas. Portanto, representam, ao mesmo tempo, os elementos reais e os elementos da relação pessoal que se perdeu.

As percepções alucinatórias são classificadas em visuais, auditivas, táteis, olfatórias, gustativas ou cinestésicas e são consideradas, quase sempre, como sintomáticas de um processo patológico. As alucinações auditivas são consideradas as mais típicas dos pacientes com doenças psiquiátricas. Uma exceção são as alucinoses alcoólicas, vívidas, que ocorrem em um paciente alcoolista. As alucinações que envolvem outras modalidades sensoriais são mais tipicamente associadas a transtornos orgânicos.

As consideradas alucinações auditivas ocorrem mais tipicamente em pessoas diagnosticadas como portadoras de transtornos psiquiátricos psicóticos, como a esquizofrenia, a mania ou a depressão psicótica. Elas são relatadas por mais da metade dos pacientes considerados esquizofrênicos. A qualidade e a quantidade dessas alucinações podem auxiliar o clínico nesse diagnóstico. Se o paciente relata vozes audíveis que comentam suas ações, discutem, repetem seus pensamentos ou são ofensivas, a Psiquiatria considera que é provável que o transtorno seja psiquiátrico. Se o paciente relata ouvir chamar seu nome ou outras alucinações auditivas breves e repetitivas, isso pode representar uma etiologia orgânica, como nas crises epilépticas parciais complexas, nas doenças do ouvido, ou ser sintomático de transtornos psiquiátricos, como o transtorno de conversão, o transtorno *borderline* da personalidade, o transtorno de somatização ou o transtorno múltiplo da personalidade.

As alucinações visuais são mais tipicamente associadas a transtornos orgânicos cerebrais, embora também possam ocorrer em pacientes não psiquiátricos com perda visual recente e pacientes com transtornos psiquiátricos primários. Elas associam-se à ingestão de alucinógenos, *delirium*, narcolepsia, epilepsia, enxaqueca, lesões do tronco cerebral, doenças do nervo óptico, pós-operatório ocular e descolamento do vítreo. Alucinações visuais também podem ocorrer em indivíduos sadios durante a privação sensorial ou do sono, hipnose ou sono (sonhos). Pacientes considerados esquizofrênicos frequentemente relatam alucinações visuais. Indivíduos com transtornos afetivos, como episódios de mania ou depressão, algumas vezes relatam alucinações visuais.

Ocorrem alucinações táteis geralmente em pacientes que tiveram amputação de um membro ou estão em *delirium* por supressão de drogas. A sensação de "membro fantasma" (sensação de que o membro ainda está presente) é relatada por muitos amputados. As alucinações táteis também ocorrem em transtornos psiquiátricos, como na esquizofrenia, ou em transtornos orgânicos, como no *delirium* e nas crises epilépticas parciais complexas ou após a ingestão de alucinógenos.

Alucinações olfatórias (cheiros), gustatórias (paladar) ou cinestésicas (de movimentos do corpo) são raras e experimentadas de modo mais comum por pacientes com crises epilépticas parciais complexas. Contudo, são muito encontradas em pacientes com transtornos psiquiátricos ou orgânicos.

2. A visão da Psicoterapia Reencarnacionista

A Psiquiatria sequer aventa a hipótese de que as alucinações possam não ser alucinações ou transtornos orgânicos, e sim fatos reais, que algumas pessoas percebem e outras não. E por quê? Porque isso não é ensinado nas Faculdades de Medicina nem nos Cursos de Especialização. E por que não é ensinado? Porque a nossa Medicina situa-se dentro de um Consciente Coletivo que geralmente esquece, junto com suas Instituições oficiais, que somos um Espírito e que, quando morre nossa casca física, saímos dela e podemos subir para a Luz, ir para o Umbral ou ficar aqui. Os que ficam aqui podem perturbar os encarnados, ou para prejudicar ou para tentar ajudar, ou por sintonia de hábitos (como acontece com os alcoolistas, os fumantes, os drogados) etc. A Psiquiatria do futuro irá agregar a desobsessão aos seus métodos terapêuticos.

Sabemos que, muitas vezes, um pai ou uma mãe, um cônjuge, ao desencarnar, permanece na casa onde morava, a fim de ajudar os que ficaram, continuar auxiliando, orientando etc. Isso ocorre algumas vezes porque a pessoa desencarnada tinha essa característica ou, então, por culpa, por não ter sido assim enquanto "vivo". E, muitas vezes, a pessoa "morta" nem percebe que "morreu", a não ser depois de um tempo, quando percebe que ninguém a vê, ninguém a escuta, e se alguma pessoa da casa enxerga o falecido e resolve consultar por isso, ao relatar esse fato recebe a "interpretação" de que se trata de saudade, desejo de encontrar aquela pessoa, carência afetiva etc., ou então é uma alucinação que deve ser tratada com psicotrópicos. Essas situações emocionais, obviamente, existem, mas e se a pessoa está enxergando mesmo o ente que desencarnou? E se não for uma alucinação, e sim um fato real?

Na nossa opinião, uma pessoa que enxerga um familiar falecido ou ouve sua voz, antes de ir a um tratamento, para não correr o risco de ser rotulada como esquizofrênica, deve ir a um Centro Espírita ou Espiritualista gratuito para receber orientação especializada sobre o assunto. Ou seja, essas pessoas que veem ou ouvem Espíritos devem procurar os especialistas no assunto, e as pessoas que trabalham em Centros são especializadas em desencarnados. Os psiquiatras e os psicólogos ainda não entendem desse assunto, pois isso não é ensinado nas Faculdades. Os médiuns do Centro procurarão entrar em contato com o desencarnado, tranquilizando-o, tentando encaminhá-lo para o Plano Astral, com o auxílio dos Seres de lá. Depois disso, se a pessoa entender necessário, pode procurar o auxílio de um psicoterapeuta para realizar um tratamento psicológico para a saudade, a carência etc. Realizando primeiramente a desobsessão, com o afastamento do ser desencarnado, não receberá o rótulo de esquizofrenia, não receberá "antipsicóticos" ou "ansiolíticos", não terá os terríveis efeitos colaterais dessas químicas, não será considerada "louca" pela família e conhecidos. Enfim, consultando primeiramente a respeito dessas questões espirituais em um Centro e resolvendo a questão do familiar desencarnado que ficou na Terra, estará evitando uma série de inconvenientes em sua vida.

Poderá consultar com um terapeuta e receber uma receita com essências florais para a saudade, para a tristeza, para o trauma da perda afetiva, para a carência afetiva, para a insegurança, para o medo de ficar sozinha, para essa fase de transição, ou seja, medicamentos específicos para o que pensa, para o que sente, o que, muitas vezes, é mais eficaz do que ingerir "ansiolíticos" e "tranquilizantes" para acalmar-se, "antidepressivos" para ficar mais alegre ou hipnóticos para dormir, que não irão atuar em suas características de personalidade, em seus pensamentos e sentimentos, apenas atuarão quimicamente em seu cérebro.

E se essa pessoa tem capacidade de enxergar e ouvir os "mortos", pode cursar uma Escola de Médiuns e tornar-se trabalhadora em um Centro, auxiliando as pessoas que vão lá consultar, muitas vezes consideradas esquizofrênicas, que também têm essa capacidade. A maioria das pessoas internadas nos Hospitais psiquiátricos são médiuns que consultaram psiquiatras em vez de tratar-se espiritualmente e, com isso, foram sendo dopadas, até o ponto de serem consideradas incuráveis. Depois de anos ou décadas de medicamentos químicos, eletrochoques, várias internações, é realmente difícil recuperá-las, pois a Medicina orgânica as cronificou.

A maioria das pessoas que afirmam enxergar seres e/ou ouvir suas vozes está falando a verdade, mas ao receberem o diagnóstico de que isso que afirmam não é verdade, que são alucinações, acham, então, que estão loucas. Qualquer pessoa que vier à consulta afirmando ver ou ouvir o que não estamos vendo nem ouvindo, em princípio, acreditamos na pessoa e a encaminhamos a um Centro Espírita ou Espiritualista, bem como a uma consulta com um médico neurologista para afastar uma hipótese orgânica, pois epilepsias do lobo temporal, certos tumores, algumas doenças metabólicas, podem simular quadros aparentemente psiquiátricos.

Atendi, certa vez, uma senhora que referia ouvir vozes que diziam que ela exalava um cheiro horrível, de podre, e que isso acontecia quando alguém fechava uma porta ou uma janela e, também, quando alguém olhava para ela. Isso havia iniciado há uns quinze anos, e nos diversos psiquiatras com quem consultou o diagnóstico foi sempre o mesmo: esquizofrenia. Ela tomava, regularmente, "antipsicóticos", "antidepressivos" e "ansiolíticos", aumentando a dose ou mudando de droga, quando não faziam mais efeito ou os efeitos colaterais eram insuportáveis. Havia sido internada várias vezes em Hospitais psiquiátricos. Comentei com ela, na primeira consulta, da possibilidade de existirem Espíritos obsessores lhe falando isso e ela me informou que já havia consultado em vários Centros Espíritas, inclusive era trabalhadora em um, e que não havia mais Obsessores a acompanhando. Então, sugeri a ela fazermos uma investigação em seu Inconsciente para procurarmos uma possível causa desse transtorno. Na Sessão de Regressão ela viu-se em outra encarnação, isolada em um quartinho nos fundos da casa em que residia sua família, onde havia sido colocada por apresentar uma doença generalizada de pele, que exalava um cheiro horrível de podre! Algumas vezes por dia, levavam-lhe comida e água e ela ouvia as pessoas comentarem sobre seu cheiro. Em um certo momento da Regressão, ela identificou, espontaneamente, um familiar de lá como um vizinho que havia vindo morar em seu edifício na vida atual. Ao final da Sessão, ela, muito surpresa, me disse: "Doutor, essas vozes então são reais, são daquela vida. Então, eu não sou esquizofrênica, essas vozes existem mesmo!". Concordei com ela, explicando-lhe que ela estava ainda sintonizada com aquela situação traumática da outra encarnação, de maneira que, às vezes, ela fazia uma Regressão espontânea para aquele quartinho, sentia-se lá, e ouvia as vozes das pessoas comentando sobre o cheiro que exalava. Indaguei-lhe sobre aquela pessoa que havia identificado e que residia em seu edifício, e ela me disse que ele havia ido morar lá há uns quinze anos. Foi quando começou sua "esquizofrenia".

O que aconteceu? Quando seu Inconsciente reconheceu aquela pessoa, criou-se uma sintonia com aquela situação e, a partir daí, ela passou a viver em duas encarnações simultaneamente, ora estando aqui, ora lá. Quando alguém fechava uma porta, uma janela, ou olhava para ela, regredia espontaneamente para aquele quartinho e ouvia as vozes (reais) de lá. Depois voltava para a vida atual e as vozes cessavam. Como, para a Psiquiatria, ouvir vozes é um sintoma de esquizofrenia, ela foi assim rotulada, passou a tomar medicamentos, foi internada várias vezes, quando, na realidade, ela estava vivendo, em seu Inconsciente, aquela situação traumática, ou seja, ela estava vivendo duas encarnações concomitantemente.

Após a Regressão, o tratamento psicoterápico com ela endereçou-se para ajudá-la a viver essa vida apenas e ela passou a tomar essências florais para seus sintomas emocionais e para ajudá-la a desligar-se completamente daquele fato. Quando ela vinha às consultas, me informava em que vida ela estivera sentindo-se mais durante a semana, se naquela ou nesta. Eu lhe ensinei que, quando ela percebesse que "estava lá" e ouvisse aquelas vozes, dissesse para si mesma: "Estou naquela vida, lá naquele quartinho, ouvindo aquelas vozes, devo voltar para a minha vida atual". E assim ela foi fazendo, me informando que cada vez sentia-se menos lá, cada vez ouvia menos aquelas vozes, até que chegou um ponto em que nunca mais ouviu as vozes. E, assim, a nossa "esquizofrênica" curou-se. Se ela tivesse continuado apenas tomando "antipsicóticos", sendo internada, seria mais um caso incurável, cronificado pela Medicina Orgânica. Assim como ela, existem milhões de pessoas, em todo o mundo, que estão sintonizadas em situações traumáticas de outras encarnações, vivendo tanto aqui, no seu Consciente, quanto lá, no seu Inconsciente, tratando-se com psicólogos e psiquiatras despreparados para entender isso, cronificando-se, até se tornarem "casos incuráveis". Muitas pessoas consideradas esquizofrênicas estão vivendo várias situações do seu passado, mas as nossas Psicologia e Psiquiatria não lidam com isso.

É comum crianças referirem fatos que, para quem lida com a Reencarnação, são referentes a alguma encarnação passada. Atendemos crianças que são Espíritos que, provavelmente, passaram pela I ou II Guerra Mundial, pelos campos de concentração, e elas manifestam um terror de afastar-se de seus pais e é, geralmente, muito difícil sua entrada na Escola. Nunca se deve forçar uma criança a entrar na Escola se ela refere muito medo, deve-se pensar que ela pode trazer um trauma de alguma encarnação passada, que aparece numa Fobia de lugares fechados, de pessoas desconhecidas, de aviões, de foguetes etc. Os pais de crianças com esse problema devem ler os livros Espíritas para entender desses assuntos. Os psicólogos e psiquiatras que cuidam de crianças também devem fazer isso. Forçar uma criança a enfrentar uma situação de que ela sente muito medo é agravar seu trauma inconsciente, é criar um futuro adulto fóbico. Na nossa Escola temos a Regressão para crianças maiorzinhas ou a RAD (Regressão à Distância) para crianças pequenas, para desligá-las dessas vidas passadas e, eliminando essas sintonias, esses sintomas melhoram muitíssimo ou desaparecem rapidamente. A maioria dos adultos que vêm a tratamento por Fobias, Pânico etc. refere que, desde crianças, já sentiam isso.

Outra questão que cabe comentar aqui são os sonhos. Essas manifestações que ocorrem durante o sono são tradicionalmente consideradas como afloramentos do nosso Inconsciente, desejos não realizados, simbolismos de frustrações, agressividade reprimida, sexualidade distorcida etc. Além disso, durante o nosso sono, podem acontecer mais alguns fenômenos. Vamos analisar isso:

a) Afloramento de conteúdo inconsciente
É o que é considerado tradicionalmente.

b) Projeção astral
Como nós não somos o nosso corpo físico, apenas estamos nele, ou seja, somos a nossa Consciência, quando o corpo dorme, nós podemos nos expandir para o corpo astral. E lá iremos vivenciar realidades astrais, o que quer dizer que entramos num mundo invisível, onde existem pessoas, cidades, natureza, um mundo semelhante ao nosso, mas de uma frequência tão sutil que escapa aos nossos sentidos

corpóreos durante o estado de vigília. De acordo com a nossa frequência, ao sairmos apenas do corpo adormecido, iremos para onde somos compatíveis, pois no Plano Astral é como aqui no nosso, existem lugares frequentados por pessoas boas, sérias e lugares frequentados por marginais, alcoolistas, drogadictos etc. Vamos para onde nos levam nossos pensamentos, nossos sentimentos, nossa índole.

É frequente termos o que se chama de um "sonho vívido" com um parente ou amigo desencarnado ("morto"), mas isso pode querer dizer que nos expandimos para além do nosso corpo e fomos para onde está a pessoa que amamos, e aí acordamos com a sensação (real) de que encontramos aquela pessoa. Também podemos ir até onde está um desafeto, alguém com o qual temos problemas, conflitos, e aí "sonharemos" que estamos discutindo, brigando. Para a Consciência não existe tempo nem espaço, por isso alguém pode estar aqui, dormindo, e ir até um local distante milhares de quilômetros, para ver alguém amado ou odiado, em questão de fração de segundos. A Consciência obedece ao pensamento, essa é a maneira de locomoção no Astral. E quando uma pessoa acorda e lhe parece que realizou sexo durante seu sono? Os "sonhos" angustiosos de fuga de pessoas que querem nos pegar, de ameaças etc., podem ser uma ação real de Obsessores que estão ali do lado, aguardando a pessoa dormir, ou então uma Regressão espontânea para outra encarnação, onde isso está acontecendo.

Então, essas coisas que sonhamos podem ser, como é considerado tradicionalmente, uma manifestação de algo reprimido ou não realizado do nosso Inconsciente ou algo consciente que queremos fazer ou ter e não fazemos ou não temos, mas também podem ser uma Projeção astral ou uma Regressão espontânea. Alguns psicoterapeutas que trabalham com interpretação dos sonhos não sabem disso, mas é um assunto que pode ser bem conhecido. É um assunto que deve ser estudado pelos psicólogos e psiquiatras.

c) Regressão espontânea a encarnações passadas

Isso ocorre frequentemente. Uma pessoa está dormindo e "sonha" que está presa em uma cadeia, que está em uma guerra, que está sendo enforcada etc., e, ao despertar, recorda fragmentos disso. Isso pode ser analisado como algo real, de seu dia a dia, em que se sente presa em sua realidade, num casamento asfixiante, num emprego que não lhe satisfaz etc., ou o seu cotidiano é uma "guerra", cheio de dificuldades e lutas, ou então é uma pessoa que costuma não manifestar o que sente, não verbalizar, "engolir" etc. Pode ser isso, sim, mas também podem ser fatos reais, incursões que realiza em seu Inconsciente, regredindo a fatos traumáticos de encarnações passadas, que lá estão, como se ainda estivessem acontecendo. E uma análise psicoterapêutica disso, à luz do seu cotidiano atual, pode ser um tempo gasto em vão, pois se não forem dados atuais, mas sim de séculos atrás, o tratamento deve ser realizado em nível inconsciente, como fazemos com a Regressão, para desligar a pessoa de lá. Apenas acessar esses fatos traumáticos de vidas passadas não desliga uma pessoa deles, apenas a recordação do fato, até seu final, até tudo ter passado e estar sentindo-se ótima, promove esse desligamento. Até pelo contrário, apenas acessar (durante o sono, durante uma meditação etc.) sintoniza ainda mais uma pessoa a eles.

O nosso presente é muito influenciado e, às vezes, até determinado pelo nosso passado de milhares de anos, e então, por exemplo, quem esteve preso em uma cadeia em uma encarnação passada costuma ter um grande desconforto em lugares fechados, não gosta de viajar de ônibus, avião, podendo isso, em certos casos, manifestar-se como uma Fobia. Os "antidepressivos" e os "ansiolíticos" químicos, usualmente receitados, e que dão alívio, não podem curar esses transtornos, isso pode ser alcançado retornando a esses fatos, relembrando que aquilo é passado, que já não estão mais presos naquela cadeia ou em algum outro lugar fechado, inclusive o caixão, quando da morte em uma vida passada. Muitas vezes, uma pessoa "morre" e não sai do corpo físico, e fica bastante tempo dentro do caixão, apática ou em pânico, até que, um dia, percebe que pode sair de lá ou alguém do Astral vem buscá-la. Essa é uma das grandes causas da Fobia de lugares fechados. Isso que estamos falando aqui surge, frequentemente, em Sessões de Regressão.

Sonhar com um fato traumático de outra encarnação pode curar uma Fobia, um transtorno do pânico, uma depressão severa advinda de uma encarnação passada? Não cura, porque isso não desconecta a pessoa daquele fato, o retorno ocorre ainda durante a situação, a pessoa volta para cá antes do final do fato, quando o que cura é ver e vivenciar até o final da situação, até tudo ter passado, não estar se sentindo mais presa nem angustiada, com raiva ou tristeza etc. Isso é o que fazemos, por isso que, em duas ou três Sessões, esses casos podem ser resolvidos.

Muitas vezes, uma raiva ou uma tristeza que alguém sente e acredita que veio das situações de sua infância atual, ou de sua vida cotidiana, tem origem lá no seu passado de outras encarnações. Por exemplo, uma pessoa que esteve presa numa cadeia e que, às vezes, "sonha" com isso, e não gosta de ficar em locais fechados, pode estar, ainda, sentindo a raiva que sentia lá, a tristeza que sentia lá, ou um desânimo, vontade de dormir etc. Com a Regressão, desligando-se daquele fato, a raiva ou a tristeza diminuem ou desaparecem. Um homem queria saber por que, frequentemente, sentia uma raiva incontrolável! Ele viu-se em uma arena, sendo atacado por cachorros, como diversão, e lá ele sentia uma raiva enorme, uma indignação, que me disse ser como a que sentia hoje em dia. Com a revivência daquele fato, até seu desencarne, até subir para a Luz, até não estar mais sentindo raiva, ele melhorou muito.

E as pessoas que sentem uma tristeza, sem uma causa evidente, ou entram em depressão, de vez em quando, sem um motivo aparente, muitas vezes estão vivendo, em seu Inconsciente, uma situação triste, deprimente, de outra encarnação, e, desligando-se de lá, melhoram bastante ou curam-se disso. Também uma sensação de solidão, de estar abandonado etc. pode ser resolvida com a Regressão, se foi encontrada a situação do passado à qual está ainda conectada, sentindo a solidão, o abandono de lá, desligando-se dela.

Outro fato que acontece, seguidamente, durante o sono de muitas pessoas, é a ação de Espíritos obsessores, a qual costuma ser confundida ou interpretada como sonho. Quando se fala em Espíritos obsessores, a primeira impressão que se tem é de que são seres inferiores, inimigos, ruins, que estão ali para nos fazer mal, vingar-se etc. Isso pode ser assim, muitos deles são dessa índole e estão perto de alguém encarnado para lhe fazer mal, são inimigos daquela pessoa, por fatos desta vida atual ou de encarnações passadas. Por exemplo, alguém mata uma pessoa, e esta, fora do corpo físico morto, passa a acompanhar seu assassino, atormentando-o durante o dia, atuando em seus pensamentos, e durante seu sono, quando sai do corpo e entra no mundo invisível. E aí são os relatos de perseguições, de alguém tentando lhe agredir, matar etc. No mundo invisível, tudo é criado pelo pensamento, pela imaginação (imagem em ação) e, então, se um ser desencarnado quer fazer mal a alguém encarnado, projetado durante o sono, imagina uma faca, por exemplo, e ela aparece. Se consegue atingir o outro, que está fora do seu corpo, com essa faca, esse sente como sentimos aqui no corpo físico. A sensação das coisas no Astral, quando estamos lá, é tão real quanto a daqui, quando aqui estamos.

Mas também existem Espíritos obsessores que não estão acompanhando alguém para lhe fazer mal, pelo contrário, estão ali por amor, por querer cuidar, proteger aquela pessoa. É o exemplo de um pai ou uma mãe que, desencarnado(a), permanece na casa onde vivia, para zelar pelos filhos, pelo cônjuge etc. E aí, durante o sono, algum deles pode encontrar esse familiar "morto", conversar com ele, abraçarem-se, e, ao despertar, fica a nítida sensação de aquilo ter sido algo real. E foi, mas nas sessões de Psicoterapia tradicionais isso é interpretado como saudade, um desejo de encontrar o pai ou a mãe que já morreu etc. Pode ser isso, mas também pode ter sido um encontro real, não imaginário.

Enfim, são muitas as questões que a Psicologia e a Psiquiatria não levam em consideração, nem sabem que existem, porque ainda são vistas como assuntos religiosos ou esotéricos e, por isso, desconsideradas ou ridicularizadas. É uma lástima que tantas pessoas continuem sendo prejudicadas, fisicamente, pelo uso intempestivo de psicotrópicos, geralmente desnecessários, e, moralmente, pelos rótulos de uma Psiquiatria ainda atrelada a proibições retrógradas seculares. Todo o avanço tecnológico no estudo do cérebro e seus mecanismos e nos meios diagnósticos não vem sendo acompanhado pelo avanço no Paradigma da Psicologia e da Psiquiatria, que permanecem ainda com ideias e concepções de séculos atrás.

EXERCÍCIOS

1. Qual a importância de a Psiquiatria agregar a Reencarnação aos seus conceitos, diagnósticos e tratamentos?

2. Se uma pessoa diz que é um general, um nobre, um mendigo, uma pessoa de outro sexo etc., será que ele(a) é louco(a) ou, quem sabe, pode estar sintonizado(a) em outra encarnação, em que realmente é essa pessoa que afirma ser?

3. Se uma pessoa afirma que o mundo é perigoso, tem medo de sair à rua, tem medo de ficar sozinha em casa, porque existem inimigos querendo matá-la, será que é Paranoia ou Fobia ou, quem sabe, pode estar sintonizada em alguma encarnação passada, em que isso está acontecendo?

4. Os medicamentos psicotrópicos endereçados apenas aos neurotransmissores e não aos pensamentos podem curar o pensamento?

5. Por que uma pessoa, quando está vendo um Ser invisível e/ou ouvindo uma voz, não vai primeiramente a um Centro Espírita ou Espiritualista?

6. Se um amigo seu ou um familiar lhe afirma estar vendo um Ser e/ou ouvindo uma voz, você pensa o quê?

7. Você acredita em Espíritos?

8. Por que a Psicologia e a Psiquiatria não lidam com a Reencarnação?

9. Por que a Psicologia e a Psiquiatria não lidam com os Espíritos obsessores?

10. Por que alguém prefere tomar psicotrópicos e não Homeopatia, Terapia Floral, frequentar um local espiritualizado, fazer Regressão, fazer desobssessão, parar de fumar, parar de beber, parar de usar drogas?

O LIVRE-ARBÍTRIO

Nós estamos aqui na Terra, esquecidos de que somos um Espírito encarnado de passagem, em busca de mais evolução. Para alcançar esse objetivo, existem dois caminhos: pelo amor ou pela dor. O segundo é o habitual. Para evoluir pelo amor, é necessário que, pelo livre-arbítrio, uma pessoa decida fazer as coisas certas, seguindo a orientação do seu Eu Superior e dos seus Mentores Espirituais. Quando nos deparamos com uma decisão, seja de caráter existencial, uma postura emocional, um pensamento, uma atitude, uma fala, muitas vezes somos movidos pelos nossos instintos primitivos; outras vezes, mesmo recebendo esse impulso, vindo do nosso eu inferior, conseguimos refreá-lo e acessamos uma informação mais superior, que diz como devemos fazer, sentir, pensar, falar.

O livre-arbítrio é, então, cada um de nós decidir, a cada momento, por onde quer ir, qual caminho quer seguir, o que quer fazer. Existem aqui na Terra duas estações transmissoras, uma que nos dá maus conselhos, outra que quer nos purificar. Pelo livre-arbítrio, nós optamos por qual delas queremos ouvir. Algumas vezes, dizemos: "Por que Deus não nos mostra o que fazer, para que possamos evitar o erro e o sofrimento?". Ele nos mostra, sim, nós é que geralmente não vemos. Ele nos fala, através da nossa Consciência, nós é que muitas vezes não a escutamos. A voz da Consciência é Deus dentro de nós.

É dito que Deus nos deu o livre-arbítrio, mas, na verdade, nós é que nos damos o livre-arbítrio, nós é que decidimos seguir seus ensinamentos ou não, suas orientações ou as nossas, os nossos instintos ou a nossa razão. E assim, errando e acertando, caindo e levantando, nós vamos, com o passar das encarnações, aprendendo o que nos faz sofrer e o que nos faz felizes, o que nos traz angústia, o que nos traz paz, o que nos traz estagnação, o que nos traz evolução.

Deus é a voz da Rádio do Amor, que só transmite, em sua programação, músicas sublimes, conselhos superiores, palestras edificantes. Nós todos estamos sintonizados nessa rádio, mas existe uma interferência, um chiado, de uma outra rádio, a da raiva, da agressividade, da tristeza, que entra na programação, trazendo consigo energias de baixa frequência, num incentivo às más condutas, aos maus pensamentos, aos baixos sentimentos, com palavras de dor.

Essa outra rádio foi criada por nós mesmos, fomos nós que criamos o baixo Astral, com nossos erros, nosso egoísmo, nossas ações, nossa miopia espiritual. Todos nós somos responsáveis pela existência do Umbral, ele foi feito por nós, para nós mesmos. E quando algum de nós vai para lá, após desencarnar, devido a sua baixíssima frequência, está indo para um lugar criado por ele mesmo, vai experimentar seu próprio inferno. O ser humano criou o Umbral e muitos de nós lutamos para que ele desapareça, mas isso só vai acontecer quando, pelo livre-arbítrio, escutarmos a voz da razão, da Consciência, e fizermos apenas o que é certo, quando acabarmos com a miséria, a fome, a violência, a tristeza, a dor.

O livre-arbítrio faz com que alguns de nós façam guerra, outros façam amor; alguns trabalhem em atividades que visam a enriquecer, poluir, sujar o planeta e o interior do nosso corpo, outros trabalhem em atividades que beneficiam o ser humano; uns promovem a doença, outros a saúde; algumas pessoas, pelo seu livre-arbítrio, fabricam bebidas alcoólicas, cigarro, produzem e vendem drogas, outras pessoas trabalham em hospitais, em consultórios; alguns políticos procuram apenas o benefício próprio e dos seus, outros querem o bem do povo. Então, se enxergarmos bem, veremos o livre-arbítrio em todo lugar, a todo momento, em todas as situações, de toda a população mundial, dia e noite.

Deus criou o livre-arbítrio? Não, Deus criou o ser humano, à sua imagem e semelhança, puro e perfeito, para aprender a manter-se assim. O que fizemos com essa criação divina? Sujamos, rebaixamos, estragamos, degradamos, dentro de nós e fora. Temos a capacidade de ouvir mais e melhor a voz da nossa Consciência, não precisamos buscá-la em lugar nenhum, ela está dentro de nós. Mas, para isso, precisamos de um trabalho de faxina interior, dos nossos pensamentos, dos nossos sentimentos, das nossas atitudes, da nossa palavra. É como uma lâmpada acesa, coberta por fuligem, não precisamos acender a lâmpada, ela está sempre acesa, precisamos é limpar a fuligem.

O que é essa fuligem? É o que viemos acumulando desde que viemos para esta Terra, o que fizemos, o que fazemos, o que pensamos, o que sentimos, o que falamos. Cada pensamento de raiva aumenta a fuligem, um pensamento de amor a limpa um pouquinho. Cada vez que brigamos no trânsito, sujamos nossa lâmpada, cada vez que sorrimos para quem buzina atrás de nós, que cedemos espaço para passar quem está com pressa, limpamos mais um pouquinho. Cada vez que criticamos alguém, que nos irritamos, que nos impacientamos, que enganamos, que mentimos, a sujamos, cada vez que aceitamos, que compreendemos, que cumprimos nosso dever com justiça, que falamos a verdade com carinho, passamos um paninho nela; cada vez que bebemos, que fumamos, que usamos drogas, aumentamos a poluição de nossa lâmpada, cada vez que bebemos água pura, que ingerimos alimentos saudáveis, limpamos nossa lampadazinha. E assim vamos indo, sujando, limpando, estragando, consertando, e o que nos possibilita fazer as coisas erradas ou as coisas certas? O livre-arbítrio.

Um dia, o Umbral vai terminar, quando nós curarmos nosso Umbral interno, pois nós o fizemos e nós o alimentamos, no nosso dia a dia. Cada palavra de raiva, cada impaciência, cada vez que batemos com força a porta do nosso quarto, cada vez que buzinamos com irritação, cada vez que brigamos, alimentamos nosso Umbral. Cada gole de bebida alcoólica, cada cigarro, aumenta o Umbral. Essa nossa criação é poderosa, ela fala dentro de nós, ela nos manda mentir, enganar, roubar, matar, cometer suicídio. Ela quer mais gente lá embaixo, ela quer dominar a Terra, ela gostaria de expulsar a Luz daqui, para reinar soberana, impunemente. Mas a Luz não pode sair daqui, pois o nosso planeta é feito dela, nós somos feitos dela, a nossa lampadazinha é ela. Até o Umbral é feito dela, às avessas, Deus está em todo lugar, é onipresente, está no Umbral, é o Umbral. Precisamos sofrer, para prender? Deus ensina, no Umbral. Precisamos amar, para sermos felizes? Deus ensina, em nosso coração. Onde se processa a evolução humana? Na Consciência.

Então, o que é o livre-arbítrio? É uma opção, uma decisão a quem queremos servir: a Deus que está na Luz, ou a Deus que está no Umbral.

EXERCÍCIOS

1. O que é o livre-arbítrio?

2. Quem comanda o seu livre-arbítrio? O seu ego ou o seu Eu Superior?

3. Você está num momento de decisão: trabalhar em algo que é prejudicial às pessoas, mas em que vai ganhar muito dinheiro, ou não aceitar e perder essa oportunidade. Qual a sua decisão?

4. Você quer ficar rico? A qualquer preço?

5. Você quer evoluir espiritualmente? A qualquer preço?

6. Qual a Rádio que você mais escuta? A Rádio de Deus (Espiritualidade) ou a Rádio da Terra (materialidade)?

7. Você quer ser um vencedor espiritual, material ou ambos?

COISAS DA TERRA

Existem coisas que acontecem aqui durante uma encarnação que contrariam os planos e os anseios do Mundo Espiritual, tanto em nível planetário quanto em relação a programações nossas pré-reencarnatórias. Não devemos esquecer que aqui é um local do Universo muito distante do Núcleo Central e, portanto, tendemos a revelar aqui o que temos de mais inferior, por isso ainda existe tanto egoísmo, tanto materialismo, tanta miséria. Quando desencarnamos e alcançamos o Plano Astral, naquele local de um pouco mais alta frequência, em que nos libertamos, em parte, das ilusões a nosso respeito e do domínio do nosso ego, nós revelamos um tanto mais o que temos de melhor, por isso, lá em cima, nos sentimos bem e somos melhores, mais altruístas e cooperativos, enquanto que aqui embaixo a maioria de nós age de maneira egocêntrica, como uma atitude instintiva de autodefesa.

Muitas pessoas que estão passando por uma situação de pobreza, que nasceram em uma família muito pobre, sem alimentação, sem estudo, estão recebendo o retorno do que fizeram para outras pessoas em encarnações anteriores, quando pertenciam aos ricos e dominantes e não atentavam para a miséria do povo. Vieram agora aprender o que é miséria, o que é fome, o que é não ter conforto, e isso aparece nas Sessões de Regressão, quando os Mentores decidem que aquela pessoa precisa recordar isso. Mas esse raciocínio não pode ser generalizado e milhões de pessoas em nosso planeta que estão em situação de miséria são vítimas de uma sociedade humana ainda inferior que cria esse tipo de coisa. Ou seja, alguns estão aprendendo uma lição cármica, outros estão sofrendo pelo egoísmo da sociedade humana e não precisariam estar passando por isso.

Mas, com o decorrer dos séculos, com a elevação do grau de consciência do ser humano, aos poucos irá prevalecer o senso comunitário, cooperativo, humanitário, que são características superiores em desenvolvimento, e aí o nosso planeta irá tornar-se um lugar justo, igualitário e harmônico de se viver. E, então, irá extinguir-se a riqueza e, com isso, a pobreza, pois aquela é que origina esta. Essas coisas que ainda acontecem por aqui, um dia não existirão mais, pois estaremos em um nível consciencial superior e a nossa sociedade refletirá isso.

Um outro exemplo de injustiça é quando alguém reencarna para melhorar uma tendência de agressividade, mas, pela força de suas tendências congênitas e pelos gatilhos e armadilhas vigentes aqui na Terra, esquece dessa intenção e da expectativa de seus Mentores e mantém essa antiga característica. Digamos que esteja numa "casca" de homem, seja pai, e então os que convivem com ele irão sofrer agressões, verbais ou físicas, maus-tratos etc. E isso poderia não ser assim se ele tivesse conseguido acessar seus aspectos superiores e encetado essa melhoria de suas inferioridades. Um Espírito que venha como seu filho e que também tenha descido para melhorar uma tendência de raiva, de agressividade, terá essa sua Missão prejudicada pelo mau exemplo do seu pai; um filho que veio para curar uma antiga tendência de mágoa, de sentir-se rejeitado, dificilmente conseguirá cumprir essa Missão com sucesso; um outro filho que tenha descido para curar o medo, a insegurança, que apresenta há séculos, provavelmente manterá essas características; e assim por diante. Estou citando alguns exemplos para mostrar que, muitas vezes, um dos elos da corrente que não se vincule aos seus propósitos pré-reencarnatórios pode fazer com que os que estão à sua volta sejam prejudicados em seus próprios propósitos. Claro que o que veio como filho para melhorar sua própria agressividade terá nesse pai o gatilho para saber disso, mas, se aquele não melhorar com o tempo, dificilmente esse melhorará tanto quanto deveria. O mesmo raciocínio aplica-se ao que veio melhorar a tendência de magoar-se, o que veio melhorar a sensação de inferioridade etc. A expectativa do Mundo Espiritual é de que o pai melhorasse sua agressividade e autoritarismo e, com isso, cada um dos seus filhos pudesse também melhorar o que veio melhorar, mas se ele não realiza isso, atrapalha todo um plano encarnatório grupal. O que quero dizer é que existe a Justiça Divina, que é a Lei do Retorno, mas também existe a cegueira que leva ao erro, à manutenção do que veio para ser curado, e aí ocorre a frustração dos anseios dos Espíritos envolvidos e dos Mentores Espirituais daquele grupo familiar.

Um Espírito de ego superior que descer como seu filho na intenção de ajudá-lo a modificar essa postura agressiva vem "correndo um risco", pois pode conseguir isso ou não; se conseguir com que ele vá amansando, as coisas irão correr relativamente bem, mas se não conseguir, provavelmente irá levar algumas surras.

Um pai ou uma mãe alcoolista, por exemplo, prejudicam psiquicamente seus filhos, e entre esses pode haver alguém que precisa passar por isso, pois também era alcoolista em outra encarnação e prejudicou lá os seus filhos, mas pode haver um filho que está passando por isso injustamente, que não precisaria estar nessa situação, e apenas está porque seu pai ou sua mãe estão errando, repetindo um padrão equivocado de outra encarnação, que deveriam estar curando. Nesse caso, é uma experiência negativa criada pelo homem e não pelo Universo.

O que parece injusto aqui na Terra pode ser de dois tipos:

1. Injustiças apenas aparentes, pois não são injustiças, estão seguindo a Lei do Retorno, são oportunidades de lições e crescimento. É o que aquela pessoa necessita passar para aprender, para resgatar, para evoluir.

2. São injustiças mesmo, pois poderia não ser assim. É o caso das injustiças sociais que afetam milhões de pessoas em todo o mundo, fruto do egoísmo e da miopia do ser humano, a miséria que afeta populações, e o de uma pessoa agressiva ou irresponsável que causa danos a seus familiares, em que alguns estão precisando disso para sua evolução, mas outros não.

Outro exemplo: um filho que matou seu pai em outra encarnação, quando eram inimigos, dessa vez desce como filho para tentar melhorar sua relação com aquele antigo desafeto. Seu pai, antes de reencarnar, já sabia desse arranjo ou, durante a encarnação, no período de sono, projetado, foi informado de que isso iria acontecer. Pois bem, na chegada desse filho, os Inconscientes de ambos se reconhecem e instala-se uma aversão mútua, que pode chegar, um dia, até ao assassinato de um deles. E com isso frustra-se a intenção do Mundo Espiritual e desses dois Espíritos conflitantes. O que deveria ocorrer era uma melhoria da relação deles, mas não aconteceu isso, e sim a continuação de uma antiga aversão. Na próxima encarnação de ambos, isso poderá ser tentado novamente. O Universo planejou uma possível conciliação, mas não deu certo. Os outros irmãos sofreram por essa situação, os netos idem, e alguns precisavam passar por isso, mas outros não. Isso é uma das coisas da Terra.

O que vejo nas Regressões, quase como regra geral, é a nossa manutenção do mesmo padrão de comportamento, encarnação após encarnação, o que se torna um obstáculo na busca da melhoria dos conflitos cármicos entre Espíritos conflitantes. O agressivo permanece agressivo, o magoado permanece magoado, o medroso permanece medroso, o inseguro permanece inseguro, o autoritário permanece autoritário, o submisso permanece submisso, e assim por diante. Na próxima encarnação, retornam novamente próximos, mudam os rótulos, o pai torna-se filho, a mãe torna-se irmão, o filho vem como tio etc., mas como se mantêm a personalidade de todos, pois ela é congênita, e as mesmas tendências, tende a repetir-se o mesmo filme. Frequentemente, esse roteiro vai mudando muito lentamente, e uma das finalidades dessa nova Escola é ajudar os seres humanos a evoluírem mais rápido.

Uma pessoa entra em um lugar para assaltar e mata outras pessoas. É possível dizermos que todos que morreram (desencarnaram) mereciam? Precisavam passar por isso? Haviam feito algo para aquela pessoa em outra encarnação? É um resgate? O que eu penso é que pode ser que sim, mas também pode ser que não. Talvez um ou dois dos que desencarnaram tivessem um comprometimento cármico com o assassino, mas talvez os demais não. Então, para uns foi a ação da Lei do Retorno, para outros foi realmente uma injustiça, algo que não precisava acontecer.

Estou querendo colocar neste capítulo a noção de que nem tudo que acontece aqui na Terra "está certo", "é como deveria ser", "estava escrito", "é Karma" etc. Muitas pessoas exageram no seu fatalismo a ponto de acreditarem que qualquer coisa que aconteça "Foi Deus que quis", "Era para ser". Um exemplo desse exagero fatalístico é afirmar-se que todos os judeus que foram mortos pelo nazismo mereceram passar por isso, pois tinham matado pessoas em vidas passadas. Claro que alguns podem ser enquadrados nessa aplicação da Lei do Retorno, mas todos? E quem somos, pequenos, ignorantes, para afirmarmos que foi Deus quem quis, que era para ser?

Se algum prédio incendeia e morrem várias pessoas, alguém diz que todos os que morreram haviam queimado alguém em vidas passadas, pertenciam à Inquisição etc. Devemos ter cuidado com o "nunca" e com o "sempre". Uma criança morre atropelada por um motorista embriagado, foi Karma? Ela havia matado o atropelador em alguma vida passada? Pode ser que sim, mas também pode ser que não. Aqui, neste local inferior, acontecem coisas que podiam não acontecer.

Então, se o que aconteceu foi injusto mesmo, o consolo é saber-se que morte não existe, o que existe é a subida de volta para um lugar melhor. As religiões não reencarnacionistas criaram no Consciente coletivo essa ideia de morte e a maioria das pessoas ainda não assimilou que aqui é realmente um lugar de passagem e que a morte é apenas a falência do veículo físico, quando então nós, que somos a nossa Consciência, passamos para o nosso segundo corpo, o astral, e vamos viver no Plano Astral (onde mantemos a mesma ilusão da individualidade...).

Mas, para os que pensam em apressar essa subida através do suicídio, é conveniente que leiam sobre essa questão nos livros espíritas, pois a morte provocada faz com que a pessoa permaneça, geralmente, envolvida em seus escuros pensamentos e sentimentos e, após permanecer bastante tempo ainda presa ao seu corpo físico morto (pois o duplo etérico ainda está íntegro), ao conseguir desvencilhar-se, geralmente percebe-se em um local escuro, malcheiroso, enlameado, na companhia de outros que morreram também em baixa frequência e de seres inferiores que dominam esse local, e aí percebem que saíram de uma situação ruim para uma ainda pior! Esse lugar é chamado de Umbral ou Inferno. É mais conveniente ficar por aqui mesmo, encarnado, protegido pelo corpo físico, procurar ajuda espiritual, psicológica, e tentar libertar-se do egocentrismo do sofrimento que cria a Depressão.

Vejamos outro exemplo de coisas da Terra. Uma mulher, em uma encarnação anterior, cometeu um aborto. Ao desencarnar, no Plano Astral, recebe a informação de que aquele Espírito que iria ser seu filho era um antigo desafeto que estava descendo como seu filho para tentarem resgatar seus conflitos. Pois bem, fica decidido que na próxima encarnação isso seria tentado novamente. Ela reencarna e, mais tarde, quando casada, engravida daquele antigo desafeto, mas, esquecida do planejamento pré-reencarnatório, comete o mesmo erro e aborta novamente! Não era para ser assim, mas, por seu livre-arbítrio e pela tendência repetitiva que todos temos, ela comete esse ato. Pois bem, isso terá de ser tentado numa próxima vez. São as coisas que cometemos aqui e que contrariam os nossos planos e os dos nossos Mentores Espirituais. Enfim, nem tudo que acontece por aqui está sendo como deveria ser, como esperavam o Mundo Espiritual e os Espíritos participantes. Nem sempre é fácil saber-se com certeza se algo é realmente injusto ou apenas parece ser, mas essa questão é colocada no Tratamento com a Psicoterapia Reencarnacionista.

Lembro-me de uma pessoa que havia sido filha de uma mendiga que ficava na rua Riachuelo, em Porto Alegre. Ela criou-se na sarjeta, até que foi adotada por uma família, estudou, foi trabalhar, conheceu um senhor mais velho e casaram. Em seguida, ele desencarna e ela passa a receber sua pensão. Vai morar numa cobertura triplex com piscina! Aparentemente, ela veio de uma situação injusta (nascer filha de uma mendiga) e estava aproveitando esta encarnação. Mas nem sempre o que parece realmente é, eu me questionava na sua primeira consulta: Por que ela veio filha de uma mendiga? Antes de reencarnar, estava lá em cima, havia tantas mães aqui embaixo, por que veio filha logo daquela? Isso foi uma injustiça ou uma necessidade?

Coloquei a ela essa dúvida e resolvemos realizar um Tratamento em que, se seus Mentores assim o decidissem, poderia clarear sua história de vida. Expliquei a ela a nossa Ética, o nosso estrito respeito à Lei do Esquecimento, e ela concordou. Os seus Mentores quiseram lhe mostrar e ela acessou algumas encarnações anteriores, em que era sempre uma pessoa de posses, foi até uma nobre em uma delas, e acessou sua programação para esta atual encarnação no Plano Astral, em que viria como filha de uma mendiga para tentar curar o orgulho, a futilidade, o materialismo. E já estava na metade da encarnação e ainda não havia melhorado nessas características inferiores. E então, o que parecia uma injustiça, aquela infância miserável, não era. Mas isso não quer dizer que todos os filhos de mendigos necessitaram passar por tal situação, alguns certamente sim, mas outros são vítimas de uma sociedade injusta e cruel.

Em alguns países paupérrimos, quantas pessoas passam fome, vivem na miséria, sem alimentação, sem possibilidade de estudo, de crescimento! Todos estão tendo de passar por isso? Claro que podemos perguntar: Por que reencarnaram lá naquele país? Enfim, essa questão é bastante polêmica e necessita de bastante estudo e compreensão para ser entendida. Aqui na Terra, encarnados, não temos condições de saber todas essas respostas, os Seres Superiores do Plano Astral, lá de cima, podem ver melhor essas coisas.

Tenho conversado bastante sobre essa questão com amigos, com alunos, e as opiniões dividem-se. Alguns acreditam que tudo o que acontece era para acontecer, situações de miséria, acidentes etc. Outros pensam que existem realmente situações carmáticas pelas quais a pessoa ou todo um grupo necessitam passar para resgatar um erro do passado, aprender uma lição, e situações que são injustas mesmo, ou o que estou chamando de "coisas da Terra".

Estou colocando essa questão polêmica neste livro porque a Psicoterapia Reencarnacionista é uma Escola ainda em elaboração, ainda longe de estar concluída, pelo contrário, como iniciou-se em 1996, é bem nova ainda, está estruturando-se. Por isso, algumas colocações que fazemos em nossos livros poderão ser melhor elaboradas, reconsideradas, sem que isso implique em negar a sua concepção revolucionária. Até porque o que sabemos sobre Reencarnação, em nosso estado de encarnados, ainda é uma pequeníssima fração do que ela é realmente. Estamos tateando, procurando entender um assunto que, talvez mesmo lá no Plano Astral, poucos Seres entendam bem. É algo complexo, que segue Leis ainda inacessíveis para nós. Mas o espírito científico deve prevalecer e, mesmo sabendo dessas dificuldades e limitações, isso não deve servir como um desestímulo, algo que nos faça recuar, pelo contrário, mesmo correndo o risco de, eventualmente, estarmos falando alguma bobagem, incorrendo em algum erro, devemos seguir em frente, pesquisando, estudando, sempre pedindo auxílio a nossos irmãos lá de cima, sob a forma de intuição ou diretamente, projetados durante o sono do nosso corpo físico.

EXERCÍCIOS

1. Tudo que acontece aqui na Terra é como Deus quer?

2. Quando uma pessoa que dirige um país decide invadir outro para roubar o seu petróleo, é Deus que está querendo isso?

3. Quando uma pessoa estupra outra, foi Deus que quis isso?

4. Nós devemos ter medo de Deus, medo do Diabo ou medo dos nossos instintos?

5. Uma pessoa matou alguém em outra encarnação e agora veio como filho dessa pessoa, que sente uma aversão por esse filho(a), uma raiva sem explicação e até, às vezes, pensa em matá-lo(a)! Se agredi-lo(a) ou realmente matá-lo(a), foi Deus quem quis, tinha de ser, é a Lei do Retorno, ou foi o livre-arbítrio dela?

6. Uma bomba explode em uma estação de trem e morrem muitas pessoas. Todos tinham de morrer porque, em uma encarnação passada, também mataram e agora estão pagando pelo que fizeram?

7. Deus castiga?

8. Moisés trouxe uma imagem de um Deus antropomórfico mau, castigador, vingativo; Jesus trouxe uma imagem de um Deus bom, amoroso e compreensivo; a Filosofia oriental traz uma concepção de um Todo Eterno e Neutro. Qual adapta-se melhor às suas necessidades?

CASOS CLÍNICOS

1. Sentimento de rejeição

Uma pessoa, do sexo feminino, de 31 anos de idade, vem consultar por um forte sentimento de rejeição, insegurança e raiva. E diz: "Eu sofro muito quando sinto que me rejeitam, quando me abandonam. Tenho sempre me envolvido com homens mais velhos, eles me dão segurança, mas depois não dá certo e eu não consigo terminar. Tenho muita insegurança, se a relação ameaça terminar, fico muito mal, vem uma tristeza muito grande, depois muita raiva. Falo o que vem na cabeça, sou muito explosiva, perco o controle, depois começo a achar que não sou nada, que sou insignificante, sofro pela indiferença, pela ingratidão, me tranco em casa, entro em depressão, não quero mais viver! Fico muito tempo assim, me sinto rejeitada, fico só pensando que ninguém gosta de mim. Meu problema é rejeição".

Na primeira Sessão de Regressão, ela começou a encontrar a origem desse sentimento em suas vidas passadas:

"Um barco, muita gente apavorada, todos gritando, fugindo, estamos descendo do barco, estou perdido, perdi minha mãe, meu pai, não os vejo. Sou um menino, 7 anos, meu nome é Tomas, estou perdido, não sei para onde ir, as pessoas estão apavoradas, correndo. Uma explosão! E eu não acho a minha mãe, não sei para onde ir, (chorando) estou caminhando, tem umas casas velhas, tem uma ponte, ninguém me ajuda, (muito triste) agora não tem mais ninguém, estou com fome. Tem um velhinho, ele está cozinhando, é pobre, está na rua também, ele me dá de comer, estou perdido. É uma guerra, na Itália, 1700 e alguma coisa, eu vou ficar com ele, estou com medo, vou dormir, sinto que a minha mãe está me procurando, pelas ruas, mas o meu pai não quer mais continuar, está com medo das explosões, eles brigam, ele quer ir embora, ela quer se soltar dele, mas não consegue. Eles estão indo embora. Eu fiquei dormindo.

"Está frio, estou com o velhinho, ele me dá um abrigo, é meu amigo, estamos juntos, nos aquecendo. Ele tem que procurar um trabalho, não tem mais casa, a casinha dele explodiu. Ele vai trabalhar, eu vou junto, é num cais, estou trabalhando com ele, coloco os peixes numa caixa, é para vender em outra cidade. Estou sempre com ele, vai trabalhar, eu vou junto, fico sentado nas caixas, estou sempre olhando para ele. Eu não gosto mais do meu pai, ele me deixou. Ele quer me levar para a casa de uma amiga dele, não quero ir, ele quer que eu vá, diz que vou poder estudar, é uma senhora gorda, ela é boa, gostei dela, vende pão, eu ajudo.

"Eu vou para a Escola, as crianças são boas, querem brincar, mas eu não quero brincar, as crianças falam que eu sou esquisito, não tenho amigos, fico mais sozinho. Passou o tempo... Agora tenho 32 anos, estou trabalhando num jornal, em 1746, a cidade é Rimini. Ainda moro com a senhora, mas não a deixo mais trabalhar. Eu não quero namorar, tem muitas mulheres atrás de mim, mas não gosto delas, são muito comuns. Ela fala que vai embora, vai morrer, que é para eu casar, eu não quero casar, não encontro uma mulher como eu quero, inteligente, bonita, educada. Ela morre, estava muito doente, cansada. Eu vou morar lá no jornal, lá em cima, fico morando sozinho. Eu trabalho, só trabalho, o tempo vai passando, eu trabalho sem parar, o tempo todo. Não sou alegre, não tenho amigos, eu não encontro pessoas como eu gosto, elas falam besteiras, não são educadas.

"Agora estou mais velho, ainda lá, estou doente, está doendo o meu peito, o coração, acho que vou morrer, morri! Estou em cima do corpo, me sinto melhor, eu vou embora, me sinto muito leve, tem uma luz muito forte, é uma pessoa, um homem bem velhinho, é o meu amigo! Ele me pega no braço, me leva para uma luz muito maior, entramos, vamos caminhando, tem grama, árvores, tem muita gente aqui, estão passeando, conversando. Me sinto bem, feliz, aqui é bom."

COMENTÁRIO

Vejam como seu sentimento de rejeição, de abandono, sua necessidade de um pai (homens mais velhos), uma insegurança existencial, vem de vidas passadas. Ela acessou essa encarnação na Itália, no século XVIII, mas provavelmente ela vem há várias encarnações sentindo-se rejeitada, abandonada, ficando triste, com medo, raiva. É como um filme repetitivo, vida após vida. Muda o cenário, o país onde reencarnamos, nossa "casca", mas lá dentro somos os mesmos que vêm reencarnando, pensando da mesma maneira, sentindo da mesma maneira e, pior, acreditando que nossos sentimentos inferiores começaram na infância, por culpa dos "vilões", nosso pai, nossa mãe, nossa família, ou mais tarde, por causa das outras pessoas, do namorado(a), do marido ou esposa etc.

Os fatos são os fatos, mas a nossa maneira de reagir a eles é nossa, é congênita, já nasce conosco, e aí está a finalidade da nossa Reencarnação, a oportunidade de nos reformarmos, de mudarmos uma maneira inferior de sentir e reagir aos fatos para uma maneira superior. Essa é a proposta da novíssima Psicoterapia Reencarnacionista, a Terapia da Reforma Íntima, que visa a ajudar as pessoas a entenderem para o que reencarnaram desta vez, o que vieram aqui reformar, qual a sua Missão pessoal.

Vejam no Portal da Associação Brasileira de Psicoterapia Reencarnacionista (www.portalabpr.org) o que é essa nova maneira de entender e tratar as mazelas humanas, através dessa Terapia, criada por um Grupo de Seres Espirituais do Plano Astral e transmitida, a partir de 1996, para nós, que estamos cumprindo nossa missão de organizar e divulgar em nosso planeta a maneira reencarnacionista de tratar as pessoas.

2. Fibromialgia e medo de perder um familiar

Uma pessoa, do sexo feminino, de 21 anos de idade, vem à consulta por Fibromialgia e Fobia de ter filhos, tem medo de casar, ter filhos, e de seu filho desaparecer e ser culpada por isso. Desde os 7 anos de idade, quando seu irmão nasceu, ela passou a dedicar-se totalmente a ele, não querendo sair de casa, ir à Escola, só para cuidar dele, por medo de que ele desaparecesse, morresse e ela fosse culpada por isso! Mais tarde, isso foi melhorando, mas quando ela, aos 14 anos de idade, começou a namorar um rapaz, essa preocupação voltou, agora direcionada para o namorado. Tinha de saber onde ele estava, ele não podia sair de moto, tinha de manter-se em permanente contato, por medo de que ele morresse e ela fosse ser considerada culpada! Terminou a relação, mesmo gostando dele, por não aguentar mais essa sua preocupação. De alguns anos para cá, isso direcionou-se para sua mãe. Hoje em dia, ela só quer ficar em casa cuidando da mãe, quer saber aonde ela vai, a que horas volta, telefona a todo instante por medo de que ela morra e ela seja considerada culpada. Desde criança, diz que não vai casar e ter filhos porque seu filho pode desaparecer, ela ser considerada culpada por isso e seu marido a abandonar.

Há um ano e meio, começou com dores fortes na cabeça, braços e quadris, mas refere dores em todo o corpo, com o diagnóstico de Fibromialgia aliada a uma forte Depressão, que motivou o afastamento do serviço e a hipótese de ser aposentada (aos 21 anos de idade!). Diz na consulta que a Fibromialgia é uma doença reumática que não tem cura e vem tratando-se com reumatologista, está tomando antidepressivo, ansiolítico e relaxantes musculares, além de analgésicos.

Eu lhe digo que, pela minha experiência, pode ser uma ressonância de vidas passadas, como também aquela ideia fóbica que refere em relação ao medo de perder um familiar e ser considerada culpada por isso.

Na Sessão de Regressão, ela acessou uma vida passada em que era uma mulher cujo filho desapareceu e seu marido culpou-a por isso a ponto de abandoná-la. Ela passou a morar com sua mãe, que também a culpava permanentemente, e depois foi morar em um convento, onde ficou até morrer. Identificou espontaneamente aquele marido como seu namorado na vida atual. Após sua morte, foi ajudada por uma senhora bem velhinha, que a levou para um hospital no Plano Astral, onde foi melhorando, ficou bem, esses sentimentos foram desaparecendo até ficar muito bem.

Em seguida, ela acessou uma outra encarnação, onde era uma menina de família bem pobre que foi vendida a um bordel para prostituir-se. A senhora que dirigia o local achou-a muito jovem para isso, colocando-a para trabalhar na cozinha da casa. Ela cresceu lá e um homem mais velho a levou para trabalhar em sua casa, mas na verdade para ser sua amante. E lá gostou de um jovem, planejaram fugir, mas o homem descobriu e a matou. Ela começou a referir nesse momento da Regressão dores similares às dores que sente hoje. Aquela mesma senhora a ajudou a subir para o Plano Astral, onde foi melhorando, ficou bem, as dores passaram completamente.

Comentário

Dessas duas vidas passadas que acessou vinha o medo de perder alguém de sua família e ser considerada culpada por isso, como aconteceu na vida que acessou inicialmente, e as dores da Fibromialgia na vida que acessou em seguida. Dentro de uns 15 dias, vamos fazer outra Sessão de Regressão para ver se seus Mentores desejam lhe oportunizar encontrar mais algumas encarnações passadas onde está sintonizada, de onde vêm suas dores e seus pensamentos fóbicos e depressivos. Provavelmente, ela ficará curada de tudo isso com duas ou três Sessões de Regressão.

Pela visão tradicional, esse seu medo fóbico tem de ser entendido a partir de conflitos pessoais e familiares, provavelmente de sua infância. Mas, no seu caso, isso tendo iniciado aos 7 anos de idade, quando nasce seu irmão, qual a explicação? Ela vem de uma família estruturada, com pais normais, sem grandes traumas, vinha de antes. Como entender essa pessoa sem pensar-se em Reencarnação? E as dores da Fibromialgia, inexplicáveis? Geralmente, temos encontrado sua origem e solução nas vidas passadas da pessoa, em torturas, traumas físicos, mutilações etc. É uma nova maneira de escutar as histórias das pessoas no consultório. Mas também é sempre recomendável uma investigação espiritual em casos de ideias estranhas, Fobias, Depressão, Dores misteriosas etc. É uma abertura para os novos tempos, para nossas encarnações passadas, para as influências espirituais negativas. É uma tendência mundial que vem encontrando eco nos profissionais dessas áreas, abertos aos novos ares que sopram da Nova Era. Infelizmente, alguns médicos e psicólogos ainda estão presos a uma visão acadêmica, rígida, oriunda de antigas concepções religiosas não reencarnacionistas.

Mas o futuro está chegando e com ele uma esperança para essas pessoas encontrarem a explicação e a solução para isso na Psicoterapia Reencarnacionista (a Reencarnação no consultório psicoterápico) e na Regressão Terapêutica, Ética, dirigida pelos Mentores Espirituais das pessoas. Como é leve e puro esse vento que vem soprando do futuro para nós!

3. Medo, tristeza e insegurança

Uma pessoa, do sexo feminino, de 60 anos de idade, vem à consulta e me diz: "Estou separada do meu marido há nove anos e desde então eu entrei em Depressão. Ele aprontava muito, tinha outras mulheres, sinto uma mágoa enorme. Sou muito insegura, sou fraca, tenho medo de tudo, acho que não sou capaz de fazer nada bem, tenho medo de tomar decisões. Quando criança, eu já era assim. E sinto uma tristeza desde pequena, deve ser de outra vida".

A Terapia da Reforma Íntima

Na primeira Sessão de Regressão, seus Mentores oportunizaram a ela acessar uma encarnação passada:

"Vejo-me pequena, sentadinha num jardim, no chão, estou na frente da área da casa. Minha mãe está lavando a louça, me sinto muito sozinha, tenho uns cinco anos. Estou sentada no sofá, ela está de costas, estou triste porque não tem ninguém para brincar, fico sentadinha ali. Eu cheguei às pernas dela, me disse: 'Vá pra lá, chega pra lá!'. Eu me afasto. Estou fora da casa, paradinha, olhando a fachada, sozinha. Ela briga, xinga, está sempre brigando, xingando, me apontando o dedo. E eu não falo nada, fico quietinha, com medo.

"Estou na mesa, sentada, sozinha, ela botou um prato, estou comendo, mas sempre assustada. Tudo é muito triste, silencioso. É em 1895, acho que é no Japão. Vejo um homem bem gordo, feio, sentado na sala, é parecido com meu ex-marido, ele me olha, o rosto dele é todo inchado. Estamos almoçando, ele é muito feio! Já está saindo, não sei se é o meu pai dessa vida, mas ele não mora conosco. Fui espiar na porta dos fundos, por onde ele saiu, mas não me deu importância. Novamente estou sozinha, fico ali na frente da casa, sentada, não estudo, não vou para o colégio, não faço nada.

"Agora já estou adulta, dentro daquela casa, não fazendo nada, a mãe sempre nas mesmas lidas, me sinto como aprisionada lá dentro, não tenho amigos, nunca saio. Aquele homem está lá, vem de vez em quando, ele não conversa comigo, só me olha de canto, a mãe também não fala, só briga, reclama. Eu sou bem magrinha, frágil, ele é gordo, feio, estou sentada na perna dele, botei a mão atrás no pescoço dele, estamos conversando, ele vem por cima de mim, mas ele é muito feio! Eu não tenho como defender-me, fico ali parada, ele faz sexo comigo, tenho nojo, mas não faço nada, não sinto nada. Agora ele sai, parece um animal, me sentei e fiquei, ele vai saindo, tenho uns 18 anos, sou bem fraquinha.

"Agora já tenho uns trinta anos, ainda estou naquela casa, sozinha, não vejo mais aquele homem, nem minha mãe. Eu me sento lá na frente e fico olhando, me sinto como uma prisioneira. Eu não faço nada, estou sempre em casa, não saio, sempre ali, não tenho amigos, sou muito triste. Caminho de um lado para outro, costuro, sento, levanto, vou lá na frente. Agora já sou uma velha, sozinha, um pano enrolado na cabeça, triste. Morri ali, sozinha, estou do lado do meu corpo, eu vou voar, já me sinto melhor, vejo o lago lá embaixo, uma cidade, muitas casas, luzes. Tem dois Seres segurando minhas mãos, estou lá em cima voando, estamos no alto. Tem uma luz forte se aproximando, é um homem, parece um santo, é Saint Germain! Ele diz que eu chamei por ele, que estou recebendo a Chama Violeta, eu o vejo e também os Anjos dele, todos de azul, fazendo uma roda em volta de mim, eles estão sorrindo.

"Ele me diz que preciso ser mais firme na fé, que todos os problemas serão resolvidos, mas eu tenho que ser mais firme, que eu sou uma pessoa forte, mas não uso minha força, me diz para levantar e andar! É muito gostoso estar aqui, a Luz é muito linda. Ele diz que estará sempre comigo, que eu vou conseguir ser feliz, ser forte, superar as barreiras, que essa Energia que estou recebendo através da Luz Violeta vai me dar mais confiança, mais coragem, mais paz. Diz que ali é o meu Templo, quando eu quiser, é só orar e ir para lá."

COMENTÁRIO

Há diferença entre ela, no Japão, cem anos atrás e ela hoje? Claro que lá ela não tinha grandes opções e aqui casou, tem filhos, netos, trabalha em uma loja etc. Mas, dentro dela, ainda estava lá, ainda é muito parecida com ela de lá. A nossa "casca" muda de uma encarnação para outra, mas nós comumente continuamos os mesmos, é a nossa Personalidade Congênita, que só muda quando nós a mudamos durante a encarnação. Mas a maioria de nós acha que é tímido, medroso, inseguro, triste etc., por culpa da infância, do pai, da mãe, do marido, da sociedade etc. Muitos de nós ainda somos praticamente os mesmos de séculos atrás, só viemos trocando de corpo físico, encarnação após encarnação. São inúmeros os casos que tenho visto semelhantes a esses, e aí não adianta buscar na infância atual a explicação, a origem desses sentimentos e modos de ser, pois não está aí a causa, a origem, e sim a pessoa "ainda é" aquela da(s) outra(s) vida(s) e, através da Regressão Terapêutica, pode ser desligada de lá.

O seu encontro com Saint Germain, receber a vibração da Chama Violeta, saber que tem a possibilidade de ser ajudada por Seres de tão elevada hierarquia, poderá catalisar a sua mudança. Ela possui dentro de si essa grande força de que o Mestre lhe falou, mas necessita libertar-se do egocentrismo do sofrimento e romper as couraças energéticas que tem acumulado há centenas de anos, que lhe criam a ilusão de estar presa, amarrada, impossibilitada de agir. A cura da postura de vítima – deixar de atribuir a culpa a um "vilão" – é um ótimo começo e também é muito eficaz conseguir libertar-se da ilusão de ser a sua persona, com seus rótulos, realizando um alinhamento ao seu Eu Superior, colocando-se sob suas ordens. Um conselho aos que se acreditam inferiores, fracos, medrosos: soltem sua força, não culpem ninguém, libertem-se do seu egocentrismo sofredor, lembrem-se de que são Luz.

4. Medo de perda, sensação de abandono

Uma pessoa, do sexo masculino, de 38 anos de idade, vem à consulta:

"Sinto abandono, tristeza, melancolia. Tenho medo de namorar, medo de assumir emoções; sou homossexual, vivo só, sempre com um pé atrás, medo de arriscar. A questão do abandono, da perda, é muito forte para mim, tive três relacionamentos sérios, não deram certo, sofri demais, não me permito mais me apaixonar. Eu só trabalho, leio, tenho pouquíssimos amigos. Meu pai sempre foi muito ausente, ele mora em outra cidade, nunca nos vemos, minha mãe era uma ligação muito forte, morreu de câncer, foi horrível para mim a perda".

Na primeira Sessão de Regressão, ele encontra uma vida passada em que era uma mulher:

"Sou uma mulher de cabelos compridos, moça, perto de uma carruagem; é um tempo antigo, ela usa uma roupa comprida. Está sozinha, parada, muito assustada, chorando. Não tem ninguém mais ali, (chorando) é numa estrada, tem um mato perto. Está encontrando um homem, ele é alto, de uniforme. Ela o conhece, está assustada e brava, estão falando, ela fala, está cobrando alguma coisa dele, ele não diz nada. Ela chegou perto dele, deu um abraço, mas ele não se mexe. Ela voltou para a carruagem, ele dirige a carruagem, está levando ela (chorando angustiado).

"É um vilarejo, ruas de pedras, Irlanda, 1680. A carruagem para em frente a uma casa, ela entra, ele foi embora com a carruagem. Ela é Mariane, trabalha ali, serve mesas, é uma estalagem, está mexendo nas mesas, mas ainda está vazio, não tem ninguém. Ela está triste, parece que eles brigaram, acho que ele a está abandonando, ela gosta muito dele (chorando). O homem da carruagem voltou, ele é alto, bonito, cabelo preto. Acho que ela pergunta por que ele voltou, ele vai e volta e ela fica brava com isso. Estão conversando, ele a abraça, beija, estão chorando, serve uma caneca de vinho. Ela está mais feliz agora, estão conversando, sentados, de mãos dadas. Ele vai embora, ela fica ali, pensativa, resignada (suspira). É uma cidadela pequena de muros altos de pedra, tem florestas em volta, Dublínia. Ela é moça, romântica, melancólica, triste. Ela está na cozinha agora, é magra, tem mãos delicadas. Aquele homem passou dirigindo uma carruagem, com uma criança, uma menina, é filha dele.

"A Mariane viu, ficou triste, acho que eles estão terminando o romance, não sei por que, parece que não dá para ser (triste). Ela se sente só, está cansada, e só tem 24 anos. O homem da carruagem vai e volta, ele lembra meu pai quando era moço, sei lá, parece ele sim (chorando). As coisas vão fechando, ela com esse homem, que parece meu pai, que também vai e volta, uma ausência, eu vou entendendo. Acho incrível que se repetiu a história naquela vida, nesta vida, o homem ausente, o pai ausente, aquele pai dela é o meu pai hoje, sim. A minha relação com cozinha, com ervas, temperos, eu também adoro cozinhar, adoro cantinas. A maneira de ser, a tristeza, a solidão, o abandono, é tudo igual. Incrível!

"Ela está brigando, mandando-o embora, gritando com ele! Ele foi embora (suspira), ela está muito triste, está cozinhando e chorando. Ela está andando pelas ruas, fala com algumas pessoas, tem muita gente. Tem uns que olham com cara feia para ela, não sei por que, acham que ela é prostituta, mas ela não é. Ela vai para um campo ali perto, tem um rio, ela está tomando banho no rio, chega o homem de novo. Ela está assustada, sentindo tesão por ele, estão transando. Ele tem 42 anos, estão transando, eles estão transando ainda. Agora terminou, ele se levantou, ela ficou deitada lá.

"Ela voltou para o rio, está nadando, é uma felicidade estranha essa. Saiu, foi embora (suspira). Ela é jovem ainda, mas está doente, está enrolada num monte de cobertas. Aquela senhora traz uma comida para ela. Ele vai lá de novo, estão conversando, está preocupado com ela. Agora foi embora de novo, e ela ficou ali (triste). Agora está mais velha, está meio paralisada, sentada, na cozinha. Ela é uma senhora agora, a vida dela é horrível, só fica parada, olhando. Ela está meio paralítica, é horrível, parece que desligou. Ela pegou sífilis dele (chorando). Agora ela morreu, ali sentada, foi desligando (chorando, muito triste).

"Estou flutuando, é leve, tudo muito azul, não tem paredes, tem pessoas ajudando, esses estão de branco, são muito gentis, eles conversam conosco, perguntam se está tudo bem, mostram para onde ir. Falamos sobre as experiências, de onde a gente veio, o que aconteceu, o que fizemos, os nossos erros. Tem uma senhora falando comigo, passa a mão no meu rosto, não sei quem é, parece alguém conhecido. É a minha mãe! (atual). Que saudade! Ela está superbem! (chorando, muito emocionado). Está bem moça, está fazendo carinho no meu rosto (emocionadíssimo!). Diz para eu ter paz, ficar tranquilo, não me preocupar tanto, para me ouvir mais. Diz tantas coisas bonitas, me transmite muita paz, muita luz. Estou muito bem."

COMENTÁRIO

Vemos nessa Regressão como o seu modo atual de ser, de pensar, de sentir, de agir e de reagir é extremamente semelhante ao daquela vida no século XVII! Ele já era triste, melancólico, rejeitado e desamparado, e nas encarnações de lá para cá ainda não mudou. Enquanto naquela vida ele era uma mulher, apaixonada por aquele homem, e sofria muito com isso, sendo de personalidade triste, melancólica e resignada, ao reencarnar traz consigo esse modo congênito de ser, é homossexual e nunca transou com mulher.

E, então, quem sabe ainda tem a Mariane dentro de si, em busca do pai? Então, quem sabe não é homossexual, ainda "é" a Mariane? Essa é uma das principais causas da homossexualidade, bem como de todas as nossas tendências. Entre suas metas pré-reencarnatórias estão a melhoria ou a cura da melancolia, da tristeza, do abandono. Mas a dificuldade está em que nós reencarnamos para mudar nossos pensamentos e sentimentos negativos, mas diante dos fatos da vida, desde a infância, iremos reagir do mesmo modo como reagíamos nas encarnações passadas. Não é fácil mudarmos e melhorarmos em nossas características negativas congênitas e geralmente ficamos numa repetição, encarnação após encarnação, de uma maneira de ser, com pouquíssima evolução quanto aos objetivos evolutivos. A Psicoterapia Reencarnacionista veio para tentar nos ajudar a evoluirmos mais rapidamente, com menos sofrimento.

5. INTROVERSÃO, BAIXA AUTOESTIMA

Uma pessoa, do sexo masculino, de 24 anos de idade, vem à consulta com a seguinte história: "Desde criança sinto-me diferente dos outros, solitário, eu era muito introvertido, não ia em festas, quase não falava. Até hoje ainda sou um pouco assim. Me sinto sem rumo, meio perdido, não tenho muita disposição para fazer as coisas, acordar de manhã, durmo muito. Já tive muita Depressão, me sentia muito sozinho, mas tenho família, me dou bem com meus pais, tenho alguns amigos, não sei de onde vem isso. Sempre desisto dos meus projetos, canso, desisto, sinto uma insegurança, me acho menos que os outros. Estou com 24 anos, ainda moro com meus pais. Faço Faculdade, penso em desistir. Tenho muita insegurança na parte sexual, já falhei algumas vezes, já tive ejaculação precoce. Gosto de uma moça, daqui a pouco não gosto mais, termino um relacionamento, me arrependo, e assim vou indo".

Na Sessão de Regressão, acessa uma vida passada em que é um menino muito pobre, mora numa vila na periferia de uma cidade, engraxa sapatos, passa o dia na calçada, sentado, olhando as pessoas, é calado, não tem pai nem mãe, sente-se sozinho, sente muita tristeza, uma solidão muito grande. Vai crescendo, trabalha como sapateiro, mora com uma senhora idosa, é solitário. Um dia, resolve mudar daquele lugar, ir viver na cidade, chega lá, não sabe o que fazer, vai até uma Igreja, começa a trabalhar lá, ajudando, vai ficando. Com o tempo, torna-se uma pessoa religiosa, não tem relacionamento com mulheres, reza muito, vai envelhecendo ali, mora num quarto, sozinho, orando. Morre, sobe para o Mundo Espiritual, sente-se bem, feliz, convive com outras pessoas, não se sente mais sozinho, triste. Vamos encerrando a Regressão.

COMENTÁRIO

Vejam como ele estava até hoje sintonizado naquela encarnação, sentindo o que sentia lá. A menos-valia do menino engraxate, a solidão, a tristeza, a introversão. E quando tornou-se um homem religioso, recluso, continuou assim, não tinha relacionamentos afetivos e sexuais, por isso hoje, como ainda estava vivendo aquela vida em seu Inconsciente, tinha essa dificuldade de relacionamento com as pessoas, uma insegurança na vida afetiva, em relação a sua sexualidade. A Regressão tem a potencialidade de desligar uma pessoa de vida(s) passada(s) onde ainda está, fazendo com que saiba por que tem certos sentimentos, dificuldades, bloqueios, e isso é colocado na Psicoterapia a partir daí, e, pelo desligamento (que é feito pela recordação desde a situação até a sua morte, o desencarne, até estar no Mundo Espiritual, sentindo-se bem), ocorre uma melhora natural. Fizemos a primeira consulta e uma Regressão, mas o Tratamento continuará nas Sessões de Psicoterapia Reencarnacionista e em mais duas ou três Regressões, e com isso ele irá conhecendo-se melhor, e eu a ele, iremos sabendo de sua história pregressa, entendendo de onde vêm a sua autoimagem negativa, as suas dificuldades, os seus sentimentos, para que ele possa aproveitar melhor esta sua atual encarnação.

6. Dificuldade de engravidar

Uma pessoa, do sexo feminino, de 25 anos de idade, diz que não consegue engravidar, nem sabe se realmente quer. Tem endometriose, já fez três cirurgias, não faz prevenção, mas não engravida. Relata que sente uma tristeza e uma angústia desde que era criança. Sentia-se uma vítima, coitadinha. Seus pais brigavam muito, ela ficava em casa, sentia-se muito sozinha. Passava horas ali, quieta, sentada, deitada, olhando o teto. Hoje percebe que já tinha Depressão, como ainda sente hoje. Atualmente, só quer ficar em casa, sempre chorosa, queixando-se, insatisfeita, sente medo, não sabe de quê. Parece que não tem forças. Trabalha, mas sua vontade era ficar em casa, quieta. E sente uma raiva, uma irritação, e não sabe por quê.

Escutando sua história, poderíamos pensar que a dificuldade de engravidar seria devido à lembrança das brigas entre seus pais (embora seu relacionamento com o marido seja bom) e que essa tristeza e a solidão que sentia desde criança adviriam do fato de seus pais brigarem muito, de ela sentir-se vítima da situação. Mas nós, que lidamos com a Psicoterapia Reencarnacionista, sabemos que a infância não é o começo da vida, mas a continuação da encarnação anterior. E que uma infância é estruturada por Deus (a Perfeição, o Universo, o Todo, o Um) de acordo com as necessidades cármicas do nosso Espírito, e que nossos pais são também Espíritos e estamos perto deles, e eles de nós, com algumas finalidades.

Na primeira Sessão de Regressão, ela acessou, recordou e desligou-se de quatro encarnações passadas:

1ª) Estava numa guerra, cavalos, lanças, sentindo muito medo! Morre, desencarna, recorda sua subida para o Mundo Espiritual, onde recebe atendimento. Vai sentindo-se melhor, o medo e a tristeza vão passando, fica bem.

2ª) Está presa num lugar escuro, onde fica muito tempo. Chega a afirmar, durante a Sessão, que nunca vai sair dali! Sente-se um trapo humano, suja... Muito tempo depois, vem uma Senhora muito iluminada que a retira dali, a leva para um lugar de Luz, onde recebe tratamento, recupera-se, vai se sentindo melhor, fica muito bem, sente-se limpa, leve, feliz.

3ª) É uma criança. Tem uma mulher que é muito má e a deixa trancada num quarto escuro. É uma casa velha, suja, abandonada, há mais crianças. Essa mulher xinga as crianças, bate nelas. Consegue fugir, vai para uma floresta ali perto, mas a mulher a persegue, com cachorros, e a encontra. É arrastada de volta e apanha até morrer. Vem um Anjo, a resgata e a leva para o Mundo Espiritual. Lá recebe tratamento e muito tempo depois já está bem, tudo passou.

4ª) É uma mulher, está grávida, não quer o nenê, bate na sua barriga, toma remédios, ervas, para abortar. Sente muita dor no peito, morre. Vem uma Luz e a leva para o Mundo espiritual. Vai para um hospital, onde recebe tratamento. Vai melhorando, fica muito bem.

COMENTÁRIO

Vejam que sua tristeza, a angústia, o medo, o desânimo, a endometriose, a dificuldade de engravidar encontram explicação em suas vidas passadas. Com o desligamento promovido pela recordação desde a situação em que estava sintonizada até a morte, o desencarne e, recordando sua subida naquela ocasião para o Mundo Espiritual, sendo ali tratada, até referir estar sentindo-se bem (Regressão completa), ela certamente irá melhorar muito desses sintomas que sente desde criança. A compreensão do seu ato naquela vida em que não queria o nenê, tentando abortá-lo, e morrendo na tentativa, pode, pelo arrependimento, ajudá-la a engravidar na vida atual. A endometriose, provavelmente, é uma consequência física promovida por aquele fato do passado e que pode ter cura pelo encontro da causa original e por uma mudança de sua atitude mental. A tristeza, a angústia, o medo, a sensação de solidão que sentia desde a infância e que poderiam ser interpretados como ocasionados pelo conflito entre os pais, o que acarretaria anos e anos de terapia, medicamentos antidepressivos, ansiolíticos etc., agora vão melhorar muito, pois sua origem reportava-se a séculos atrás.

Ela começou a entender para o que reencarnou: curar a tristeza, o medo, a sensação de solidão e ser mãe. Mas como fazer isso sem uma Psicoterapia que agregue a Reencarnação? Tudo que for intenso em nossa personalidade ou sentimentos veio conosco das vidas passadas. No caso dela, a tristeza, o medo, a dificuldade de engravidar.

Faremos mais consultas e mais Sessões de Regressão, onde seus Mentores Espirituais irão ajudá-la a acessar encarnações passadas, visando a desligá-la de situações traumáticas do seu passado, escondidas em seu inconsciente, e ampliar seu autoconhecimento, para que possa aproveitar melhor sua atual encarnação. E talvez, a critério dos Mentores, ela entenda por que necessitou daquelas encarnações de sofrimento, por que veio com esses pais que brigavam...

7. Bulimia e toc

Uma moça, de 16 anos de idade, vem à consulta por Bulimia e Transtorno Obsessivo-Compulsivo. Ela é bem magrinha, mas tem épocas em que se acha muito gorda, se olha no espelho e se vê gorda, quer emagrecer, faz regimes, come e vomita, chegou a pesar 46 kg! Olha-se muito no espelho, diz que suas pernas são horríveis, que tem celulite, se acha feia, gorda. Sente uma tristeza desde criança. Diz que sente um vazio, gosta de estar abraçada com seus familiares, sempre agarrada, apertada, diz que sente uma carência, mas não tem motivo, pois seus pais são bons e carinhosos. Diz que tem uma sensação de inferioridade, parece que estão querendo mandar nela, obrigá-la a fazer o que não quer, se lhe pedem algo, parece que estão mandando, e não acha justo alguém mandar em outra pessoa, obrigá-la a fazer o que não quer, mas não entende por que pensa assim, pois seus pais não são autoritários, seus familiares são pessoas boas, queridas.

Na primeira Sessão de Regressão, ela viu-se, numa vida passada, como uma mulher muito gorda e feia. Mais tarde, ela engravida e um homem lhe tira seu nenê. Ela fica naquela casa, a vida vai passando, sempre triste, carente, com a sensação de que ainda tem o nenê em seus braços. Vai ficando velha, morre, é enterrada, vai subindo para o Mundo Espiritual, sentindo-se bem, leve, mas de repente para, tem a sensação de que não cumpriu seu dever, que ainda tem coisas para fazer e volta para perto de seu corpo. Vêm Seres da Luz buscá-la, ela não quer ir, sente muito frio, revolta-se, diz que ninguém pode obrigar uma pessoa a fazer o que não quer, luta para não subir, quer entrar no seu corpo de novo. Aí vêm Seres escuros e a pegam, levam-na para um lugar frio, sujo, amarram suas mãos para trás, torturam-na, deixando-a lá, ela acredita que foram os Seres da Luz que fizeram isso, para castigá-la, para ela se corrigir, para aprender. Diz que ninguém pode fazer isso com uma pessoa, obrigá-la a fazer o que ela não quer, querer mandar. Depois de um tempo, Seres vêm buscá-la e, finalmente, sobe para o Mundo Espiritual, vai ficando bem, leve, melhora, fica em paz, tudo passa.

COMENTÁRIO

Vejam que ela estava ainda sintonizada naquela vida passada em que era aquela mulher gorda. É como se ela estivesse aqui nesta vida e naquela outra ao mesmo tempo. Essa é uma das causas da Bulimia, em que uma pessoa tem muito medo de ficar gordo(a) ou acha-se gordo(a) sem ser. Mas é conveniente também, nesses casos, encaminhar a pessoa a um Centro para investigar se não tem Espíritos obsessores influenciando seus pensamentos. E quando aquele homem roubou seu nenê, originou-se uma carência, uma sensação de vazio, uma dor no peito, que ela trazia até hoje, querendo sempre estar abraçada aos seus pais ou aos familiares. Quando ela chegou para a Sessão de Regressão, queixava-se muito de frio, mas era porque estava sintonizada naquela região umbralina para onde foi levada quando se recusou a subir para a Luz com os Seres de lá. A sensação de que estão mandando nela, querendo obrigá-la a fazer o que não quer, vem daquela situação em que não quis subir para o Mundo Espiritual e acredita que os Seres da Luz mandaram-na para aquele lugar escuro, frio, para aprender, para se corrigir.

8. Fobia de lugares fechados

Às vezes, por trás de uma simples Fobia, há conteúdos emocionais significativos que podem resolver problemas que parecem não ter solução. Vejamos este caso:

Uma pessoa, do sexo feminino, de 50 anos de idade, veio à consulta por Fobia de lugares fechados, de viajar de avião, sente também muito medo de passar de carro por pontes. Quando está dirigindo, passa reto, sem olhar para os lados, quando está na carona, fecha os olhos. Às vezes, tem crises de pânico sem motivo, sem causa, que, assim como vêm, passam. Sente também muita tristeza, afirma que foi rejeitada na gestação. O seu pai queria filho homem. Desde criança, seu comportamento era mais masculino. Quando adolescente, fumava. O seu jeito de caminhar era másculo, olhava para as mulheres, achava-as bonitas.

Quando começou a menstruar, sentia nojo. Só queria trabalhar, trabalhar. Sempre foi de estudo, trabalho, sempre quis ser independente. Era muito autoritária e lhe chamavam de sargentão. Nunca usou perfume nem a cor rosa. Agora que começou a se arrumar melhor, enfeitar-se mais, mas nunca pensou em casar, ter filhos. Diz que sente muita tristeza, uma melancolia.

Na primeira Sessão de Regressão, encontra uma vida passada em que é um homem, está dirigindo um carro, cai de uma ponte e morre, mas não percebe que morre. Encontram-no já com uns bichos em cima dele, enrolam seu corpo num pano e o levam, mas ele ainda está no corpo. Entra em desespero: "Ninguém me vê! Não me escutam! Estou aqui!". Chora muito, sua esposa chega, ela não o vê. "Eu estou aqui! Ninguém me escuta!" Colocam-no num lugar com flores para ser velado. "Eu quero mexer meu corpo, não consigo! Não põe isso em cima de mim! Eu tô vivo! Eu não morri, não põe!" (enquanto fecham o caixão). "Agora tô preso, acho que vão me enterrar, tô cansado de gritar, ninguém me escuta." Ele fica muito tempo ali no caixão. Um dia, abrem o caixão para colocar outro corpo, é o corpo de sua esposa! Ela o vê em Espírito e se assusta! Ajuda-o a sair. Ele tinha medo de sair do caixão, ouvia gritos do lado de fora. Com a ajuda dela, sai, sente-se mais leve, vem uma Luz, sobem. Pessoas colocam as mãos sobre ele, saem luzes delas, sente-se bem, em paz. Fica bem. Como já está no Plano Astral, sentindo-se muito bem, tudo tinha passado, fomos encerrando a Regressão.

COMENTÁRIO

Depois da Sessão, ela comenta comigo que naquela vida era um homem, estava dirigindo, caiu de uma ponte, por isso, hoje, tem medo de passar de carro por pontes. A Fobia de lugares fechados vinha de ter ficado tanto tempo dentro do caixão. E muito da tristeza que sentia hoje vinha dessa situação dessa encarnação passada, provavelmente a anterior à atual. E como ela era homem naquela encarnação, desde criança não se sentia confortável no seu corpo atual de mulher e tinha um jeito mais masculino.

Com o desligamento daquela situação que estava vivenciando dentro do seu Inconsciente, sua Fobia de lugares fechados, seu medo de passar de carro por pontes e a tristeza irão melhorar muitíssimo. Provavelmente, nunca pensou em casar porque estava sintonizada naquela situação de ter morrido, deixado a esposa e os filhos. Mas nosso Tratamento está apenas no início, vamos continuar.

9. Transtorno bipolar

Uma pessoa, do sexo feminino, de 23 anos de idade, vem à consulta com o diagnóstico de Transtorno Bipolar. Está tomando quatro psicotrópicos em função disso. A sua mãe diz que ela entrava em euforia, ficava muito rápida, estudava, trabalhava, trabalhava, sempre acelerada! Não dormia, só falava, falava, dizia que ia ser muito rica! Fumava quatro carteiras de cigarro por dia, tomava litros de Coca-Cola, encomendou um carro importado para a mãe. Escutava som no volume máximo! Não tinha medo de nada, queria sair de noite sozinha, ela sabia tudo, ninguém mais sabia nada. Era amiga do dono do Curso de Inglês, só falava dessa Escola, dia e noite. Telefonava, telefonava, internet, dia e noite! Gastava, gastava, pegava dinheiro da poupança da avó. Aí, entrava em depressão, ficava mal, não queria sair da cama, queria morrer. Já tomou Melleril, Neozine, Haldol, Depakote, Seroquel, Propanolol, Biperideno, Paroxetina, Trileptal, Topamax, Zetron e outros. Nós, que estudamos a Reencarnação e trabalhamos com a Regressão Terapêutica, sabemos que esses quadros rotulados de Transtorno Bipolar, Esquizofrenia, Paranoia etc. frequentemente têm explicação no passado da pessoa, em suas encarnações anteriores e na presença de Espíritos obsessores.

Os medicamentos psicotrópicos têm sua indicação nos momentos agudos, emergenciais, para controlar os sintomas e, muitas vezes, para resguardar a integridade do paciente e/ou de outras pessoas. Mas, como tratamento, eles não têm efeito benéfico, pois não atingem os pensamentos e os sentimentos e não alcançam a origem desses quadros que se escondem dentro do Inconsciente. O Transtorno Bipolar geralmente tem sua origem em encarnações passadas em que a pessoa ainda esteja sintonizada, e para onde vai de vez em quando, pois nós fazemos Regressões espontâneas no nosso dia a dia, sem o sabermos. Às vezes estamos em uma vida de luxo, às vezes em uma vida de miséria... Às vezes estamos presos em uma cadeia... Estamos morrendo afogados... Estamos numa guerra... Estamos sendo queimados...

Na Sessão de Regressão, ela viu-se como um escravo, num porão de um navio, que desembarca num lugar onde tem uma guerra e morre atingido por uma bala. Desencarna, sobe para o Mundo Espiritual, onde, depois de recordar um tratamento, fica muito bem. Em seguida, acessa outra vida, numa corte, desta vez é uma moça. Num baile, está dançando com um rapaz, é com quem vai casar, uma promessa de família, mas não o ama, gosta de outro, de uma classe social inferior. Encontra-se com ele às escondidas, engravida, faz um aborto. Mais tarde, casa com aquele prometido, mas é sempre triste. Quando o marido morre, ela procura aquele que amava, mas quando o encontra, ele está casado, com família. Foi ficando velha e morre, sempre triste; desencarna, sobe para o Mundo Espiritual, após um tempo lá, recorda que passou, ficou bem.

COMENTÁRIO

Nessa Sessão, ela desligou-se dessas duas situações (do escravo e da mulher triste) e começa a entender o que é seu "Transtorno Bipolar": às vezes ela era aquela moça, alegre pelo amor, triste pelo casamento infeliz, às vezes era aquele escravo que depois morre numa batalha.

Realizaremos mais duas ou três Sessões de Regressão, quando ela poderá encontrar mais situações em que está ainda sintonizada, para onde vai de vez em quando, sem saber, e de onde vêm os seus "sintomas". Ela já está começando a melhorar de sua "doença".

10. DEPRESSÃO

Uma pessoa, do sexo feminino, de 63 anos de idade, veio consultar por Depressão refratária a medicamentos, há 17 anos.

"Sempre tive uma tristeza, mas desde que tive alguns descontentamentos com meus filhos, há uns 17 anos, comecei com essa Depressão, é uma angústia horrível! E essa vida, as coisas que acontecem, as injustiças, guerras, miséria... Eu fui professora de Antropologia e Serviço Social Comunitário durante 25 anos. Era ativa, dinâmica, líder, hoje fico só em casa, não quero sair, fui me fechando, fechando... Sinto muitas dores nas costas, no corpo todo. Uma vontade de ficar só deitada, não fazer nada."

Nas Sessões de Regressão, ela reviveu cinco encarnações passadas, às quais estava sintonizada como se ainda estivesse lá, sentindo a tristeza que sentia hoje.

Na primeira encarnação, ela já estava morta há muito tempo, presa num lugar, sentindo muitas dores, principalmente nas costas. Sentia muita tristeza, muita angústia! Na segunda encarnação, ela era um homem, de apelido Janjão, que trabalhava numa fazenda como escravo; era muito solitário e triste. Na terceira encarnação, era uma enfermeira que começou a sentir-se mal, doente, e não contava para ninguém por medo de ser despedida ou internada... Foi ficando velha, cada vez mais doente, sentindo muita tristeza... Na quarta encarnação, era uma mulher que morreu numa guerra, com uma baioneta nas costas. Na quinta encarnação, era uma bailarina feia e dançava todas as noites. Sentia muita dor nas costas; era muito triste e solitária. De todas elas, recordou até ter terminado a encarnação, ter subido para o período intervidas e, lá, após um tempo, tudo ir passando, até ficar muito bem, desligando-se, dessa maneira, de cada vida passada acessada.

COMENTÁRIO

Ela refere que sua Depressão teve início quando começou a ter problemas com seus filhos. Diz que se afeta muito com as coisas da vida, com a miséria, as guerras, as injustiças sociais, tanto que trabalha nessa área há mais de 25 anos. Vem se tratando psicologicamente e com medicamentos antidepressivos e ansiolíticos, com melhoras, mas sem encontrar uma cura. Ela acessou cinco encarnações passadas de tristeza, solidão, depressão. Acredito que esses incidentes com seus filhos acionaram essas vidas passadas de tristeza e solidão e ela passou a vivê-las em seu Inconsciente, ou seja, estava vivendo essa vida atual no Consciente e essas cinco vidas passadas no Inconsciente. Está sentindo-se muito bem, como há muito tempo não acontecia, sorridente e bem disposta. Desligou-se dessas cinco situações de passado em que estava deprimida, solitária, angustiada, vivenciando situações traumáticas bem sérias.

11. Fobia de falar em público, baixa autoestima e tristeza desde criança

Uma pessoa, do sexo feminino, de 32 anos de idade, vem à consulta e me diz: "Tenho pânico de falar em público, um medo, uma vergonha, desde criança. Me dá um pavor! Apresentar um trabalho na frente das pessoas na Faculdade era horrível! Uma reunião de condomínio... Parece que sou incapaz, que não vou conseguir falar, vou falando baixinho, baixinho, resumindo... Meu pai era extremamente autoritário, do tipo criança não tem vez, não pode falar, não é valorizada, nunca comemoramos aniversário. Eu era muito introvertida, fechada, como se não tivesse importância, até hoje, parece que não mereço. Criança, eu já me sentia tão triste, já tinha Depressão, ninguém dava bola, na adolescência, também. Tive Depressão pós-parto, durante um ano eu só pensava em morrer, ia para o cemitério, achava que lá era melhor... Ainda tenho essa tristeza. Sempre tive muito medo de ficar só, só termino um namoro se já tenho outra pessoa, a solidão me dá pânico!".

O que ela acessou:

– Parece que eu tô caminhando no meio de uma multidão, tem cavalos junto, tem uns andando a cavalo, nós andamos a pé, estamos caminhando, é uma estrada longa, tem muita gente, muita gente. Todo mundo fica me olhando, todo mundo tá me olhando. Eu não tô entendendo por que é que eu tô chamando tanta atenção. Eles estão me apontando, eu não sei o que é. Eu tô sozinha, não tem ninguém comigo, não vejo ninguém que eu conheça. Tô apavorada. A imagem para assim e tá ali parada, não dá continuidade. Eu vejo um palco na frente, parece um palco, uma coisa mais alta, com muitos degraus. Eles tão me levando pra lá, eu tô quase em cima deste palco, mas é um pessoal muito diferente, é velho, é outra época mesmo. Eu tô em cima, eles tão me segurando com as mãos pra trás agora, parece que eles vão me matar! (chorando). Eles vão me matar! Eles vão me enforcar (chorando). Meu Deus! Eu vou morrer! Agora desaparece tudo, não tem mais nada agora (suspira). Tá escuro, tudo escuro. Não enxergo nada.

– Vamos vendo... para onde tu vais... quem é que vem te ajudar... uma luz, um Ser de Luz, o teu Anjo da Guarda... vamos ver quem é que chega, quem vem te ajudar...

– Tem uma imagem bonita agora, um riozinho que corre bem azul, bastante verde, uma paisagem bonita, tem alguém comigo, sim, mas não dá pra ver se é um Anjo ou se é uma pessoa, quem é exatamente, não tá definida, é uma imagem, um vulto, uma coisa clara perto de mim (suspira). A gente tá caminhando, descendo na beirinha do rio, um azul lindo, lindo.

– E como é que tu te sentes?

– Eu me sinto superbem.

– Que bom!

– Muita claridade, agora eu só vejo claridade, parece um infinito dourado, claro, luz, como é bom aqui.

– É o Mundo Espiritual, depois que te enforcaram lá, tu saíste do corpo em Espírito e agora subiste para a luz, para o Mundo Espiritual, onde tu te sentes bem, sentes paz. Então relaxa, permanece em silêncio, aproveita esta paz, esta luz, esta tranquilidade, um outro dia nós podemos ver mais coisas, se for necessário. Se vier mais alguma coisa, tu me dizes, senão aproveita, descansa, relaxa e, quando tu voltares para cá, traz contigo essa paz, essa luz, essa alegria, essa felicidade.

COMENTÁRIO

Ela veio consultar por Fobia de falar em público, apresentar um trabalho na frente dos colegas desde criança, falar em uma reunião de condomínio etc. Geralmente, a origem disso é buscada na infância, com a história de um pai autoritário parece que se encontra a causa da Fobia, ou seja, cada vez que ela tinha de falar na frente de pessoas, a sua Criança Interna estaria deparando-se com seu pai e aí sentia medo, sentia-se desvalorizada, retraía-se. Mas nessa Sessão de Regressão ela se vê andando no meio de uma multidão, sente-se sozinha, desamparada, vai entrando em pânico, até que percebe que vai ser enforcada naquela praça pública, ou seja, a causa não estava na sua infância, estava muito antes, a infância foi apenas um reforço. Essa é uma das maiores causas de Fobia de lugares abertos (Agorafobia) e Fobia de falar na frente de pessoas.

A infância com um pai autoritário intensificou esses sentimentos de solidão e de desvalorização e a sua tristeza congênita. Mas seu pai não é o causador desses sentimentos e Fobias. Quantas vezes, numa Psicoterapia tradicional que não abrange a Reencarnação, um pai ou uma mãe acabam sendo os vilões... E, numa Sessão de Regressão, a pessoa percebe que já trazia isso consigo de outras encarnações, o que melhora os sintomas da Fobia e começa a inocentar, pelo menos um pouco, os "vilões"... Além de que, todos sabemos, escolhemos nosso pai, nossa mãe... E mais, nessas centenas de vidas passadas, nunca fizemos nada para o nosso pai e a nossa mãe atuais? Mas isso, pelo nosso Método, ético, muito raramente os Mentores mostram, fica para o Telão verdadeiro, lá no Astral.

12. Fobia de envelhecer, fobia de solidão

Uma pessoa, do sexo feminino, de 27 anos de idade, vem consultar: "Tenho muito medo de envelhecer, de ficar velha e ficar doente. É como uma Fobia! Tenho um namorado, sinto muita falta dele, sinto um abandono, me sinto sozinha, tenho pânico de ficar sozinha!

Quando estou sozinha em casa, me vem um medo que meus pais, minha irmã não voltem, entro em pânico, choro desesperada! E se demoram, não telefonam, fico imaginando assalto, acidente... Um medo que aconteça alguma coisa, fico me imaginando sozinha...".

Na Sessão de Regressão, ela acessou uma encarnação passada:

– Eu não sei onde eu tô... Eu sinto o meu corpo enrijecido, todo o meu corpo duro, as pernas, os braços, tudo duro, parece que eu tô há muito tempo nessa mesma posição. É como se eu estivesse há muito tempo deitada nessa mesma posição.

– Sim.

– Parece que eu tô numa casa... parece que tem uma floresta em volta, como se eu estivesse sozinha, talvez numa cabana, alguma coisa assim. Tenho a impressão de estar sozinha.

– Sim, continua.

– Não sei, eu tô nessa casa, nessa cabana, parece que me abandonaram ali, me jogaram ali e ali eu fiquei, como se tivessem me isolado... Eu tenho a sensação de ter sido um peso, alguma coisa assim pra alguém, por não conseguir me movimentar. Eu tô ali, deitada, não consigo me mexer.

– Vamos vendo, então... o que vai acontecer... O que acontece?

– Tenho a impressão que é um caçador, algo assim, uma pessoa entra nessa cabana e eu tô lá, deitada... Tem uma espingarda, tá de chapéu, quando eu vejo essa pessoa, fico muito feliz, alegre, por saber que ela tá voltando, mas, ao mesmo tempo, eu tenho a impressão que é uma pessoa que vem e que vai, mas não é todos os dias que aparece. Não sei, me parece que ele tá meio... que ele bebeu alguma coisa, meio sujo, cambaleante... Mas, mesmo assim, eu fico feliz de ele estar ali, ter voltado pra me ajudar.

– Sim. O que acontece, então? Continua.

– Eu tenho a sensação que eu espero dessa pessoa, que eu imploro alguma coisa... E eu tenho a impressão que essa pessoa não pode me dar isso que eu quero. Ela se aproxima de onde eu tô deitada, parece uma cama. Mas essa pessoa não pode me dar o que eu quero, ele me faz carinho, mas eu não consigo sentir isso como verdadeiro, parece uma coisa fingida.

– E quando a vida vai passando, os dias vão passando, tu vais ficando mais velha, mais velha... O tempo vai passando...

– Não sei, eu continuo na mesma posição, na mesma cabana, no mesmo lugar onde eu tô deitada... Eu sinto a presença dele, mas eu não vejo, não consigo saber se ele tá na cabana, ali ainda...

– Vamos vendo... então... quando a tua vida vai passando... os dias vão passando... tu vais ficando mais velha... vamos ver como é que essa vida foi terminando... O que vai acontecer contigo...

– Eu vejo aquela pessoa que tava comigo bem mais velha, de cabelo branco, eu vejo ele na cozinha, lidando com comida... Só que dali a pouco ele cai, como se tivesse tido uma... sei lá, eu... eu vejo aquilo e não consigo fazer nada! E por mais que eu chame, por mais que eu grite, ninguém me ouve, ninguém consegue me ouvir. Eu tenho a sensação que, também, não vai demorar pra mim... pra eu morrer também, porque não aparece ninguém. Eu fico vendo aquele homem caído no chão, ali... A sensação que eu tenho é que eu vou morrer também, mas pra mim tanto faz, porque eu não consigo me mexer, não saio da cama, eu não consigo me movimentar, eu não consigo fazer nada. Então, pra mim, tanto faz, não consigo sentir, não consigo sofrer, não consigo chorar por aquela pessoa ter morrido. Eu também tô bem grisalha, eu tenho a sensação que a qualquer momento alguém vem me buscar, que alguém vai me libertar de alguma maneira desse sofrimento, dessas dores que eu sinto no corpo, dessa impossibilidade de me movimentar. Eu não sei como é que eu consigo ficar tanto tempo sem me alimentar, sem tomar um copo de água...

– Vamos vendo, então... como é que o teu corpo morre, como tu saíste daí... se alguém vem te buscar... uma luz, um Ser de luz...

– Ah, eu me sinto cada vez mais fraca, cada vez mais sonolenta... Parece que tem uma pessoa, não sei, toda de branco, parada ao lado, sorrindo... Que paz que essa pessoa passa. E ela não fala nada pra mim, ela simplesmente me estendeu a mão, mas eu não me mexo, como é que eu vou estender a mão pra ela? Ela encosta a mão dela na minha, estica o meu braço e me levanta da cama. A gente sai, eu saio caminhando pela porta daquela casinha, vou caminhando com ela pelo meio daquela floresta. Que coisa boa poder caminhar, poder ver aquele verde, os passarinhos cantando. A gente vai caminhando, agora eu tô toda de branco também, parece um camisolão branco, essa pessoa do meu lado... É como se a gente virasse um pontinho e subisse, subisse, vejo uma luz, vamos subindo, subindo, até desaparecer. Ah! Como eu tô me sentindo bem! Poder caminhar, poder ver o dia, ver o sol... Que alívio!

– Então relaxa, aproveita, pode permanecer em silêncio, sentindo essa paz, essa serenidade... essa presença espiritual... Tudo passou, já não estás mais naquela cabana, velha, triste, sozinha. Agora está tudo bem. Num outro dia, poderemos ver mais coisas do teu passado, se for necessário. Descansa, relaxa e aproveita.

COMENTÁRIO

O medo de ficar sozinha, abandonada, de ficar velha, doente, vem dessa encarnação em que era uma mulher que, por alguma doença ou dificuldade física, não conseguia mover-se, ficava só em casa, esperando que aquele homem que lhe cuidava chegasse. Imaginem o medo que sentia que ele não viesse! E a solidão, a tristeza... Sentia o mesmo medo que sente hoje quando seus pais ou sua irmã demoram a chegar, ela entra em pânico, começa a imaginar que vai ficar sozinha, como realmente aconteceu naquela vida. É como se ela estivesse na vida atual e naquela situação ao mesmo tempo, sentindo hoje o que sentia lá. Depois dessa Regressão, em que se desligou daquela encarnação, ela está muito melhor da ansiedade, do medo de abandono, da sensação de solidão, das dores, da sensação de imobilidade, de tudo.

13. Dores musculares

Uma pessoa, do sexo feminino, de 51 anos de idade, diz: "Tenho dores musculares desde os 12, 13 anos de idade, principalmente no tronco e nos braços. Já fiz inúmeras consultas, exames, tratamentos e nada melhora! Nem os remédios aliviam. E tenho horror de água, fico em pânico. Não entro em piscina, no mar, até numa rua alagada eu sinto medo. Quando eu levo um susto, tenho que gritar até chorar, aí vai passando... se eu tranco, desmaio! Falta-me o ar, fico sem ar! Se eu bato a cabeça, desmaio! Um telefonema com uma notícia ruim ou se eu vejo um acidente no trânsito, começa a me faltar o ar, parece que vou morrer".

Logo após o relaxamento, ela demonstra estar sentindo dor nas costas, chorando, suspirando, gemendo.

– O que tem nas tuas costas? O que está acontecendo contigo?

– Que lugar apertado, que falta de ar! Que aperto!

– O que é?

– Ai, que lugar apertado, me aperta este lugar, eu não sei, não consigo saber o que é este lugar (encolhida).

– E como é que tu podes sair daí? Vamos lembrando como saiu...

– Alguém me tire daqui! (chorando). Ai, eu preciso de alguém que me tire daqui! Eu preciso de ajuda, eu tenho que sair, preciso de ajuda, que alguém me ajude a me tirar daqui (chorando).

– É, sim. Continua.

– Não estou vendo nada, é uma coisa cinza. Ai, que lugar apertado, eu não sei, parece que já estive neste lugar antes, mas não sei... (colocando as mãos nas costas).

– E nas costas, o que tens nas costas? O que está acontecendo?

– Nas costas, não estou vendo, não consigo enxergar, mas na frente é tudo cinza, tudo cinza, não consigo ver.

– Vamos lembrando... como é que saiu... quem te ajudou... Continua.

– Preciso que alguém me tire daqui! (chorando). Eu preciso que alguém me tire daqui! (muito choro, gemidos, suspiros).

– Vamos ver daqui a pouco... como é que tu sai... como é que saiu... ou sozinha... ou alguém veio...

– Eu quero sair daqui! Quero que alguém me ajude a sair, quero sair deste lugar apertado, desta angústia, que eu estou. Ai, eu não sei se estou dentro da água. Onde é que eu estou?

– Sim.

– Parece água, eu não sinto ela em mim, ela está em volta, eu não estou molhada de água, mas eu não consigo sair, estou dentro de uma coisa, assim, que eu não consigo sair. Ai, eu quero que alguém me dê a mão para que eu saia!

– Sim, continua.

– Não é água, parece que vêm umas ondas, mas elas não chegam em mim, tem uma distância, mas eu não posso sair daqui, estou presa em alguma coisa, não consigo sair! Preciso que alguém abra para que eu possa sair, eu tenho que sair pra fora. Eu quero sair daqui, ir para um lugar mais aberto, que eu possa... alguém vai me ajudar... alguma Luz vai chegar aqui, vai me ajudar a sair daqui, vai me alcançar, alguém vai me alcançar... (chorando, respiração ofegante, suspiros). Estou cansada. Alguém tem que me ajudar a sair daqui.

– Vamos vendo... continua... isso é passado, já passou...

– Parece que estou dentro de uma caixa bem grande, a caixa está dentro d'água, eu estou escutando o barulho da água em volta, só que estou presa e quero sair. Quero sair, mas não chega ninguém para me soltar dali, eu quero sair, não sei se vou encontrar água quando sair daqui de dentro. Eu quero sair daqui!

– Daqui a pouco tu vais lembrar como é que sai... como saiu... Vamos lembrando... quando foi passando o tempo... depois que passou bastante tempo... continua.

– Estou em outro lugar. Eu já não estou dentro daquele lugar apertado, não.

– Como é esse lugar?

– É melhor... (suspira), mais claro. Eu já estou fora, estou num lugar mais claro, mas não estou vendo nada, estou num lugar mais claro, não estou mais naquele lugar apertado onde estava. Mas não vejo nada nem ninguém. Já dá para me mexer, não é apertado, antes não dava, tinha que ficar encolhida, agora não, dá para espichar as pernas. Parece que vão passando umas nuvens, alguma coisa assim.

– Que bom. Continua recordando e me contando.

– Me sinto melhor. Já vejo um espaço grande, ainda continuam as nuvens, umas mais escuras, outras mais claras... Que bom! Tem pessoas, estou bem, graças a Deus. Aqui é bom, tudo vai passando, me sinto livre, não estou mais presa, encolhida. Passou!

– Então relaxa, descansa. Por hoje está bom. Já saíste daquele lugar, estás livre, estás recordando quando já estavas no Mundo Espiritual. Aproveita, agora está tudo bem.

COMENTÁRIO

Na reconsulta, ela me diz que as dores aliviaram bastante. "Aquele lugar em que eu me vi na Regressão, lembro-me de que, quando era criança, sonhava seguidamente com ele. Quando eu deitava para dormir, dizia para meus pais que ia sonhar com aquilo de novo... Era como um caixão e eu dentro... E me disseram que eu gritava dormindo desde nenê. Meus pais vinham me acordar, eu ouvia as suas vozes bem de longe, aos poucos era como se eu fosse voltando... Algumas vezes, eu gritava muito tempo e não conseguiam me acordar. E é o lugar em que eu me vi na Regressão! As dores que eu sentia na Regressão são as que eu sinto desde criança! E a posição na qual eu estava lá é como eu costumava me acomodar para dormir. Agora já me estico, durmo esticada, as dores melhoraram uns 80%. Estou muito mais segura, me sinto mais solta, antes eu me sentia sempre presa. E também aquela tristeza que eu sentia, está bem melhor. Sinto-me mais calma, não tenho mais aquela ansiedade, aquele medo. Que alívio!".

COMENTÁRIO FINAL

Quero fazer uma revisão do que foi abordado no livro, de maneira que, se algo não ficou bem claro, eu possa esclarecer agora.

A Psicoterapia Reencarnacionista baseia-se em algumas premissas e considerações básicas. Entre elas, o benefício de sabermos quem somos, o que estamos fazendo aqui e quais as possibilidades de destino após a morte do nosso corpo físico. Na verdade, quem somos? Deus. De onde viemos? Nunca saímos. Para onde vamos? Já estamos. Somente começaremos a nos libertar dessa sensação ilusória de ser "um Espírito", individualizado, e a nos sentirmos o "Grande Espírito", por meio da Concentração, da Meditação e da Expansão do nosso grau de Consciência, que podemos chamar, também, de elevação da nossa frequência. Mas, enquanto essa micropartícula divina ainda estiver aqui neste planeta, nossa missão é irmos evoluindo o nosso ego, do estágio inicial, infantil, até o estágio final, ancião, para que, dessa maneira, possamos expandir nossos limites conscienciais para além da nossa epiderme e irmos acessando níveis mais elevados. E, gradativamente, irmos expandindo cada vez mais a nossa compreensão e alcance, retornando pelo mesmo caminho pelo qual viemos, desde a nossa aparente saída do Núcleo Central do Universo até aqui chegarmos.

A maioria das pessoas ainda está predominantemente nos graus inferiores do ego infantil, adolescente e adulto, longe ainda do grau mais superior, o de ancião, e, então, passa por uma encarnação quase às tontas, ligada num piloto-automático, sem noção dessas questões, fundamentais para um real aproveitamento dessa passagem. A negação da Reencarnação, o desconhecimento quase total da nossa estrutura energético-espiritual, faz com que muitos aqui no Ocidente, pela ignorância criada e incentivada, vivam uma ideação mais ou menos assim: "Eu vou viver, depois que morrer, eu vejo...". Essa é a maneira mais eficaz de cair nas armadilhas e nas ilusões da vida terrena.

Quem leu o livro e descobriu ou reforçou seus conhecimentos a respeito da nossa verdadeira natureza multidimensional, das várias possibilidades de destino após a "morte" do nosso corpo, do real significado do termo "evolução", pôde perceber que viver sem esses conhecimentos, para depois ver como é que fica, é justamente a maior causa dos grandes problemas e conflitos do ser humano. É necessário que nós nos libertemos da preguiça mental e do acomodamento e comecemos a nos interessar realmente por essas questões vitais para a nossa existência. Não encontraremos essas respostas na postura anticientífica oficial da negação a priori por desconhecimento. Talvez encontremos a pista em livros, cursos, palestras e outros meios de acesso às ideias de pessoas que, de uma maneira livre e realmente científica, propuseram-se a estudar, pesquisar e tirar suas próprias conclusões, mas, sem a experiência própria, sem a vivência dessa libertação da ilusão da separatividade, permaneceremos sempre comandados por nosso ego e necessitando permanecer aqui por mais tempo.

A história da humanidade está repleta de crises de mudança, de resistências do conhecimento oficial, de marginalização do novo conhecimento, até que a força da verdade termina por impor-se e o oficial torna-se superado e o alternativo torna-se oficial. E isso permanece até o novo conhecimento que se atrever a contrapor o estabelecido, e assim vamos indo. Sempre foi assim, e, cada vez que a história se repete, o mesmo palco é armado e o mesmo filme é repassado. Estamos próximos a grandes descobertas científicas no campo do invisível, e a Ciência do visível reluta em abrir-se para os novos conceitos e entender que o novo Paradigma não quer lhe destruir, e sim lhe dizer que, além do visível, que é real, existe algo também real, embora mais difícil de contatar: o invisível. A Ciência do século XXI será a Ciência do invisível, e as suas descobertas farão as religiões voltarem ao seu princípio, quando eram apenas códigos morais e éticos e não obstáculos à evolução do conhecimento.

A descoberta de estruturas subatômicas não nega o átomo! Pelo contrário, o átomo está sendo agora melhor entendido a partir do aprofundamento de seu estudo. O conhecimento dos outros corpos energéticos humanos não nega o corpo físico! Pelo contrário, o corpo físico será muito melhor conhecido quando for relacionado aos demais corpos. É o mesmo receio dos médicos alopatas e dos psicoterapeutas tradicionais a respeito das Medicinas e das Terapias alternativas. É como se estas estivessem propondo o desaparecimento daquelas, quando, na verdade, estão apenas propondo a sua expansão. Nós, os alternativos, nós, os espiritualistas, nós, os reencarnacionistas, seremos o conhecimento oficial amanhã, mas, infelizmente, a luta pela afirmação dos novos Paradigmas é eterna e inevitável, sempre foi assim, então teremos que encetá-la, embora a contragosto. Quando o meio oficial, encastelado na Medicina orgânica, na Psicologia desta vida apenas, na Psiquiatria do cérebro, na Ciência do visível, descobrir que não somos inimigos, pelo contrário, estamos todos do mesmo lado, a favor do ser humano e do nosso planeta, seremos compreendidos, reconhecidos e incorporados.

Após algumas centenas de anos, um novo Paradigma começará a elaborar-se e surgirão, então, os novos alternativos. Espero que nós, os atuais alternativos, então lá reencarnados, se estivermos do lado oficial, não os neguemos sem conhecê-los... Mas tenho minhas dúvidas, a História sempre tende a se repetir. Mas eu, me conhecendo, acredito que estarei, em algum corpo com outros rótulos, sempre ajudando a trazer o novo. De qualquer maneira, em qualquer lado que estejamos, o importante é nos mantermos abertos às informações e cientificamente interessados em estudar e pesquisar.

Acredito que a Regressão às encarnações passadas seja atualmente, e por enquanto, o melhor meio de sabermos o que houve antes, quem e como fomos como personas, o que aconteceu de marcante a ponto de ainda repercutir nesta atual encarnação. O estudo aprofundado dos livros que abordam a existência depois da morte física deve ser realizado sem preconceito e com o intuito realmente de aprendizado. O autoconhecimento advindo da pesquisa de nossa estrutura energético-espiritual, objeto de estudo em vários países mais evoluídos, traz em seu bojo uma abertura enorme a respeito do real entendimento do pensamento, dos sentimentos, da memória e da função apenas intermediária do cérebro entre os sentimentos, os pensamentos e o corpo físico.

É preciso que saibamos o que é pertinente ao nosso corpo físico e as possibilidades de percepção dos órgãos dos sentidos deste corpo e o que diz respeito aos demais corpos energéticos e suas possibilidades de percepção, o que está relacionado ao visível e o que está relacionado ao invisível. A nossa Ciência, por seu atraso provocado e mantido, por enquanto não tem capacidade de contatar suficientemente o invisível, por isso a sua atitude de negação dessas questões. Mas a eletricidade e o magnetismo, por exemplo, são invisíveis e já estão assimilados, é só uma questão de tempo. A Medicina oficial agregou a Homeopatia e a Acupuntura, duas Medicinas energéticas, e em breve fará o mesmo com a Terapia Floral, a Terapia de Regressão etc. É só uma questão de tempo, por enquanto somos chamados a depor nos Conselhos, somos julgados e condenados, em breve seremos convidados a ensinar nas Faculdades de Medicina e de Psicologia.

A Psicoterapia Reencarnacionista quer colaborar para promover uma fusão entre os conhecimentos reencarnacionistas e os psicológicos, o que não significa entre a religião Espírita e a Psicologia tradicional. Assim como Reencarnação não é Espiritismo, Psicologia não é Psicologia oficial. A Reencarnação é bem mais do que uma religião que lida com ela, e a Psicologia é bem mais do que a que se afirma ser a oficial.

São muitas as questões que, em seu conjunto, constituem o arcabouço em que se codifica essa nova Psicoterapia, que pretende, dentro de seus limites, assemelhar-se à que é praticada no Plano Astral, quando lá estamos desencarnados. Não tenho a pretensão de estarem corretas todas as minhas considerações, o mais provável é que eu esteja incompleto em algumas e equivocado em outras. Talvez o maior mérito dessa nova Psicoterapia, baseada na estadia de nosso Espírito aqui neste planeta e na finalidade da Reencarnação, seja a de propor uma abertura de discussão a respeito de assuntos e fatos sedimentados como verdades inquestionáveis e que, pelo menos ao que me parece, não estão solidamente estruturados para suportar um debate franco e aberto baseado nas descobertas da nova Ciência, a do invisível, e da "Religião" do próximo milênio, o Espiritualismo Científico.

Os casos clínicos que coloquei neste livro pretendem mostrar aos leitores que o que estamos apresentando, sob a forma de uma nova Escola de Psicologia, são conhecimentos aprendidos na prática das Sessões de Regressão e não apenas ideias teóricas, concepções intelectuais ou filosóficas. Uma nova Medicina e uma nova Psicologia podem surgir a partir do que essas pessoas regredidas conscientemente estão nos ensinando. Cada caso fala por si só e a leitura atenta deles ensina talvez mais do que páginas e páginas de um livro.

Agradeço aos leitores que me acompanharam até aqui e, como últimas palavras, gostaria de recomendar-lhes que procurem, cada vez mais, abrir suas percepções para os fenômenos invisíveis, captados pela expansão dos nossos mesmos sentidos. Sugiro que leiam e estudem muito, pesquisem, experimentem, comprovem por si mesmos, não se submetam a ninguém que lhes diga o que é certo ou errado, o que é verdade ou não, nem mesmo eu, e, principalmente, não esqueçam que a Ciência do visível só consegue comprovar e contatar o visível, pois o invisível está ainda distante dos meios e dos instrumentos utilizados por uma Ciência ainda materialista. Por isso, o argumento de que "essas coisas" não têm comprovação científica é o atestado de que a Ciência ainda não está desenvolvida o suficiente para comprová-las.

Não esqueçam que somos personas passageiras, com a duração de uma encarnação e um período interencarnações, mas as nossas Essências confiam em nós, não as podemos decepcionar! Tenham cuidado com as armadilhas, entendam as "provas" e os "testes", não culpem nada nem ninguém, auto-observem-se frequentemente, revisem seguidamente sua trajetória encarnatória para ir realizando as correções de rumo necessárias, imaginem-se às vezes já desencarnados fazendo uma autoavaliação dessa passagem. Procurem conhecer bem o antes e o depois de uma encarnação, frequentem livrarias esotéricas, realizem Cursos de autoconhecimento, meditem, interiorizem-se, aproveitem essa vida para alcançar seus objetivos maiores. Não andem a esmo e não percam tempo com bobagens!

Uma encarnação é como irmos realizar um Curso de especialização em um país estrangeiro, para depois voltarmos para casa. Não sejamos alunos relapsos, nem preguiçosos, a ponto de não aproveitarmos ao máximo esse Curso. Desde o primeiro até o último dia de uma encarnação é dia de aula, não percamos tempo com passatempos inconsequentes, com desânimos, com dogmas, com preconceitos. Não nos permitamos voltar para casa com notas baixas ou, quem sabe, reprovados. Sentemos nas primeiras filas, prestemos atenção aos ensinamentos dos nossos professores e estudemos bastante para retornarmos aprovados com louvor! Desejo uma feliz encarnação a todos nós e que voltemos para casa como vencedores.

Outras obras do autor...

Doutor, eu ouço vozes!
240 páginas / 16x23 / 978-85-5527-047-5
Edição ampliada e atualizada deste grande sucesso de vendas de Mauro Kwitko. Uma obra corajosa que trouxe à comunidade científica responsável pela saúde mental das pessoas, aos psicólogos e aos psiquiatras uma nova forma de enxergar seus pacientes que afirmam ver seres "invisíveis" e/ou estão ouvindo suas vozes. Uma obra precursora, alinhada a nova medicina onde um novo paradigma se forma, uma medicina não apenas somática, mas bem mais ampla, que começa a reconhecer também nossos aspectos mentais, emocionais e espirituais

Como Aproveitar a Sua Encarnação
168 páginas / 16x23 / 978-85-99275-03-0
É um manual prático e objetivo do aproveitamento da encarnação no sentido da evolução espiritual. Nos capítulos "Quem sou eu?", "De onde vim?" e "Para onde vou?", o Dr. Mauro aborda essas questões que angustiam a mente humana desde tempos imemoriais, sem perder o verdadeiro foco, que é estar com os pés no chão, vivendo a realidade.

Doutor, eu ouço vozes!
240 páginas / 16x23 / 978-85-5527-047-5
Edição ampliada e atualizada deste grande sucesso de vendas de Mauro Kwitko. Uma obra corajosa que trouxe à comunidade científica responsável pela saúde mental das pessoas, aos psicólogos e aos psiquiatras uma nova forma de enxergar seus pacientes que afirmam ver seres "invisíveis" e/ou estão ouvindo suas vozes. Uma obra precursora, alinhada a nova medicina onde um novo paradigma se forma, uma medicina não apenas somática, mas bem mais ampla, que começa a reconhecer também nossos aspectos mentais, emocionais e espirituais

Terapia de Regressão - perguntas e respostas
232 páginas / 16x23 / 978-85-99275-54-2
O NOVO Terapia de Regressão: perguntas e respostas, depois do sucesso da primeira edição, publicada em 2007, chega agora até você, que pretende entender melhor a Psicoterapia Reencarnacionista, totalmente reformulado, atualizado e ampliado com novas perguntas, novas respostas, novos capítulos e ainda mais esclarecedor. Os mitos e as verdades a respeito da Terapia de Regressão e muitos outras respostas você vai encontrar nesta magnífica obra de Mauro Kwitko.

20 casos de regressão
240 páginas / 14x21 / 978-85-99275-52-8
Vinte histórias de pacientes que encontraram em suas vidas passadas a explicação e a libertação de sintomas como fobias, transtorno do pânico, depressão, timidez, medo de rejeição, sentimento de abandono, sensação de solidão. Um livro revolucionário, instigante e esclarecedor, que nos mostra como encarar com muito mais responsabilidade e entendimento essa jornada terrena, oportunizando-nos o cumprimento das nossas reais missões pré-reencanatórias.

A fascinante vida de Mirta Kassov
192 páginas / 16x23 / 978-85-99275-78-8
Carolina estava cansada, queria uma mágica, um estalar de dedos, uma mão na testa, algo tipo "alakasin, alakasan", e pronto, ela estaria livre de uma vez por todas da fobia e do medo que sentia. Já havia tentado vários tratamentos, medicações, tarja preta, por um tempo pareciam funcionar, mas depois voltava tudo de novo. Carolina resolveu procurar o Dr. Mirta Kassov, um terapeuta de Regressão que haviam lhe indicado, mesmo não acreditando muito "nessas coisas" estava disposta a tudo para se livrar desse sentimento que tanto lhe afligia.

Como evoluir espiritualmente em um mundo de drogas
296 páginas / 16x23 / 978-85-99275-45-0
Neste livro, Mauro Kwitko aborda um tema que diz respeito a todos nós: o uso de substâncias prejudiciais, socialmente aceitas ou não. Na visão desse médico de almas, esse uso reflete uma falta de respeito com o nosso Templo corpóreo, pois estamos acostumados, e acostumamos os nossos filhos, a introduzir no Templo qualquer coisa que seja agradável aos nossos sentidos, sem atentar para o fato de ser ou não nutritivo, ser ou não saudável, ser ou não benéfico para nós.

Tratando fobia, pânico e depressão com Terapia de Regressão
216 páginas / 16x23 / 978-85-99275-93-1
Precursor da Psicoterapia Reencarnacionista, a nova psicologia baseada na Reencarnação, Mauro Kwitko vem trazer uma nova luz para as pessoas que sofrem de Fobia, Pânico e Depressão. É possível encontrar um alívio para esses transtornos e até mesmo cura, mas, para isso, é necessário que sejam encontradas as situações originais, causadoras desses desconfortos. Não são doenças, são sintomas, e têm origem, em sua maioria, nas nossas encarnações passadas, e isso pode ser tratado na busca de uma solução verdadeira, acessando o nosso Inconsciente, investigando o e, assim, retomando e aprofundando a orientação do Dr. Freu do qual ele é um dos atuais seguidores.

www.besourobox.com.br